Gleichberechtigung

Susanna Woodtli

Gleichberechtigung

Der Kampf
um die politischen Rechte
der Frau in der Schweiz

Zweite, ergänzte Auflage

Verlag Huber Frauenfeld

Der Umschlag wurde nach einem Abstimmungsplakat (1959) von Hans Erni gestaltet.

ISBN 3-7193-0914-2

Zweite, ergänzte Auflage 1983
© 1975 Verlag Huber, Frauenfeld
Satz: Tages-Anzeiger, Zürich
Reproduktion und Druck:
Huber, Grafische Unternehmung
und Verlag, Frauenfeld

Meinem Lebensgefährten

Inhaltsverzeichnis

Vorwort 8

Einleitung 10

Die Anfänge der Frauenbewegung in der Schweiz:
Marie Goegg-Pouchoulin 24

Marie Goeggs Leben 41

Die Genferinnen regen sich 50

Der soziale Wandel der achtziger Jahre 50
Drei Frauen, die nicht «im Hause» blieben 60
Gründung und Wirksamkeit der «Union des femmes de
Genève» 66
«L'Association Genevoise pour le Suffrage féminin» . . 70

Zürich, die Wiege des Frauenstudiums 74

Die ersten Studentinnen und ihre heimlichen Examina . 75
Drei Zürcher Akademikerinnen 82
Politische und soziale Aktivität der Zürcherinnen . . 98
Verena Conzett-Knecht (1861–1947) 101

Gesamtschweizerische Bestrebungen:
Helene von Mülinen und Emma Pieczynska 106

Der 1. Kongreß für die Interessen der Frau 1896 . . . 110

Gründung und Tätigkeit des Bundes Schweizerischer
Frauenvereine (B. S. F.) 1900 113
Das Leben Helene von Mülinens 125

Stillstand 138

Kampf um Schwangerschaftsabbruch und Frauenstimmrecht in Basel 138
Folgen der Ablehnungen von 1920 150
Das Jahrzehnt der SAFFA 153
Faschismus, Krise und Krieg 159
Die Nationalratsdebatte vom 12. 12. 1945 163
Schicksal der Petition Oprecht. Die Verwerfung des Frauenstimmrechts am 1. 2. 1959 auf Bundesebene . . 172
Die Gegenemanzipation der Nachkriegsjahre 178

Umschwung 184

Erste Erfolge in der Suisse romande und in Basel . . . 184
Die Anti-Frauenstimmrechts-Kampagne in Zürich . . . 188
Revolten und Demonstrationen 196
Der Marsch nach Bern 209
Am Ziel 213
Die Jahre nach 1971 219

Anhang

Anmerkungen 223
Literaturverzeichnis 237
Tabellen 247
Verzeichnis der Bildquellen 271

Vorwort zur 2. Auflage

Das wachsende Interesse, das man in der Öffentlichkeit seit 1971 den Anliegen der Frauen entgegenbringt, hat das Bedürfnis nach dieser Neuauflage meines erstmals 1975 erschienenen Buches geweckt. Sie gibt den Text der 1. Auflage wieder, doch sind die dort übersehenen Fehler korrigiert und das Literaturverzeichnis ergänzt worden. Ferner habe ich die Darstellung des innenpolitischen Geschehens, soweit es die Stellung der Frau betrifft, bis in die Gegenwart fortgeführt.

Sehr erfreut bin ich, daß mein Buch bereits mehrere Studierende an Schweizer Universitäten zu Lizentiatsarbeiten oder Dissertationen angeregt hat. Der Einbezug der Frau wie der Frauenbewegung in die Geschichte und Sozialgeschichte ist heute zur Selbstverständlichkeit geworden.

Infolge meiner Sehbehinderung war mir die Sammlung und Sichtung des neuen Quellenmaterials erschwert. Darum bin ich Frau Dr. Helene Schneider-Gmür zu herzlichem Dank verpflichtet, daß sie mir in kompetenter und umsichtiger Weise bei dieser Arbeit behilflich gewesen ist.

Zollikon-Zürich, im März 1983 S. W.

Einleitung

Als die Schweiz 1971 die politische Gleichberechtigung der Frau verwirklichte, war sie der zweitletzte Staat in Europa, der diesen Schritt unternahm. Mit Ausnahme des kleinen Fürstentums Liechtenstein waren ihr alle anderen Länder der Alten Welt zuvorgekommen.[1]

Diese Entwicklung hatte sich in zwei Schüben vollzogen, die sich jeweils während und am Ende der beiden Weltkriege abspielten. Nach dem 1. Weltkrieg hatten Skandinavien, England und Deutschland den revolutionären Schritt gewagt, nach dem 2. Weltkrieg kamen die übrigen Staaten des Kontinents nach. Weit vorausgegangen waren die kleine Insel Man (1880) und Finnland (1906).

Wäre die Schweiz keine Referendumsdemokratie, so hätte sie die politischen Rechte der Frau 13 Jahre früher einführen können, nämlich am 13. Juni 1958, als die Räte mehrheitlich der «Botschaft des Bundesrates über die Einführung des Frauenstimm- und -wahlrechts in eidgenössischen Angelegenheiten» zustimmten. Dann wäre unser Land zwar nicht in Europa, aber wenigstens in der Welt etwas fortschrittlicher dagestanden. Zu jenem Zeitpunkt verwirklichten nämlich Haiti und Marokko die politischen Frauenrechte. (Vgl. Tabelle 1.)

Der Schluß liegt nahe, daß in einem so konservativen Volke wie dem schweizerischen die Idee der Gleichberechtigung der Geschlechter überhaupt spät erkannt und die Frauenbewegung – als Trägerin dieser Idee – mit Verzögerung eingetreten sei.

Das Gegenteil ist der Fall! Das Problem der moralischen,

Abstimmungsplakat 1920.

juristischen und politischen Ebenbürtigkeit von Mann und Frau war in der Schweiz früher diskutiert worden als in allen mitteleuropäischen Staaten – Frankreich ausgenommen. Während der achtziger Jahre des letzten Jahrhunderts entstand in den liberalen Kreisen der Suisse romande bereits ein reiches Schrifttum zu diesem Thema, verfaßt von Alexandre Vinet (als Vorläufer), Charles Secrétan und Louis Bridel. Einzelne Frauen oder kleine Gruppen hatten die politischen Rechte sogar noch früher, nämlich Ende der sechziger Jahre, gefordert. Im Zuge der ersten Totalrevision der Bundesverfassung reichte die Berner Patrizierin *Julie von May von Rüed*, gemeinsam mit ihrem Gatten, 1872 eine Petition zur Verankerung des Frauenstimmrechts in der Bundesverfassung ein. Dieser Vorstoß war nicht so revolutionär, wie er heute erscheint; denn seit 1833 hatten die Frauen das Stimmrecht in den Berner Gemeinden, sofern sie in denselben steuerpflichtig waren, d. h. Grundbesitz oder sonstige Werte ihr eigen nannten. Sie mußten sich zwar in den Gemeindeversammlungen durch einen Mann vertreten lassen; aber er hatte seine Stimme gemäß ihrem Auftrag auszuüben. Etwas von diesem Brauch klingt durch, wenn Gotthelf in der «Käserei in der Vehfreude» von der Gemeindeversammlung sagt: «Es war jeder Mann eigentlich nichts als das Mundloch seiner Frau.» (1850)[2]

Seit 1852 war dieses Gesetz auf die Ledigen und Verwitweten beschränkt, und 1887 wies der Regierungsrat des Kantons Bern durch ein Rundschreiben die Gemeinden an, hinfort keine Frauen mehr zum Stimmrecht zuzulassen, da es gegen Art. 4 der Bundesverfassung verstoße: «Jeder Schweizer ist vor dem Gesetze gleich.» Man könne nicht den Bernerinnen gestatten, was den übrigen Schweizerfrauen verwehrt sei.[3]

Die geistigen Wurzeln der Frauenbewegung reichen aber noch weiter zurück, nämlich bis in die Zeit der *Aufklärung*. Im Zentrum jener optimistischen Weltanschauung, die Ende des 17. Jahrhunderts aufkam, stand der Glaube, der Mensch sei von Natur aus gut. Wenn er nur sorgfältig, harmonisch und moralisch einwandfrei erzogen werde, so handle er sein

Leben lang edel und vernünftig. Diese Auffassung gab der Ausbildung und Schulung beider Geschlechter einen starken Auftrieb. 1774 wurde in Zürich die erste Töchterschule gegründet, geleitet von der klugen *Susanna Goßweiler* (1740–1793). Die Bemühungen des Pädagogen *Heinrich Pestalozzi* (1746–1827) und seiner Schülerinnen um die Mädchenerziehung dürfen als bekannt vorausgesetzt werden.[4]

Eine Grundnorm des in der Aufklärung entwickelten Vernunftsrechts war ferner das Postulat, daß jedem Menschen – unabhängig von Herkunft und Geschlecht – Persönlichkeit, d. h. ein Anspruch auf Anerkennung als Subjekt, zukomme. Konsequenz daraus war die Forderung nach formaler Gleichheit zwischen Hoch- und Niedriggeborenen, zwischen Männern und Frauen.

Zur Zeit der Französischen Revolution, einer *politischen* Konsequenz der Aufklärung, wurde die Forderung der Gleichberechtigung der Geschlechter mit besonderem Nachdruck von *Antoine Condorcet* (1743–1794) und *Graf Mirabeau* (1749–1791) vertreten. In ihrem Kreise wirkte auch die erste Feministin Frankreichs und damit Europas überhaupt, *Olympe de Gouges* (1748–1793). Sie veröffentlichte 1789 die «Déclaration des droits de la femme et de la citoyenne» («Erklärung der Frauenrechte») und gründete zur Verwirklichung ihrer Ziele die *Société populaire des femmes* (Volkspartei der Frauen). Sie gab die Zeitung «L'Impatient» heraus und war eine glänzende Rednerin.

Die erste englische Frauenrechtlerin, Mary Wollstonecraft (1759–1797), deren Werk «Vindication of the rights of women» (Verteidigung der Frauenrechte) 1792 erschien, reiste damals eigens nach Paris, um die Französische Revolution, ihre Errungenschaften und die *Société des femmes* an Ort und Stelle kennenzulernen. Sie geriet dabei in Lebensgefahr und konnte sich nur durch eine abenteuerliche Flucht retten.

Weniger gut erging es ihrer Gesinnungsschwester Olympe de Gouges, die 1793 als Gegnerin Robespierres hingerichtet wurde. Ihr Schicksal illustriert damit in tragischer Umkehr den berühmten Satz von Condorcet: «Wenn die Frauen das Recht haben, das Schafott zu besteigen, so sollen sie auch das Recht haben, die Rednertribüne zu betreten.»

In der Napoleonischen Ära verschwand dieses Gedankengut wohl von der Oberfläche, blieb aber in den liberalen und frühsozialistischen Kreisen lebendig. Die Ideen Condorcets finden wir wieder bei Saint-Simon und Auguste Comte. Unter seinem Einfluß stand auch Charles Fourier, dessen Werk später eine starke Wirkung auf den deutschen Sozialdemokraten August Bebel ausübte. Von Fourier übernahm Bebel die Vorstellung der genossenschaftlichen «Communen», welche den Frauen die Fron der Haushaltführung abnehmen sollten.

Es entspricht also den Tatsachen, wenn *Frankreich* sowohl als die Wiege des Sozialismus wie des Feminismus bezeichnet wird. Dennoch finden wir Frauenbewegungen, die wirklich zur Tat schreiten, erst in Schweden seit 1845 und in Nordamerika seit 1848. In Frankreich selber blieb die Emanzipation der Frau auf kleinste Zirkel und mehr noch auf einzelne Persönlichkeiten beschränkt, unter ihnen die Schriftstellerin George Sand, die als erste Frau Europas vom Ertrag ihrer Bücher leben konnte.

Ähnlich verhielt es sich in der Schweiz. Wohl finden wir zur Zeit der Aufklärung einzelne hervorragende Frauengestalten; die Idee jedoch, daß sich die Frauen zusammenschließen könnten, um ein gemeinsames Ziel zu erreichen, lag noch in weiter Ferne. Schon die Stellung der Frau in der vorwiegend agrarischen Gesellschaft unseres Landes ließ eine Gruppierung Gleichgesinnter nicht zu. Die Frau lebte im Schoße der Großfamilie, sei es als mütterlicher Mittelpunkt, sei es als ledige Hilfskraft am Rande. Die Kirchen beider Konfessionen taten ein übriges, um «die Frauen ihren Männern untertan» zu erhalten (Eph. 5.22).

Erst als die immer expansivere Industrie auch den weiblichen Teil der Bevölkerung zur Mitarbeit – im Heim oder in der Fabrik – beizog, finden wir erste Verbände von Frauen zur Wahrung ihrer wirtschaftlichen Interessen. Schon 1844 gab es in Zürich eine «Gesellschaft der Näherinnen». Der «Verband der Kettenmacherinnen und Schmuckpoliererinnen» in Genf und der «Verband der Winderinnen und Weberinnen» in Basel, beide 1870, können bereits als Gewerkschaften bezeichnet werden. Eine politische Ausrichtung solcher Gruppen finden wir etwa zehn bis zwanzig Jahre später.

1885 gründete die Gattin des in der Internationale tätigen Historikers James Guillaume, *Gertrud Guillaume-von Schack,* die ersten sozialistischen Arbeiterinnenvereine.[5] Diese schlossen sich dann 1887 zum Verband der «Sozialdemokratischen Frauengruppen der Schweiz» zusammen. Die erste Präsidentin war *Verena Conzett,* welche in dem vorliegenden Buch ausführlich behandelt wird.

Der wohl populärste Arbeiterführer der Schweiz, *Herman Greulich* (1842–1925), hatte in seiner Zeitung, der «Tagwacht», schon 1876 einen Artikel «Die Befreiung des Weibes» geschrieben. Er blieb bis zu seinem Tode ein unentwegter Befürworter der Gleichberechtigung der Frau. Bedauerlich ist, daß ihm viele seiner Parteileute in diesem Punkte die Gefolgschaft verweigerten. Die Erscheinung war aber allgemein. Bekannt ist die resignierte Feststellung August Bebels: «Es gibt eine nicht unerhebliche Anzahl Sozialisten, die der Frauenemanzipation nicht weniger abgeneigt gegenüberstehen wie der Kapitalist dem Sozialismus. Die abhängige Stellung des Arbeiters vom Kapitalisten begreift jeder Sozialist, und er wundert sich oft, daß andere, namentlich die Kapitalisten selbst, sie nicht begreifen wollen; aber die Abhängigkeit der Frau vom Manne begreift er häufig nicht, weil sein eigenes liebes Ich ein wenig dabei in Frage kommt.»[6]

Als jedenfalls die erste Feministin der Schweiz, die Genferin *Marie Goegg-Pouchoulin,* der unser erstes Kapitel gewidmet ist, am Internationalen Arbeiterkongreß in Brüssel 1868 um die Aufnahme von Frauen zu gleichen Bedingungen wie die Männer in die Arbeitervereine ersuchte, wurde ihr Anliegen mit Befremden abgelehnt. Erst mit dem Erscheinen von August Bebels Werk «Die Frau und der Sozialismus» 1879 in

Zürich und Friedrich Engels' «Vom Ursprung der Familie, des Privateigentums und des Staates» (1884) kam ein gewisses Gefühl der Solidarität mit den Frauen auf. Seit 1895 nahm die Deutsche Sozialdemokratische Arbeiterpartei Frauen als gleichwertige Mitglieder auf. Bis die Schweizerische Sozialistische Partei so weit war, schrieb man das Jahr 1918. Die von 1919 bis 1970 eingereichten Motionen zur Einführung des Frauenstimmrechts in der Schweiz – es waren weit über 60 – kamen vorwiegend von sozialdemokratischer Seite.

Indessen gab es für die Frauen noch andere Motive zum Zusammenschluß als der Kampf um materielle Sicherheit oder um die wirtschaftliche Besserstellung. Um diese tieferen, ethisch-rechtlichen Gründe zu erfassen, müssen wir noch einmal ins 19. Jahrhundert zurückkehren. Im England der sechziger Jahre fand nämlich die erste uns bekannte weibliche *Protestaktion* der Neuzeit statt, die noch ganz vom Geist der Aufklärung getragen war. Da sie sich mit der Zeit in ganz Europa ausbreitete und gerade auf die Schweiz einen starken Einfluß ausübte, muß sie kurz erläutert werden.

Mit der Industrialisierung und der damit verbundenen Verarmung der untersten Schichten nahm das Dirnenwesen in den sich rasch vergrößernden Städten enorm zu. Man schätzte Mitte des letzten Jahrhunderts die Prostituierten in London auf 80 000, in Paris auf 40 000, in Berlin auf 13 000. Hand in Hand damit ging ein alarmierender Anstieg der Geschlechtskrankheiten.[7]

Die englische Regierung wußte sich nicht anders zu helfen, als die «staatlich reglementierte Prostitution» nach französischem Muster einzuführen. Dies bedeutete, daß die Dirnen nicht frei sein durften, sondern von der Polizei registriert, in Bordellen gehalten und den Ärzten zu regelmäßigen Kontrollen zugeführt werden mußten.

Gegen diese Maßnahme erhob sich nun ein Entrüstungssturm in der britischen Frauenwelt, den man nur versteht, wenn man die Bedeutung der Habeas-corpus-Akte im englischen Recht kennt, die, 1679 – also zu Beginn der Aufklärung – erlassen, jedem Menschen als ihm mit der Geburt verliehenes Recht das Recht auf Persönlichkeit und körperliche Integrität garantiert. Eine Reglementierung der Prostitution widersprach nun diesen durch die Akte eingeräumten Garantien. Die Dirnen nämlich – so argumentierten die Engländerinnen – waren auch Menschen; sie hatten also das Recht auf Freiheit und Unantastbarkeit durch die Behörden. Mochten die Frauen freiwillig der Prostitution nachgehen – dagegen war wenig zu tun, erklärte die Führerin dieser Bewegung, *Josephine Butler* (1828–1906) –, aber daß jede Frau von der Polizei verdächtigt und die Dirnen wie Sklavinnen in Bordellen gehalten wurden, vertrug sich nicht mit dem Recht auf Unantastbarkeit der Person.

Die Empörungswelle, der sich auch viele Männer anschlossen, war so groß, daß die «staatliche Reglementierung» 1886 wirklich zu Fall kam. Doch inzwischen hatte Josephine Butler so viel über diese unterste und verachtetste Schicht der weiblichen Bevölkerung erfahren, daß sie beschloß, den Kampf mit ganz anderen Mitteln weiterzuführen. In erster Linie schien es ihr wichtig, den Mädchenhändlern das Handwerk zu legen. Es ist eindeutig, daß damals die meisten Dirnen unfreiwillig in ihre Lage gerieten. Eine Enquête, die 1890 in Zürich durchgeführt wurde, zeigt, dass 80% der damaligen Prostituierten minderjährig waren, davon 20% unter 17 und mehrere sogar unter 15 Jahren. Sie wurden von einem Bordell ins andere geschoben, weil nur ein rascher Wechsel der Insassen das «Freudenhaus» attraktiv erhielt. Große internationale «Umschlagplätze» fanden sich in Genf, Biel und Zürich. Die meisten Prostituierten gingen im Laufe der Jahre an Trunksucht oder an einer der sogenannten «Lustseuchen» lautlos zugrunde.[8]

Um dem weltweit gespannten Netz der Mädchenhändler und Zuhälter begegnen zu können, beschloß Josephine Butler, ihren Kreuzzug – wie sie ihn nannte – auf den Kontinent auszudehnen. Nach sorgfältiger Vorbereitung gründete sie in dem europäischen Zentrum Genf 1875 die «Fédération abolitionniste internationale» (Internationale Föderation zur Abschaffung der reglementierten Prostitution), die ab 1877 alle drei Jahre einen Kongreß abhielt, zu welchem Josephine Butler immer persönlich erschien und meist eine Rede hielt.

Die Wirkung auf die Schweizerinnen war gewaltig. Zum ersten Mal sahen sie eine Frau, die furchtlos öffentlich auftrat. Ihr Beispiel machte Schule.

1877 gründete die mit Josephine Butler befreundete *Marie Humbert-Müller* in Neuenburg zur Unterstützung der Abolitionsidee die «Internationale Vereinigung der Freundinnen junger Mädchen»; 1879 schuf *Betsy Cellerier* in Genf die «Association internationale du relèvement morale», die unter dem etwas schwerfälligen Titel «Frauenvereine zur Hebung der Sittlichkeit» in allen Städten der Schweiz Zweigvereine bildete. Der aktivste Verband wurde später derjenige in Basel.

Natürlich hatte es schon vor dem Erscheinen Josephine Butlers in der Schweiz Frauenvereine gegeben – Thalwil rühmt sich, die Heimat des ältesten zu sein –, doch nun wurden sie eine eigentliche Modeerscheinung. Eine Umfrage, von den Frauen selber in den Jahren 1892/93 durchgeführt, ergab die Zahl von 5695 Frauenorganisationen, die in irgendeiner Form gemeinnützige Arbeit leisteten (vgl. Tabelle 2). Dabei wurde das größte Sozialwerk der Schweiz, die vom Zürcher Frauenverein geführten «Alkoholfreien Wirtschaften», erst 1894 gegründet.

Die beiden skizzierten Möglichkeiten von Frauengruppierungen, die beruflich-gewerkschaftliche und die ethisch-gemeinnützige, werden zuweilen auch die «sozialistische» und die «bürgerliche» Frauenbewegung genannt. Die Grenzen waren aber im 19. Jahrhundert durchaus fließend und verhärteten sich erst seit 1910 unter dem Einfluß der männlichen Parteipolitik. Daß es am Anfang nicht so war, zeigt sich schon darin, daß *alle* Pionierinnen des Feminismus – auch Sozialistinnen wie Gertrud Guillaume und die junge Marie Goegg – mit Josephine Butler freundschaftlich verbunden waren und ihre meiste Arbeitskraft auf dem Gebiet des Abolitionismus einsetzten.

Beide Wege aber – man mag sie nun benennen, wie man will – führten die Frau in die Öffentlichkeit und damit in die Politik. Die geradlinige Bahn der Arbeiterinnenvereine in die Sozialdemokratie haben wir bereits dargestellt. Schwieriger war der Weg, auf dem die Frauen aus dem Bürgertum in die Politik gelangten, schon weil sich ihnen offiziell keine Partei anbot. Man vergißt zudem leicht, daß die Frau damals, je höher ihre Herkunft war, desto eingeschränkter in ihrer Bewegungsfreiheit blieb; eine Tatsache, die der Sozialdemokrat Bebel klar beobachtet und mehrmals deutlich beschrieben hat.

Die Bündner Aristokratin *Meta von Salis,* die Entbehrung aus eigener Erfahrung kannte, schrieb 1900: «Man unterschätzt gemeinhin die Opfer, die der Mensch von guter Herkunft und reichen Mitteln für seine individuelle Freiheit bringen muß, weil man gewohnt ist, die derben äusseren Hindernisse des Armen und Niedriggeborenen zu überschätzen.»[9] Und *Helene von Mülinen* klagte in einem Brief 1891: «Wäre ich nicht so vornehm gewesen, so hätte ich etwas lernen dürfen und meinen Weg machen in der Welt; so aber standen konventionelle Schranken wie Kerkermauern um mich.»

Solche heimlichen Tragödien lagen auch der Tatsache zugrunde, daß gerade Frauen aus der Oberschicht oft entschlossen alle Brücken hinter sich abbrachen und sich den Linksparteien zuwandten, z. B. Malvida von Meysenbug, Lily Braun-von Kretschmann, Clara Zetkin, die ehemalige Zürcher Studentin Rosa Luxemburg oder die in der Schweiz tätigen Gertrud Guillaume, Rosa Bloch und Rosa Grimm.

Der Boden, aus dem die Schweizer Frauenbewegung wuchs, war aber doch der *Mittelstand.* Von den genannten 5695 Organisationen hatte sich ein Teil 1888 zum «Schweizerischen Gemeinnützigen Frauenverein» zusammengeschlossen, damit sie ihre Forderungen auf dem Gebiet der Fürsorge, der Heimarbeit, des Mutterschutzes, des Pflegekinderwesens usw. besser durchsetzen konnten. Täglich sahen sich die hier tätigen Frauen mit staatlichen Vorschriften, mit Ämtern und Behörden konfrontiert. Die wenigsten waren so glücklich wie die

Gründerin der «Freundinnen junger Mädchen», Marie Humbert, welcher der Gatte alle offiziellen Demarchen abnahm. Immer stärker bekamen die aktiven Frauen ihre Ohnmacht in der Öffentlichkeit zu spüren. Sie erkannten ihren mangelnden Einfluß auf die Behörden, das Parlament und die Gesetzgebung. Sie begannen ihre Rechtlosigkeit als Ungerechtigkeit zu empfinden.

Praktische Erfahrungen und nicht theoretische Überlegungen führten also die Frauen zu dieser Einsicht. Keine einzige Schweizerin ist durch Studium oder Lektüre zur Emanzipation gelangt. Man mußte bereits emanzipiert sein, um Bücher wie John Stuart Mills «Subjection of women» (1869, deutsch «Die Hörigkeit der Frau», 1874) oder Léon Richers «La femme libre» (1877) zu lesen. Dagegen spielten – wie wir bereits gesehen haben – persönliche Kontakte eine große Rolle. Dem direkten Einfluß der Engländerin Josephine Butler und der Amerikanerin Harriet Clisby, die seit 1885 in Genf lebte und von der noch die Rede sein wird, verdankten die Pionierinnen entscheidende Impulse.

So lösten sich allmählich von der großen Masse der Frauenvereine, die im Laufe der Jahre einer gewissen konventionellen Erstarrung nicht entgingen, die kleinen Verbände, die den Kampf um die politischen Rechte der Frau in der Schweiz auf sich nahmen.

Diesem unablässigen Bemühen ist das vorliegende Buch gewidmet. Eine Darstellung drängte sich um so mehr auf, als unsere Geschichtsbücher dieses historische Phänomen nur flüchtig streifen.

Da es mir um die Nachzeichnung der *großen Linie* dieser Bewegung ging, bedeutete dies allerdings eine Beschränkung auf jene Orte, die mit der Geschichte des Feminismus besonders verbunden waren. Es sind dies im Grunde nur vier Städte: *Genf* mit dem Einflußbereich der protestantichen Suisse romande, *Zürich* als Wiege des Frauenstudiums in Europa, *Bern* als Verbindungsglied zwischen der deutschen und der welschen Schweiz sowie *Basel,* das die Kämpfe um die

St. Gallen, 22. November 1919.　　　　　　　　　　　　　　**No. 4/5.**

Die Stimme der Frau

Herausgegeben vom
Aktionskomitee für das Frauenstimmrecht im Kanton St. Gallen

„Die Staatsgewalt beruht auf der Gesamtheit des Volkes."
Art. 45 der St. Gallischen Kantonsverfassung.

Vorsitz des Aktionskomitees: Rosenheimstraße 7, St. Gallen (Telephon-Nummer 2843) — Vorsitz der Finanz- und Propaganda-Kommission: Heinestraße 23, St. Gallen (Telephon-Nummer 3255).

Stand des Frauenstimmrechts in Europa im Herbst 1919.

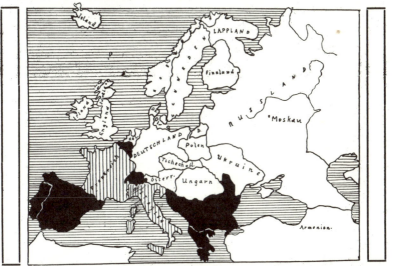

Weiß = Länder mit vollem Frauenstimmrecht, d. h. demokratische Länder. Schwarz = Länder ohne Frauenstimmrecht. Senkrecht schraffiert = Frauenstimmrecht angenommen von der einen Kammer, Bestätigung vom Senat noch ausstehend.

Frauenstimmrecht und Familie.

Von Freundesseite wird vom Frauenstimmrecht die Festigung und Sicherung des Familiengebäudes erwartet, und die Gegner befürchten damit dessen ernsthafte Gefährdung, wenn nicht den Ruin. Dieser scheinbar ambivalente Charakter eines wichtigen Argumentes verdient unser spezielles Interesse. Ich beharre nach wie vor im Glauben, daß das Frauenstimmrecht viel Gutes in seinem Schoße birgt für die Allgemeinheit und die Familie, daß es sogar imstande ist, das Verhältnis der Geschlechter in der Ehe günstig zu beeinflussen. Als neuer, geistiger Interessenkreis kann es vereinigen, Urteil und Intellekt von Mann und Frau parallel entwickeln und auf allgemeine große Ziele hinlenken. Es begünstigt die „Kameradschaft" in der politische Gleichberechtigung in der Schlußphase entscheidend vorangetrieben hat.

Es ist mir dabei bewußt, daß viele Kantone, ja sogar einzelne Gemeinden in der Schweiz in einer solchen Darstellung ihren Platz finden müßten. Vor allem ist es bedauerlich, daß die Frauenbewegung im Kanton *Tessin* nicht gebührend gewürdigt werden kann; denn gemeinsam mit Oberitalien besitzt das Tessin eine alte feministische Tradition, welche im Liberalismus des Risorgimento und vielleicht noch tiefer in der matriarchalisch geprägten Familienstruktur wurzelt. Die Tessinerinnen hatten seit 1919 das Stimmrecht in den Patriziati (Bürgergemeinden).

Ein großer Platz ist dagegen den Schicksalen der Pionierinnen eingeräumt. Zwar besitzt unser Land keine großen Theoretikerinnen der Frauenemanzipation wie die Deutsche Helene Lange oder die Schwedin Ellen Key. Die Schweizer Feministinnen waren «Frauen der Tat» – wie bezeichnenderweise der Titel einer schweizerischen Sammlung weiblicher Biographien aus dem Jahre 1928 lautet. Unter ihnen gab es Persönlichkeiten, die es verdienten, in den offiziellen Geschichtsbüchern erwähnt zu werden.

Im letzten Jahrhundert wirkten diese Frauen als relativ einsame Trägerinnen der für die Durchschnittsmenschen so unverständlichen Idee der Gleichberechtigung. Mit ihnen stand und fiel damals der Feminismus. Als Marie Goegg z. B. die Leitung der «Solidarité» 1880 aufgeben mußte, brach diese Assoziation zusammen, und zehn Jahre lang gab es keine Frauenbewegung mehr in Genf.

Seit den zwanziger Jahren wirkten dagegen so viele Frauen im Streben nach den gleichen Rechten mit, daß sie mit Namen gar nicht mehr genannt werden können. Dennoch mußten sie mitansehen, wie ein Staat nach dem andern das Erwachsenenstimmrecht einführte – nur gerade die Schweiz nicht.

Warum der Kampf in der Schweiz so lange dauerte, darüber ist oft diskutiert worden.

Die erste wissenschaftliche Arbeit zu diesem Problem,

«*Schweiz und Frauenstimmrecht*» von Dr. iur. Elisabeth Neumayr, 1932 in Mannheim erschienen, stellt kurz und bündig fest: «Es ist zu vermuten, daß gerade das *Alter* der schweizerischen Demokratie mit seinem Jahrhunderte dauernden gewohnheitsmäßigen Männerrecht hinderlich sei für die Einführung des Frauenstimmrechts.»

Heute, da das Erwachsenenstimmrecht in der Schweiz Wirklichkeit geworden ist, bleibt nur noch zu hoffen und – mehr noch – daran mitzuwirken, daß die Frauen auch tatsächlich ins öffentliche Leben unseres Landes integriert werden.

Die Anfänge der Frauenbewegung in der Schweiz
Marie Goegg-Pouchoulin

Die späten sechziger Jahre des 19. Jahrhunderts waren in der Schweiz eine Zeit rastloser Bewegung. Sie war teils bedingt durch den starken wirtschaftlichen Aufschwung, teils hervorgerufen durch die eigentümlich nervöse Unruhe, die jede Vorkriegszeit kennzeichnet.

Der Schweiz war es seit der Einführung der Bundesverfassung im Jahre 1848 – allen Schwierigkeiten zum Trotz – recht gut ergangen. Ihr war geglückt, was keinem der großen Nachbarn gelungen war, einen föderativen Bundesstaat unter einer *demokratischen* Landesregierung zusammenzuhalten. Im Laufe der sechziger Jahre aber wurde allmählich Kritik an der Bundesverfassung laut, und 1868 kam eine Teilrevision zustande. Beauftragte und Behörden arbeiteten aber unentwegt auf eine Totalrevision hin. Auch die Kantone Bern, Luzern und Solothurn mühten sich um die Erneuerung ihrer staatlichen Grundgesetze. Zürich und Thurgau legten bereits 1869 dem Stimmbürger vollständig revidierte Verfassungen vor.

Im ganzen Lande waren neue Industriezweige aufgebaut worden. Ihr gutes Gedeihen zog die Gründungen vieler Banken und mehrerer Versicherungsgesellschaften nach sich. Doch auch die Kehrseite der wirtschaftlichen Prosperität, die Armut der untern Schichten, wurde den Bürgern zum ersten Mal nicht nur als lästige Begleiterscheinung, sondern als drohende Gefahr bewußt.

Einerseits wuchs nun in allen europäischen Ländern das Nationalbewußtsein, anderseits tauchten, im Widerspruch zu ihm, Bewegungen auf, deren oberstes Prinzip es war, *international* zu sein.

In London war 1864 die «Internationale Arbeiterassoziation» gegründet worden, die bald *Die Internationale* heißen sollte. Zwei Jahre darauf hielt sie ihren ersten Kongreß in Genf ab. Wieder zwei Jahre später brach in Genf ein großer Bauarbeiterstreik aus. Dank der Vermittlung des süddeutschen Emigranten *Amand Goegg* konnte er jedoch unter günstigen Bedingungen für die Arbeiter beigelegt werden. Schlechter erging es den im gleichen Monat streikenden Basler Bandwebern. Gegen sie wurden Truppen mobilisiert. Die Bürger, die sich rühmten, von den alten Eidgenossen abzustammen, hatten wenig Verständnis dafür, daß sich die unterdrückten Arbeiter zur Wehr setzten.

Im gleichen Jahr 1868 traten alle europäischen Staaten der von Henry Dunant angeregten «Genfer Konvention zum Schutze der Verwundeten und Gefangenen» bei; ein Erfolg des «Roten Kreuzes», der ohne die unterschwellig drohende Kriegsgefahr kaum zustande gekommen wäre.

Die sozial-klassenkämpferische «Internationale Arbeiterassoziation», die allmählich ganz unter den Einfluß von Karl Marx kam, und die human-karitative «Genfer Konvention» von Henry Dunant waren die beiden einzigen Verbände einer langen Reihe kaum überblickbarer internationaler Gruppierungen jener Zeit, die historische Bedeutung erlangten.

Ungefähr in der politischen Mitte dieser Kette stand ein Verein, der für dieses Buch von größter Wichtigkeit werden sollte. Es war die *Ligue internationale pour la paix et la liberté*, die *Internationale Friedens- und Freiheitsliga*. Gegründet wurde sie im September 1867 von demokratisch und pazifistisch gesinnten Emigranten unter der Führung des Franzosen *Jules Barni*.[1] Das geschah selbstverständlich in *Genf;* denn was sich «international» nannte und nicht in Genf aus der Taufe gehoben war, wurde nicht für voll genommen. Der eigentliche Sitz der Liga, deren nächstes Ziel die Verhinderung des Krieges war, wurde dann *Bern*. Die Mitglieder bestanden knapp zur Hälfte aus sympathisierenden Schweizern, ferner aus Franzosen, Deutschen, Italienern und verschiedenen östlichen Staatsangehörigen.[2] Die meisten waren sogenannte Achtundvierziger-Flüchtlinge, die in der Schweiz Ansehen und Sympathie genossen.

Ehrenpräsident der Liga war der verbannte italienische Freiheitsheld *Giuseppe Garibaldi*. In seiner Rede bei der Gründungsfeier in Genf bezeichnete er den Papst als den Urheber jeder Tyrannei und als den größten Hemmschuh allen menschlichen Fortschritts.[3]

Bald nach ihrer Konstituierung gab die Liga eine höchst lebendige Zeitung heraus. Sie erschien in einer französischen und einer deutschen Ausgabe und besaß auch im Ausland mehrere Ablagen. Sie führte den aufregend modernen Titel «*Les Etats-Unis d'Europe*», «Die Vereinigten Staaten von Europa». Ein vereinigtes Europa nämlich, gebildet nach dem Muster der Vereinigten Staaten von Amerika, war das Fernziel dieser rührigen Liga.[4] Leiter der Zeitung war *Gustav Vogt,* damals Dozent für Jurisprudenz an der Berner Hochschule. 1870 wurde er Professor für demokratisches Staatsrecht an der Universität Zürich und 1878 Chefredaktor der «Neuen Zürcher Zeitung». Vogt stammte – wie alle führenden Persönlichkeiten dieser Liga – aus Emigrantenkreisen. Vizepräsident der Liga und zweiter Redaktor der «Vereinigten Staaten von Europa» war der bereits erwähnte *Amand Goegg*. Er war als einer der drei Führer des gescheiterten badischen Aufstands 1849 in die Schweiz geflohen.

Fortschrittsglaube, Zukunftshoffnung und idealistisches Vertrauen auf das Gute im Menschen wehen einem bei der Lektüre dieses Wochenblattes entgegen. Werden erst einmal alle Menschen in unentgeltlichen Schulen der gleichen Bildung teilhaftig, wird es keine Wertunterschiede mehr geben zwischen Hoch und Niedrig, Freidenker und Christ, Mann und Frau. Die Klassenunterschiede werden nach und nach verschwinden. Sind erst einmal die Monarchien mit ihren Berufsheeren abgeschafft, wird es auch keinen Krieg mehr geben. So und ähnlich tönt es aus den Spalten. Dazwischen richten sich grimmige oder bissige Polemiken gegen die drei damaligen Ur-

Oben: Französische und deutsche Ausgabe des Organs der internationalen Friedens- und Freiheits-Liga, in denen der Aufruf von Marie Goegg erschienen ist.
Unten: Erste deutschschweizerische Frauenzeitung.

feinde allen Fortschritts: das Preußentum, die französische Monarchie und den katholischen Klerus.

Als Novum brachte das avantgardistische Sonntagsblatt von der ersten Nummer an auch Artikel von *Frauen*. Sie behandelten nicht etwa häuslich-sittliche Themen, sondern Fragen des Freidenkertums, des Fortschritts, der Bildung und der Völkerverständigung. In Nummer 10 der französischen und in Nummer 12 der deutschen Ausgabe erschien nun ein Aufruf von Marie Goegg-Pouchoulin, der Gattin von Amand Goegg. Darin regte sie die Frauen an, sich zu einem eigenen Bund zusammenzuschließen und so den Ideen der Liga zum Durchbruch zu verhelfen. Dieser Bund solle den Namen *Association internationale des femmes, Internationale Frauenassoziation*, führen. Mit diesem Appell – verfaßt in Biel am 24. Februar 1868 – hat Marie Goegg-Pouchoulin die Frauenbewegung in der Schweiz ins Leben gerufen. Solche Forderungen – noch dazu von einer Frau gestellt – waren bis jetzt hierzulande noch nie gehört worden.

Marie Goegg schlug vor, die Frauen sollten in allen europäischen Städten Komitees zur finanziellen und moralischen Unterstützung der Liga bilden. Diese wiederum wären einem Zentralkomitee mit Sitz in Bern zu unterstellen. Durch den zunächst brieflichen Kontakt untereinander würden die Frauen aus ihrer Isolierung befreit, könnten wertvolle Beziehungen anknüpfen und einen fruchtbaren Gedankenaustausch pflegen. Ferner sollten die Komitees eigene Lokale mit Büchern und Zeitschriften, also Lesezirkel, einrichten, zu denen alle, auch die einfachsten Frauen, Zutritt hätten. Dort würden auch Vorträge, Diskussionen und Gespräche über praktische Themen, wie zum Beispiel die Erziehung, stattfinden. Kurz, ein Ort, wo sich die Frauen aller Schichten gegenseitig kennen und schätzen lernen sollten.

Zwei Zitate aus diesem Appell:

«Wie sollen wir den Kreuzzug unternehmen, den wir für notwendig halten? Indem wir uns klar machen, daß unsere

Kräfte, zersplittert wie sie sind, zu nichts führen, während sie vereint Berge zu versetzen vermögen.»

«Mut also, Ihr Gründerinnen von Komitees, Ihr für alles Gute begeisterten Frauen! Schreckt nicht zurück vor der Schwierigkeit des Unternehmens und der Kargheit Eurer Mittel! Und wenn einige vielleicht sagen, daß wir die Frauen von ihren häuslichen Pflichten ablenken und daß die im Lesezirkel verbrachte Zeit besser zu Hause verwendet würde, so glaubt ihnen nicht! Die, welche so sprechen, verstehen die gegenwärtigen Bestrebungen der Gesellschaft nicht ... Es sind diejenigen – und es gibt deren allzuviele – welche stets die Leichtgläubigkeit und Unwissenheit der andern zu ihrem Vorteil ausnützen.»[5]

Es ist offensichtlich, daß Marie Goegg bereits ein bis ins kleinste Detail ausgedachtes Programm vor Augen hatte. Der Name «Internationale Frauenassoziation» zeigt, daß die Londoner «Internationale Arbeiterassoziation» Pate gestanden hatte. Auch die Idee des eigenen Clublokals mit aufliegender Literatur stammt aus England.

Als erste Reaktion auf den Aufruf kam ein Glückwunschtelegramm aus Sardinien:

Caprera, den 7. April 1868

Mein lieber Goegg,

Sagen Sie Ihrer Gattin, daß ich ihr gratuliere für ihre großartige Initiative, das schöne Geschlecht einzubeziehen in die Reihen der Kämpfer für die menschliche Vernunft, die heute noch unterdrückt wird von der Tyrannei des Adels und des Klerus.

Ihr Ihnen fürs Leben ergebener
Garibaldi [6]

Diese anerkennenden Worte müssen Marie Goegg sehr gefreut haben; denn sie empfand eine tiefe Verehrung für den Freiheitskämpfer. Das Blumenbouquet und die Photographie, die ihr Garibaldi anläßlich des Gründungskongresses von 1867 überreicht hatte, standen bis zu ihrem Lebensende auf ihrem Schreibtisch.[7]

Wie aber reagierten die Frauen? *Sie* hatte Marie Goegg ja in erster Linie erreichen wollen. Zwei Genferinnen, *Marie Faucon* und (vermutlich) *Mathilde Champrenaud,* meldeten sich als erste. Da Marie Goegg selber gebürtige Genferin war, ist nicht ausgeschlossen, daß sich diese Frauen bereits kannten. *Drei Genferinnen* stehen also am Anfang der Schweizer Frauenbewegung. Ihrer historischen Tat waren sie sich aber wohl kaum bewußt.

Als erste Ausländerin kam *Rosalie Schönwasser* aus Düsseldorf hinzu, die eine treue Mitarbeiterin wurde. Von zwei weitern, die sich anschlossen, sind die Namen nicht bekannt.

Sechs Antworten also auf einen flammenden Appell. War das nicht wenig? – Marie Goegg jedenfalls war nicht enttäuscht. In ihrem Feuilletonroman «*Deux poids et deux mesures*» («Zweierlei Maß und Gewicht»), der in jenem Jahr in den «*Etats-Unis d'Europe*» erschien, will eine emanzipierte Engländerin «Frauenclubs» aufbauen, stößt jedoch auf Widerstand. Unerschüttert fährt die Engländerin fort: «Eure Ablehnung hindert mich nicht, auf diesen Vorschlag zurückzukommen, sobald ich fünf bis sechs intelligente und mutige Frauen gefunden habe.»

Diese Frauen hatte Marie Goegg gefunden!

An der *rue du Mont-Blanc 9* in Genf fand am 26. Juli 1868 die Gründung der *Association internationale des femmes* statt. Die zur Vizepräsidentin gewählte Marie Faucon sollte dabei vor dem kleinen Publikum eine Rede halten. Vor innerer Bewegung brachte sie keinen Laut aus der Kehle, so daß ihr Gatte die kurze Ansprache vorlesen mußte. Dieses Ereignis wirft ein helles Licht auf die Tatsache, wie aufregend diese ersten Schritte der Frauen auf dem Wege zur Selbständigkeit waren.

Marie Goegg selber kannte offenbar solche Hemmungen nicht. Bald bot sich ihr die Möglichkeit, – als erster Schweizerin im 19. Jahrhundert –, an die Öffentlichkeit zu treten. Am 2. Kongreß der «Internationalen Friedens- und Freiheitsliga», der diesmal (1868) in *Bern* stattfand, hielt sie eine Rede, die in der welschen Presse als Sensation bezeichnet wurde. Mit Charme, Klugheit und Überzeugungskraft ersuchte sie darin um die Aufnahme von Frauen als gleichberechtigte Mitglieder in die Liga. Auch sie sollten das Recht haben, zu wählen und gewählt zu werden. Das entfachte eine lebhafte Diskussion. Doch dann wurde die Forderung mit großem Beifall angenommen. Ja die Versammlung zog sogar die Konsequenz. Sie wählte die Votantin in den Vorstand und gleich auch in die Redaktion der «Vereinigten Staaten von Europa». Beide Aufgaben versah Marie Goegg über zwanzig Jahre lang.

Was diese Frau, die doch auch Gattin und Mutter war, in jener Zeit leistete, läßt sich kaum nachvollziehen. Sie schrieb Artikel und Aufsätze. Sie verfaßte Noten und Eingaben an den Bundesrat, an die spanischen Cortes, an das englische Parlament und an die italienische Kammer, wenn es sich um Probleme handelte, die Frauen betrafen. Sie erweiterte und festigte die *Association internationale des femmes.* Art. 1 der bereinigten Statuten lautete nun: «Die internationale Frauenassoziation hat zum Ziel, am moralischen und geistigen Fortschritt der Frau mitzuarbeiten, ebenso an der schrittweisen Verbesserung ihrer Stellung in der Gesellschaft durch Erlangen der menschlichen, zivilen, wirtschaftlichen, sozialen und politischen Rechte. Sie fordert die Gleichberechtigung auf dem Gebiet der Entlöhnung, des Unterrichts, des Familienrechts und vor dem Gesetz.»

In einer Rede vor der *Association* begründete Marie Goegg diesen Artikel folgendermaßen:

«Die internationale Frauenassoziation will nicht die Gesellschaft in zwei Lager teilen; sie will nicht den Kampf zwischen Mann und Frau; sie will nicht die Elemente teilen, die geschaffen sind, sich zu verbinden; sie will nicht Rechte erobern auf Kosten der Männer. – Sie verlangt vor allem Gleichheit des Rechtes auf *Ausbildung,* weil sie überzeugt ist, daß die Frau geistig und seelisch dem Mann, mit dem sie das Leben durchschreitet, ebenbürtig ist; daß sie als Erzieherin der Kinder ebenso fähig sein muß wie er, diese große Aufgabe zu erfüllen.

Sie fordert auch das *Recht auf Arbeit*. für die Frau und gleichen Lohn für gleiche Arbeit. . . . Die einzige Möglichkeit, welche die Frau hat, sich ihre wirtschaftliche Unabhängigkeit zu schaffen und damit ihre Würde zu bewahren, ist die Arbeit.

Endlich kommen wir zu den *politischen Rechten,* die ebenfalls im Namen der Gerechtigkeit von unserer Assoziation gefordert werden, obwohl dieser Wunsch in gewissen Kreisen auf starke Opposition stößt. Und doch ist es allein dem einst so mühsam errungenen Stimmrecht zu verdanken, daß heute alle Stände unter dem gleichen Gesetz stehen. Dank dem allgemeinen Stimmrecht wurde ein Teil der Mißbräuche, welche die Gesellschaft erniedrigten, beseitigt. Dank dem allgemeinen Stimmrecht – ein illusorischer Name, solange die Frau nicht daran teilhat! – fanden die Verbesserungen und sozialen Fortschritte statt, welche wir heute genießen, welche aber – ich wiederhole – ungenügend sind. Die natürliche Konsequenz ist: Wir fordern das Stimmrecht, weil jeder wirkliche Fortschritt durch Ausübung dieses Rechts entstanden ist; weil es für uns Frauen Zeit ist, nicht mehr eine besondere Gesellschaftsklasse zu bilden; weil wir die Notwendigkeit einsehen, daß auch wir unsere Ideen vor die Behörden, vor die Kommissionen, kurz überallhin, wo Menschen diskutieren, bringen sollen. Wir möchten Bürgerinnen sein und die politischen Aufgaben teilen mit den Bürgern – unsern Brüdern!»[8]

Mit ihren so modern anmutenden Forderungen stieß Marie Goegg wohl auf Widerstand, aber sie erntete auch viel Anerkennung. Nicht zuletzt bewunderten sie etliche Männer, die sogar um Aufnahme in die *Association des femmes* ersuchten. Sie hofften, damit die Frauen in ihren Bemühungen um die Gleichberechtigung wirksamer unterstützen zu können. Von Anfang an hatte ja der französische Feminist *Léon Richer* dazugehört, der in Paris die Zeitung «*L'avenir des femmes*» («Die Zukunft der Frau») herausgab. Marie Goegg lehnte jedoch weitere Beitrittsgesuche von Männerseite vorläufig ab. Sie hatte klar erkannt, wie wichtig es für die Frauen war, sich einmal allein bewähren zu müssen.

Im folgenden Jahr wagte es Marie Goegg, eine eigene kleine Zeitung – das erste Schweizer Frauenblatt! – zu lancieren: das *«Journal des femmes»*. In der ersten Nummer gab sie einen Überblick über die Frauenbewegungen in der ganzen Welt. Die umfassende Arbeit verrät, daß sich Marie Goegg schon jahrelang mit dem Thema beschäftigt haben mußte.

1870 brach der Deutsch-Französische Krieg aus; ein schwerer Schlag für die Friedens- und Freiheitsliga. Noch vor kurzem hatte sie verkündet, bei gutem Willen der Völker gebe es in absehbarer Zeit keine Kriege mehr. Ja man werde an sie denken wie an mittelalterliche Seuchen, die – dank dem Fortschritt der Vernunft und Wissenschaft – völlig vom Erdboden verschwunden seien. Nun rief die Liga zu einer Sondersitzung in Basel auf. Ihre besten Redner wandten sich mit beschwörenden Friedensappellen an das gar nicht mehr «international» verbundene Europa. Auch Marie Goegg sprach. Ihre leidenschaftliche Anklage gegen den Krieg, der gerade die Frauen und Mütter besonders hart treffe, löste wohl Erschütterung aus. Doch die Worte änderten nichts am Weltgeschehen. Gustav Vogt stellte erbittert fest, daß selten eine so vernünftige, kluge und einhellige Versammlung so wenig ausgerichtet habe.

In der Folge schmolzen die Finanzen der Liga derart zusammen, daß große Einschränkungen im Verlag nötig wurden. Mit ähnlichen Schwierigkeiten hatte auch die *Association des femmes* zu kämpfen. Im Laufe des Krieges löste sie sich auf.

Bald nach Friedensschluß – um die Wende 1871/72 – erhielt Marie Goegg ein Schreiben der Engländerin Josephine Butler.[9] Diese hatte auf gut Glück an verschiedene bekannte Persönlichkeiten in der Schweiz einen Aufruf geschickt, um dort den Boden vorzubereiten für ihren Plan, die Fédération abolitionniste internationale (Internationale Föderation zur Bekämpfung der reglementierten Prostitution) in Genf zu gründen. Marie Goegg war angesprochen als Präsidentin der *Association internationale des femmes*.

Sogleich kamen die beiden geistesverwandten Frauen in einen regen Briefwechsel. Marie Goegg versprach und leistete der Engländerin jegliche Unterstützung. Sie gestand aber auch, daß ihre *Association* unter dem Einfluß des Kriegsgeschehens und der damit verbundenen Animositäten eingegangen sei. Sogleich gab die Engländerin der etwas entmutigten Genferin praktische Ratschläge zur Reorganisation ihres Frauenbundes und versprach, ihm selber als Mitglied beizutreten.

Noch bevor sich die beiden Frauen überhaupt persönlich begegnet waren, konstituierte Marie Goegg am 9. Juni 1872 ihre Vereinigung auf neuer Basis. Grundsätze und Ziele blieben sich jedoch gleich. Statt *Association internationale des femmes* hieß der Frauenbund nun *Association pour la défense des droits de la femme* (Assoziation zur Verteidigung der Frauenrechte). Die emanzipatorische Tendenz wurde also betont. Da der neue Titel für den täglichen Gebrauch zu schwerfällig war, suchte man nach einem kurzen passenden Namen und fand ihn in der glücklichen Bezeichnung *Solidarité*. Denselben Titel trug auch die Vierteljahresschrift, die bald darauf herausgegeben wurde. Sie erschien während *acht* Jahren – für jene Epoche, in der viele Zeitungen und Zeitschriften erschienen und wieder verschwanden, eine erstaunlich lange Frist.

Erst jetzt erlebte Marie Goeggs Frauenbund seine Blütezeit. Dies hing damit zusammen, daß sich während des Krieges die Spreu vom Weizen geschieden hatte. Die fünfzehn Frauen, die noch aus der Gründerzeit stammten, waren überzeugte Feministinnen und Persönlichkeiten von Format. Zu ihnen gehörten *Mathilde Hunziker-Champrenaud,* die nach ihrer Heirat in Aarau lebte, die Freidenkerin *Rosalie Schönwasser* in Düsseldorf, *Fanny Keller-Dorian* in Mülhausen (Elsaß), Frau *Griess-Traut* in Algier, Frau *Guillon* in Lyon und die beiden Italienerinnen *Carolina Varesi* in Mailand und *Alaida Beccari* (Herausgeberin der Frauenzeitschrift «La Donna») in Venedig. Zu *Léon Richer* in Paris gesellten sich noch einige weitere Feministen; denn jetzt wurden auch offiziell Männer aufgenommen.

Als wichtige *neue* Mitglieder aus dem Ausland kamen hinzu: *Josephine Butler* in Liverpool, *Elisabeth Cady Stanton* in den USA, *Johanna Golschmidt* und *Louise Otto-Peters* in Deutschland. Unter den neu eintretenden Schweizerinnen sind *Mathilde Boisot* in Lausanne und *Julie von May von Rüed* in Bern besonders zu erwähnen. Julie von May machte noch im selben Jahr 1872 von sich reden, als sie anläßlich der Vorarbeiten zur 1. Totalrevision der Bundesverfassung (die in der Folge verworfen wurde) gemeinsam mit ihrem Gatten die Aufnahme des Frauenstimmrechts in das Grundgesetz verlangte.[9] Zusammen mit Marie Goegg leitete die Berner Aristokratin in den folgenden drei Jahren die Geschicke der Solidarité. Als Julie von May 1875 starb, verlor Marie Goegg mit ihr die beste Helferin, die sie je besessen hatte.

Als Folge der besseren Organisation und dank der Entlastung im Ressort «Ausland» war es Marie Goegg nun möglich, ihre Bemühungen viel gezielter einzusetzen. Schon der erste Vorstoß, den sie nach der Gründung der *Solidarité* machte, wurde ein voller Erfolg. Im Sommer des Jahres 1872 hatten katholische Frauenkreise in Genf das Recht der Frauen auf Eingabe von Petitionen erwirkt. Marie Goegg machte nun als erste von diesem Instrument Gebrauch. Sie sammelte Unterschriften, um die Zulassung von weiblichen Studierenden an die Genfer Akademie zu erlangen. Mühelos brachte sie dreißig Unterschriften zusammen, vorwiegend von Müttern. Dann brachte sie den Bogen vor den Genfer Großen Rat, und schon nach einmaliger Sitzung wurde die Petition mit großem Mehr angenommen. Gerade rechtzeitig zum Beginn des Wintersemesters 1872/73 öffneten sich so die Pforten der zur Universität avancierten Genfer Akademie auch für Studentinnen. «*Quelle victoire!*» jubelte Marie Goegg, die über den Erfolg selber überrascht war. In der «*Solidarité*» und in den «*Etats-Unis d'Europe*» dankte sie den Genfer Behörden für ihr verständnisvolles Entgegenkommen. (Der erste Rektor der Universität Genf, *Karl Vogt,* war der Bruder von Gustav Vogt, dem Leiter der Friedens- und Freiheitsliga.[10]

N° 2. Février 1873.

SOLIDARITÉ

Association pour la défense des droits de la femme

BULLETIN TRIMESTRIEL

RÉDACTION { 265 Boulevard extérieur, Berne.
25 rue du Mont-Blanc, Genève.

Que voulons-nous ?

Que voulons-nous ? Telle est la question qui nous est journellement posée, à nous et à nos adhérentes, à nos amis et amies, qui soutiennent et propagent de tous côtés le principe de la nécessité de l'égalité des droits de la femme. Répondre n'est pas difficile; car il y a tant d'abus, tant d'injustices, tant d'inégalités à citer, qu'on n'a que l'embarras du choix dans les détails à donner et les résultats à indiquer; mais si, parmi ces questionneurs, quelques-uns sont des adversaires loyaux, consciencieux, qui ne demandent réellement à être instruits que pour s'éclairer et se décider ensuite, en connaissance de cause, d'autres adversaires, et ce sont les plus nombreux, questionnent avec un parti pris de raillerie, de scepticisme, et, ce qui est pis, de ferme volonté de conserver le *statu quo*, — parce qu'il leur convient.

Or, comme dit le proverbe : nul n'est plus sourd que celui qui ne veut pas entendre ; car les meilleures raisons, les faits les plus palpitants et concluants sont repoussés et émoussés avant d'arriver à ces sourds volontaires et à leur conscience cuirassée.

Ces derniers adversaires forment la majorité, la foule ! Non la foule représentée à tort comme l'élément grossier et ignorant de la société, mais la foule réelle, renfermant toutes les positions sociales et les divers degrés de développement de l'esprit humain dans l'ignorance et dans l'instruction.

Nous avons donc à nous adresser à des êtres divers, à des conceptions différentes, à des points de vue opposés entre eux, et pour cela, il nous sera nécessaire d'aborder bien des sujets, de dénoncer bien des préjugés, de discuter bien des erreurs, pour pouvoir espérer d'arriver à notre but, — celui de convaincre cette foule frappée de cécité !

Nous ne désespérons pourtant pas du succès, et nous demandons à nos amies de nous rendre la tâche facile, en nous soutenant par leur bienveillance et par leurs conseils. (*A suivre.*)

Erste noch erhaltene feministische Zeitung der Schweiz, erschienen 1872–1880, herausgegeben von Marie Goegg.

EXTRAIT DES STATUTS

Art. 1er La SOLIDARITÉ a pour but de travailler à la revendication des droits de la femme, droits humains, civils, économiques, sociaux et politiques.

Egalité dans la famille, dans l'instruction, dans le salaire et devant la loi.

Art. 2. La SOLIDARITÉ se compose de tous les membres de l'un ou de l'autre sexe qui, conscients de l'urgence de son *but*, comprennent la nécessité de se grouper en un faisceau actif pour arriver plus sûrement et plus vite, au résultat désiré.

Art. 28. Il est perçu sur chaque membre de la SOLIDARITÉ, au jour de son adhésion, une contribution annuelle dont le minimum est fixé à 2 fr. par an, mais tout don volontaire sera reçu avec reconnaissance par les Comités.

Envoyer les contributions en timbres ou en mandats de poste à l'une des adresses ci-dessous.

COMITÉ CENTRAL

Berne : Mme J. de May de Rued, 265, Boulevard extérieur.

COMITÉS LOCAUX

ALLEMAGNE

Düsseldorf : Mme Rosalie Schönwasser.

ALSACE-LORRAINE

Mulhouse : Mme Fanny Keller-Dorian, rue Oberkampf, N° 6.

ANGLETERRE

Liverpool : Mme Joséphine Butler, Présidente de l'Association du Nord de l'Angleterre pour l'éducation des femmes, N° 280, South Hill, Park Road.

FRANCE

Alger : Mme Griesstraut, rue de l'Arc, N° 7.
Lyon : Mme veuve Guillon, quai Joinville, N° 15.
Paris : M. Léon Richer, rédacteur de l'*Avenir des femmes*. rue des deux Gares, N° 4.
Sérignan : Mme Louise Estève, département de Vaucluse.

ITALIE

Milan : Mme Caroline Varesi, via Borgo nuovo, N° 29.
Venise : Mlle G. Alaïde Beccari, rédactrice de *La Donna*, rue St-Fantino, N° 2000.

SUISSE

Aarau : Mme Hunziker-Champrenaud.
Genève : Mme Marie Gœgg, 25, rue du Mont-Blanc.
Lausanne : Mlle M. Boisot, place du Tunnel.

GENÈVE. — Imprimerie coopérative, rue du Conseil-Général, 8

Die nächste Aufgabe ließ nicht lange auf sich warten. Mathilde Boisot machte Marie Goegg darauf aufmerksam, daß in der benachbarten Waadt – wie übrigens noch in sieben andern Schweizer Kantonen – ledige und verwitwete Frauen unter Vormundschaft gestellt würden wie Unmündige, Schwachsinnige und Verbrecher. Marie Goegg machte sich auf und hielt im Nachbarkanton Vorträge gegen dieses – wie sie sagte – jede Frauenwürde entehrende Gesetz. Zusätzlich lancierte sie eine Petition. Nicht alle Kreise waren der Genferin freundlich gesinnt. Einmal wurde sie in Lausanne mit dem Ruf «À bas la petroleuse!» (Nieder mit der Brandstifterin) empfangen. Auch das Sammeln der Unterschriften gestaltete sich schwierig. Frauen, die unter dem unmittelbaren Eindruck des Vortrags ihre Unterschrift gegeben hatten, fürchteten am folgenden Tag die Konsequenzen und baten um Streichung. – Doch Marie Goeggs Mühe hatte sich gelohnt. Am 1. Januar 1874 wurde die Vormundschaft über Frauen im Kanton Waadt abgeschafft. (Am 1. Mai 1877 folgte Basel, und die letzten sechs Kantone mußten die Verordnung bei Inkrafttreten des Zivilgesetzbuches – als diesem widersprechend – 1912 aufheben.)

Auf Interpellation der *Solidarité* wurden im Kanton Waadt bald darauf die Frauen auch zu gleichen Bedingungen wie die Männer in die Krankenkassen aufgenommen.

Die «*Solidarité*», dieses kleine tapfere Blättchen, spiegelte alle diese Kämpfe und Nöte, Siege und Niederlagen. Marie Goegg rief immer wieder auf zum gemeinsamen Kampf, zum gemeinsamen Vorgehen gegen jede Benachteiligung der Frau. War von ungleicher Entlöhnung, von entehrender Bevormundung, mangelnden Ausbildungsmöglichkeiten für Mädchen, kargen Berufsaussichten oder schlechten Aufstiegschancen die Rede, folgte oft als redaktionelle Anmerkung der Ausruf: «Toujours l'exploitation des femmes!» (Immer die Ausbeutung der Frauen). Ein Slogan, der wie ein Leitmotiv die Jahrgänge durchzieht, lautete: *Toute injustice trop longtemps supportée finit par être méritée.* (Wer eine Ungerechtigkeit allzu lange erträgt, hat sie verdient.)

Formal nahm die «*Solidarité*» die Einteilung des 40 (!) Jahre später erscheinenden «*Mouvement féministe*» vorweg: Zuerst ein grundsätzlicher Artikel, dann häufig ein Nekrolog auf eine bedeutende Frau (zum Beispiel George Sand), dann Berichte über den Stand der Frauenbewegung im In- und Ausland, teils zustimmend, teils kritisch.

Am 13. April 1876 erschien sogar eine Extra-Beilage: «*Bonne Nouvelle*». «Im Augenblick, da unser Bulletin erscheint, vernehmen wir, daß im südamerikanischen Staat *Chile* die Frauen zur nächsten Präsidentschaftswahl als Stimmberechtigte zugelassen sind. Das chilenische Gesetz macht keinen Unterschied zwischen den Geschlechtern. Die einzigen Voraussetzungen zur Ausübung des Stimmrechts sind: Volljährigkeit, Beherrschung des Lesens und Schreibens. Frauen, die diese Bedingungen erfüllen, dürfen wie die Männer auf der Wahlliste figurieren und können gewählt werden.

Auf die Gefahr hin, daß unser Bulletin 24 Stunden verspätet erscheint, können wir dem Wunsch nicht widerstehen, unsern Gesinnungsfreunden dieses glückliche Ereignis mitzuteilen. Es ist ein Sieg der Kultur und ein großes Beispiel für Europa. Diese Tatsache und andere günstige Symptome in verschiedenen Ländern beweisen, daß die Ideen, die wir verfolgen, keine Utopien sind. Aufgeklärte Menschen aller Länder diskutieren sie, und der Tag ist nicht mehr fern, da die öffentliche Meinung uns recht geben wird und von den Behörden verlangt, daß die Reformen, die wir fordern, im Gesetz verankert werden.»

Auch wenn in der Schweiz so sensationelle Neuerungen nicht verzeichnet werden konnten, so waren die siebziger Jahre für die Frauenemanzipation doch eine fruchtbare Zeit. Die Schweiz war damals – wie bereits eingangs erwähnt – in einer großen fortschrittlichen Bewegung begriffen. Sie war vielleicht der revolutionärste Staat Europas überhaupt. Erst nach dem ersten Weltkrieg zeigte sie jenen konservativen Charakterzug, der die Fortschritte der Gleichberechtigung der Frau so ganz und gar stagnieren ließ.[11]

Marie Goegg schrieb deshalb wohl zu Recht in der «*Solidarité*»: «Die Schweiz ist vielleicht das Land in Europa, in welchem das, was man die Frauenfrage nennt, die größten Fortschritte in der kürzesten Zeit gemacht hat.» Als Beispiele erwähnte sie die guten Töchterschulen im ganzen Land, die den Frauen offenen Universitäten von Genf, Zürich und Bern und die Aufnahme der Frauen in die Post- und Telegraphenberufe zu gleichen Bedingungen wie die Männer. (Mit Beginn der Krise der späten achtziger Jahre wurde diese Errungenschaft allerdings sofort wieder rückgängig gemacht.)

Waren es wirklich nur diese Fortschritte, die Marie Goegg und ihre Mitarbeiterinnen 1880 bewogen, die «*Solidarité*» aufzulösen? Der Feminismus sei nun in der ganzen Welt angekurbelt; im Ausland werde er sich allein weiterentwickeln – erklärte Marie Goegg offiziell –, wichtiger sei es nun, sich den Aufgaben im eigenen Land zuzuwenden. Die etwas vagen Formulierungen deuteten an, daß noch weitere Gründe vorlagen, die erst bei der Darstellung von Marie Goeggs Biographie eine Erklärung finden.

Während zehn Jahren erschien nun Marie Goeggs Name nicht mehr in der Öffentlichkeit. Nur in gewissen Meldungen über Frauenfragen in den «*Etats-Unis d'Europe*» erkennt man ihren Stil. Ihre Ideen hatten aber bereits weite Verbreitung gefunden. In den achtziger Jahren, als man in der Ostschweiz noch kaum an solche Dinge zu denken wagte, erschien in den drei welschen protestantischen Kantonen bereits eine reiche Literatur über die Stellung der Frau.

Inzwischen war eine junge, unternehmende Generation von Frauenrechtlerinnen herangewachsen, die weit besser geschult und vorgebildet war als Marie Goegg. Als einige von ihnen 1891 die *Union des femmes de Genève* gründeten, zogen sie aber doch Marie Goegg zu Rate. Ja die *Grand Old Lady* der Emanzipation ließ sich noch mit 68 Jahren zur Vizepräsidentin wählen. Sie behielt dieses Amt vier Jahre lang bei, bis schwere Krankheit sie zum Aufgeben zwang. Am 1. Frauenkongreß (1896) nahm die 70jährige Marie Goegg noch lebhaften Anteil, trat aber selber nicht mehr in Erscheinung. Ihr jüngster Sohn, Professor für Technologie an der Höheren Handelsschule in Genf, hielt einen Vortrag über die kommerzielle und industrielle Ausbildung der Mädchen und zitierte dabei häufig aus den Artikeln seiner Mutter.

1899 starb Marie Goegg im glücklichen Irrtum, die Gleichberechtigung der Frau stehe in der Schweiz unmittelbar bevor. Zeitlebens hatte sie für die Emanzipation der Frau gekämpft. Sie hatte es sogar noch erleben dürfen, daß die Fackel, die sie entzündet hatte, von den Jungen weitergetragen wurde in eine freiere und gerechtere Zukunft.

Als wenige Wochen nach Marie Goeggs Tod der «Bund Schweizerischer Frauenvereine» gegründet wurde, sprach die Präsidentin der Genfer Frauenunion aus, was alle empfanden: «Wie hätte sich Marie Goegg gefreut, wenn sie das noch erlebt hätte.»

Marie Goeggs Leben

Plus on a d'ésprit, plus on a des passions. Pascal

Im Augenblick, da Marie Goegg an die Öffentlichkeit trat, war sie bereits die Feministin im modernsten Sinne des Wortes, vertraut mit allen Belangen der Emanzipation. Es gab bei ihr kein zaghaftes Beginnen, keine ersten tastenden Versuche. Mit erstaunlicher Sicherheit schlug sie erstmals jenen Weg ein, den nach ihr Hunderte von Frauen in ähnlicher Weise gingen. Immer wieder vergewissert man sich betroffen ihres Geburtsdatums: 1826. Sie hätte nicht anders gehandelt, kaum anders geredet und geschrieben, wenn sie fünfzig, ja hundert Jahre später geboren wäre. Ihre Vorurteilslosigkeit, ihre klare Intelligenz, ihr persönlicher Mut, ihre Originalität, ihre Sprachbegabung und ihre typisch genferische Schaffenskraft zeugen von einer genialen Persönlichkeit.

Marie Goegg figuriert als eine der wenigen Frauen im Historisch-Biographischen Lexikon der Schweiz (1926) – sogar mit einem Bild. Trotzdem ist sie heute vergessen. Dies hängt damit zusammen, daß sie ganz hinter ihrem Werk zurücktrat, ja daß sie die Spuren ihrer Existenz bewußt verwischt hat. Ihr Privatleben muß also aus Bruchstücken rekonstruiert werden.

Marie Goegg war eine geborene Pouchoulin und zugleich die letzte Trägerin dieses Namens. Die Pouchoulins hatten nach Aufhebung des Edikts von Nantes als französische Emigranten bei ihren Genfer Glaubensbrüdern Zuflucht gefunden. Daß Marie Goegg hugenottischer Herkunft war, paßt natürlich ausgezeichnet zu ihrem reformatorischen Eifer. Über ihre Kindheit und Jugend wissen wir nichts, außer was wir aus ihrem Feuilleton «*Deux poids et deux mesures*» erschließen können. Ihr Vater war, wie ihr Großvater, Uhrmacher gewesen; sie entstammte also einem Milieu, in welchem sozialistische Ideen immer einen guten Nährboden fanden.[12] Schulbildung besaß sie natürlich wenig; denn von den Mädchen der damaligen Zeit bekamen nur die Töchter der Adligen, die sich einen Privatlehrer leisten konnten, einen angemessenen Unterricht. Schon mit 19 Jahren wurde das anmutige Mädchen dem Kaufmann Marc Antoine Mercier verheiratet – offenbar ohne eigentliche Neigung von Maries Seite. Herr Mercier war ein rechtschaffener, aber einfacher Mann. Mit 21 Jahren schenkte Marie ihrem Sohn Henry das Leben. Obgleich sie durchaus mütterlich veranlagt war, füllte sie das Kleinbürgerdasein mit *ménage* und *bébé* nicht aus.

Inzwischen hatten ihre Eltern angefangen, Zimmer an ausländische Achtundvierziger-Flüchtlinge zu vermieten. Marie, die sie oft besuchte, begann mehr und mehr in den ungewohnten und aufregenden Kreisen zu verkehren, ihren Diskussionen über Frieden und Freiheit, Demokratie und Liberalismus, Marx und Engels zuzuhören. *Hier* war ihre erste Bildungsstätte für ihre gesellschaftskritischen Überlegungen, *hier* die Vorschule ihrer späteren Emanzipationsbestrebungen. Ihre eigene Revolte gegen ihr persönliches Schicksal verband sie ganz emotional mit dem Rebellentum der Vertriebenen.

Marie Goegg-Pouchoulin.

Der knapp dreißigjährige Amand Goegg mit dem zweizipfligen Revolutionärsbart und den blauen Augen machte ihr den größten Eindruck. Er verstand seine überragende historische Bedeutung als Führer des badischen Aufstands ins hellste und vorteilhafteste Licht zu rücken (was den Tatsachen nicht ganz entsprach). Daß er in Abwesenheit zum Tode verurteilt worden war, machte den Mann noch interessanter. Der unerfahrenen Marie Mercier mußte er wie ein Sagenheld erscheinen, neben dem ihr Händlersgatte zu nichts verblaßte. Sie verliebte sich leidenschaftlich in Amand Goegg.

Schon 1850 ersuchte Marie um die Scheidung, die damals, da in Genf noch der *Code Napoléon* galt, durchaus möglich war. Ihr Gatte war jedoch nicht einverstanden, und so wurde nur Trennung verfügt. Goegg, der politisch immer mehr nach links neigte, wurde 1851 aus der Schweiz ausgewiesen. Darauf suchte er in Paris Fuß zu fassen, wurde aber auch von dort verbannt und ging nach London, wo er Beziehungen zu Karl Marx aufnahm. Dann weilte er wieder längere Zeit in Genf, vermutlich illegal.

Im Herbst 1853 fühlte sich Marie schwanger von Amand Goegg. Die Scheidung war aber immer noch nicht ausgesprochen. Darauf entschloß sich das Paar zu einer Handlung, die man nur versteht, wenn man seine Verehrung für Garibaldi in Rechnung stellt. Der italienische Haudegen hatte bekanntlich die Brasilianerin Anita Ribeiro da Silva ihrem ungeliebten Gatten entführt und sie nach Italien gebracht. Vor der Geburt ihres ersten Kindes heiratete er sie.[13]

So brachte nun auch Amand Goegg seine Geliebte Marie Mercier samt ihrem siebenjährigen Knaben am 21. Januar 1854 unter abenteuerlichen Umständen nach London. Dort gebar Marie in aller Heimlichkeit im April ihren zweiten Knaben. Er erhielt den Namen Egmont.

Wie und unter welchen Umständen Marie im Exil lebte, ist nicht bekannt. Sie sprach nie von jener Zeit. Auch ihre engsten Mitarbeiterinnen wußten nicht, daß Marie je in England gewesen war. Doch muß sie von dort entscheidende Eindrücke empfangen haben. In ihrem Feuilletonroman «*Deux poids et deux mesures*» werden ja die ersten emanzipatorischen Ideen von einer Engländerin entwickelt.

1856 stand Marie wieder vor dem Genfer Tribunal und forderte erneut die Scheidung. Ihre Beziehung zu Goegg, ihren Auslandaufenthalt und die Existenz ihres zweiten Kindes unterschlug sie dem Gericht. Dieses eine Mal heiligte für Marie der Zweck die Mittel.

Diesmal sprach das Gericht die Scheidung aus. Am 16. Juli 1856, vormittags 11 Uhr, wurde sie rechtskräftig. Marie erhielt ihren Sohn Henry zugesprochen, der sich in der Folge nach seinem Stiefvater «Goegg» nennen durfte. Die Gerichtskosten wurden geteilt. Gleich darauf reiste Marie ab, wahrscheinlich wieder nach England.

1857 ersuchte das nunmehr – irgendwo – getraute Paar Goegg-Pouchoulin um Niederlassung in Genf. Am 1. August desselben Jahres schenkte Marie einem dritten Sohn, Gustav Alfred, das Leben. Goegg gründete in Genf eine Spiegelfabrik – die Badenser waren ja *die* Überbringer der Glasmanufaktur in die Schweiz. Dem Glück des Paares schien endlich nichts mehr im Wege zu stehen.

Historische Helden sind indes nicht unbedingt vorbildliche Familienväter, und Goegg hatte ein unstetes Naturell. Als 1861 die allgemeine badische Amnestie verkündet wurde, finden wir den überzeugten Sozialisten Goegg unter den ersten Heimkehrern. Er ließ sich in Offenburg nieder, wo sein Parteifreund, der bekannte Frühsozialist *Karl Grün*, lebte. Dort leitete er wieder eine Glasfabrik. Er ließ seine Familie nachkommen. Wie sich Marie Goegg mit den drei Knaben – nunmehr 14-, 7- und 4jährig – in die deutschen Kleinstadtverhältnisse schickte, ist wiederum nicht bekannt. Sicher jedoch ist, daß sie auch hier vieles beobachtete, vieles lernte und vieles durchdachte. Ohne ihre langen Auslandaufenthalte wäre Marie nicht zu der überlegenen, welterfahrenen Frau geworden, die sie bei der Gründung der *Association internationale des femmes* war.

Goegg aber fühlte sich in der alten Heimat erneut nicht wohl. Die Arbeiterbewegung, die ihm vor allem am Herzen lag, machte nicht die Fortschritte, die er sich erträumt hatte. Wohl gründete der Politiker Ferdinand Lassalle, auf den Goegg einige Hoffnungen setzte, 1863 den «Allgemeinen deutschen Arbeiterverein». Das war die erste Parteibildung in sozialdemokratischer Richtung. Doch die sehr idealistische Bewegung wurde von rechts durch den Liberalismus und von links durch den Marxismus bekämpft. Bevor sie auch nur einigermaßen konsolidiert war, fiel Lassalle nach einem galanten Abenteuer in Genf im Duell.

Goegg hatte nicht das Format, Lassalles Werk fortzusetzen. Er war der Mann der kleinen Vereine. Von der Mitte der sechziger Jahre an befand er sich wieder vorwiegend in der Schweiz. Wann seine Familie dahin zurückkehrte – zunächst nach Biel, dann endgültig nach Genf –, läßt sich nicht mehr genau feststellen.

Die Gründung der «Friedens- und Freiheitsliga» gab nun endlich dem Ehepaar Goegg-Pouchoulin den festen geistigen Mittelpunkt. Vor allem Marie fand hier das Tätigkeitsfeld, das ihrem Wesen und ihrer Energie entsprach. Im Schoße dieser Vereinigung konnte sie ihre in der Zwischenzeit gereiften Ansichten über die Emanzipation der Frau einem geistig offenen Kreis mitteilen. Hier fand sie Verständnis, Widerhall und Bundesgenossen, was durchaus nicht selbstverständlich war. Als Marie Goegg zum Beispiel am Kongreß der «Internationale» in Brüssel 1868 in einer kleinen Ansprache den Wunsch vortrug, auch Frauen möchten in die Arbeitervereine aufgenommen werden, wurde er einhellig abgeschlagen. So begann Marie allmählich die Arbeiterkreise zu meiden und widmete sich ungeteilt der «Liga». Deren Geist des fortschrittlichen Liberalismus sollte auch in Zukunft der beste Nährboden für die Gleichberechtigung der Frau sein.

Amand Goegg dagegen kümmerte sich kaum um die weiblichen Anliegen. Er bereitete den «grossen Umsturz» vor. Auf den 1. Januar 1869 übernahm er auch die Redaktion des

«Felleisens», des Organs der deutschen Arbeiterbildungsvereine in der Schweiz. Es war 1862 gegründet worden. Ende 1870 ließ Goegg die Leitung aber bereits wieder fallen. Grund dafür waren wohl parteiinterne Zwistigkeiten. Während Goegg seine Anhänger zu überzeugen suchte, daß sie nur im Schoße der «Internationale» unter Karl Marx zu ihrem Recht kommen könnten, war der weit bedeutendere Sozialistenführer Herman Greulich gegen einen solchen Anschluß.[14]

1872 unternahm Goegg eine Vortragstournee durch die USA, um für die Ziele der «Friedens- und Freiheitsliga» zu werben. Das Unternehmen wurde in den «Vereinigten Staaten von Europa» laufend kommentiert. Diesen Schilderungen zufolge war die Reise ein einziger Triumphzug. Nur – die Texte stammten nicht von objektiven Reportern, sondern von Goegg selber. Er war unbestritten ein Meister in der Propaganda für seine eigene Person.

Heimgekehrt und empfangen wie ein Held aus siegreicher Schlacht, erfuhr Amand Goegg, daß seine Frau inzwischen nicht müssig gewesen war. Sie hatte die *Solidarité* gegründet, die gleichnamige Zeitung lanciert und erst noch die Öffnung der Universität Genf für die Frauen erwirkt. War Goegg vielleicht auf diese *realen* Erfolge eifersüchtig? 1874 brach er erneut zu einem großen Propagandafeldzug auf, der bis nach Australien führte, und – kehrte nie mehr zu seiner Familie zurück. Seine Gattin und seine Söhne sah er nie wieder. Auch seine Arbeitervereine ließ er im Stich. Was den nunmehr 54jährigen Mann zu diesem Schritt bewogen hatte, ist unerfindlich.

Dieser Schlag traf Marie zutiefst. Fünfundzwanzig Jahre hatte ihre so überschwenglich begonnene Beziehung zu Amand Goegg gedauert. Davon hatte sie achtzehn Jahre in bürgerlicher Ehe gelebt; doch war sie erst während der letzten sechs Jahre zu eigener geistiger Aktivität gelangt. Wie oft, wie überzeugt hatte Marie Goegg immer wieder betont, daß es eine wahre Ehe nur zwischen ebenbürtigen Partnern geben könne. Wie lebendig hatte sie dieses Ideal ausgemalt, wie sehr danach gestrebt, es in ihrer eigenen Ehe zu verwirklichen. Nun ließ sie ihr Mann im Stich – anscheinend ohne jede Erklärung! Hinzu kam, daß Marie bald die finanzielle Lebensgrundlage fehlte. Ihr Gatte, der nach dem Scheitern des badischen Aufstandes die badische Staatskasse hatte mitlaufen lassen, war offenbar mit einem Teil von Maries Vermögen verschwunden. Bei ihrer Verheiratung mit Goegg hatte sie von ihrem Vater, der dieser Beziehung immer günstig gesinnt war, eine Mitgift von 5000 Fr. erhalten. In ihrem Testament schildert sie, wie selbstlos ihre beiden älteren Söhne sie damals unterstützten, als sie noch für den unmündigen Gustav zu sorgen hatte. Henry war bereits selbständiger Kaufmann, Egmont studierte unter kümmerlichen Umständen in England. (Er wurde später Gymnasialprofessor für englische Sprache in Genf.)

Auch das unerwartete Eingehen der «*Solidarité*» im Jahre 1880 ist wohl auf finanzielle Schwierigkeiten zurückzuführen. Marie Goegg hatte die Defizite stets aus eigener Tasche beglichen. Nun war sie dazu nicht mehr imstande. Ab 1880 muß sie auch eine bezahlte Arbeit angenommen haben. Ihre Tätigkeiten im Vorstand der «Liga» und in der Redaktion der «Vereinigten Staaten von Europa» waren natürlich ehrenamtlich.

Marie Goeggs Testament an ihre Nachkommen endet mit dem Satz: «Soutenez-vous réciproquement et puissiez-vous ne jamais connaître ni les uns ni les autres par expérience tous les soucis matériels et moraux que j'ai souffert sans l'avoir mérité.» (Helft Euch gegenseitig und mögt Ihr alle nie die materiellen Sorgen und geistigen Nöte kennenlernen, die ich erdulden mußte, ohne es verdient zu haben.)

Diese Sorgen und Nöte waren wohl in erster Linie schuld daran, daß Marie Goegg verstummte, bis die jungen Frauenrechtskämpferinnen, die dem Alter nach ihre Töchter hätten sein können, sie wieder in ihre Reihen holten. Übereinstimmend schildern diese Marie Goegg als freundliche alte Dame – schüchtern und sehr konservativ. War dies allein der Unterschied der Generationen? Oder hatten die harten Erfahrungen

Marie Goegg so verändert? Oder unterlag auch sie dem psychologischen Gesetz, daß junge Revolutionäre im Alter gern konservativ werden?

Die dürftigen persönlichen Äußerungen Marie Goeggs lassen ihr innerstes Wesen nicht faßbar werden. Auch das sonstige Material über sie ist so spärlich, daß ihr einzigartiges Schicksal notgedrungen nur in groben Umrissen nachgezeichnet werden konnte.

Und Amand Goegg? Nach seinem Verschwinden aus Maries Leben reiste er noch neun Jahre lang als politischer Agitator und Journalist in der Welt herum. 1883 kehrte er krank in seine Heimatstadt Renchen zurück. Hier blieb er bis zu seinem Tode im Jahre 1896.

Seinem Freund, dem sozialistischen Verleger Jacques Schabelitz in Zürich, hatte er wiederholt ein neues Werk mit spannenden Enthüllungen über den badischen Aufstand von 1849 versprochen. Schabelitz wartete Jahr für Jahr vergeblich auf das Manuskript, das er zweimal ankündigte. Amand Goegg hielt auch diesmal sein Versprechen nicht.

Die Genferinnen regen sich

Der soziale Wandel der achtziger Jahre
Noch in Marie Goeggs Kindheit hatten die Schweizerfrauen fast aller Stände im Grunde gar nicht so unterschiedlich gelebt. Ob sie in Hütten, Bauern- oder in Bürgerhäusern wohnten, war dabei von untergeordneter Bedeutung. Die Verheirateten waren mit Kindergebären und -aufziehen völlig absorbiert, die Unverheirateten – waren es nun Töchter, ledige Schwestern, Tanten, verwitwete Großmütter oder bei den Reicheren bezahlte Dienstboten und Gouvernanten – halfen in irgendeiner Funktion mit. Die wichtigsten Tätigkeiten neben dem Haushalten im engeren Sinne waren Spinnen und Weben, die sich gut mit dem Kinderaustragen und -hüten verbinden ließen. Sie galten daher seit je als besondere Domäne der Frau. Mit vielen dieser Aufgaben war eine ganz stark schöpferische Komponente verbunden. Besonders beim Spinnen ließ sich gut nachdenken, aber auch spielen, singen, Geschichten und Märchen erzählen.

Nun hatten die Fabriken diese Tätigkeiten eine nach der anderen an sich gerissen. Die schweizerische Textilindustrie in ihren unzähligen variabeln Formen wurde immer umfassender und hatte schon einen zweiten Industriezweig nach sich gezogen: die Maschinenfabrikation. Auch in der viel älteren Uhrenindustrie der Westschweiz wurde von den siebziger Jahren an die Heimarbeit immer mehr vom Fabrikbetrieb abgelöst.

In den achtziger Jahren machte sich nun, besonders in den übervölkerten Agrargebieten, eine mottende Krise bemerkbar. Viele Bauern fanden auf ihren zu klein gewordenen Höfen keinen Lebensunterhalt mehr. So strömten die Männer in die Fabriken, und da ihre Löhne sehr karg waren, zogen sie die noch viel schlechter bezahlten Frauen und Kinder nach sich, obwohl dies schon in einigen Kantonen verboten worden war.

Nicht freier Wille, sondern Armut und Not trieben die Frauen aus dem Haus zu 12- bis 14stündiger Arbeitszeit in lärmigen, staubigen und ungelüfteten Fabrikhallen. Für die Männer gab es wenigstens zwei Alternativen: Die eine war die *Auswanderung.* Kein Jahrzehnt hat mehr Schweizer Emigranten gesehen als die achtziger Jahre: 82 000 wanderten allein nach den USA aus. Die andere waren der Arbeiterbund und seine Druckmittel, wie zum Beispiel die *Arbeitsniederlegung,* welche seit 1860 – man erinnere sich des Genfer Bauarbeiterstreiks – ab und zu versucht worden war.

Für die Frauen hingegen galten diese Möglichkeiten kaum. Die Gattin des mit der Internationale eng liierten Journalisten und Historikers James Guillaume, *Gertrud Guillaume-von Schack,* gründete zwar in der ganzen Schweiz Arbeiterinnenvereine, und wenn jeweils einer zustande kam, stiftete sie zur Aufmunterung eine Fahne.[1] Frau Guillaume galt in ihrer deutschen Heimat ihrer sozialen Ideen wegen als «die verrückte Gräfin» und mußte später nach England fliehen (vgl. Einleitung). Ihre Vereine aber gediehen nur mühsam. Kein Wunder! Wer des Abends erschöpft heimkehrt und sich noch um den überarbeiteten Mann, die hungrigen Kinder und den vernachlässigten Haushalt kümmern muß, hat keinen Elan mehr für Vereinsleben und Politik.

Aber auch die Frauen des bäuerlichen Mittelstandes und sogar der begüterten Bürgerkreise waren nicht mehr so fraglos eingebettet in ein naturverbundenes Dasein wie zu Gotthelfs Zeiten. Da die sinnvolle schöpferische Arbeit fehlte, wurde das Heim in allen Bevölkerungsschichten leerer und langweiliger, wenn es auch noch lange nicht an die Öde einer Zweizimmer-Existenz in den Blöcken des zwanzigsten Jahrhunderts heranreichte.

Von weittragender Bedeutung war die Gründung der Konservenfabrik Lenzburg im Jahre 1886. Zwölf Jahre später folgte die Maggi-Nährmittelfabrik in Kemptthal. Während die Frauen früher mit dem Dörren und Säuern der Gemüse, mit dem Einkochen der Früchte und Beeren Vorräte für den Winter bereitstellten, wurden ihnen diese Arbeiten nun abgenommen. Die ersten Käuferinnen von Konserven waren die überforderten Farbikarbeiterinnen. Sie hatten oft für häusliche Betätigung keine Zeit und Kraft mehr.

Bis über die Mitte des 20. Jahrhunderts galt es jedoch bei unzähligen – reichen und armen – Schweizerfrauen als unfein, Gemüsekonserven, Büchsenkonfitüren und Würfel-, später Beutelsuppen zu verwenden. Dies zeigt doch, daß die Frauen – wenn auch vergeblich! – versuchten, ein Bollwerk der alten häuslichen Kultur gegen die Industrialisierung zu errichten. Doch diese stampfte vorwärts wie ein großer eiserner Saurier, ringsum alles Grüne und Blühende niederstampfend. Nicht zufällig war in jenen Jahren das höchste und fast mit religiöser Inbrunst verehrte Symbol des Fortschritts die Dampflokomotive, die seit 1882 auch durch den Gotthard schnaubte.

Die Frau als gebärendes und nährendes Wesen mit ihrer naturgebundeneren Existenz besaß in diesem Wirbel des technischen und industriellen Sogs keinen ursprünglichen Lebensraum, keine Entfaltungsmöglichkeiten mehr. Das merkten die rational denkenden Männer überhaupt nicht. Und auch den Frauen trat es wohl nur als dumpfes Unbehagen ins Bewußtsein. – Daß die Familie keine Arbeits- und Produktionsgemeinschaft mehr war, ergab sich nur allmählich. Rasch aber vollzog sich in diesen Jahren die Trennung der Arbeitsstätten von Mann und Frau. – In der agrarischen Gesellschaft arbeiteten die Ehepartner dicht nebeneinander; oft gingen ihre Tätigkeiten auch ineinander über. Die Handwerker hämmerten, schmiedeten oder stichelten noch in den Hinterhöfen ihrer Behausungen. Lehrlinge und Gesellen aßen am Familientisch der Meistersleute. Die Lehrersfamilien wohnten vorwiegend im Schulhaus. An vielen Orten, besonders im Kanton Bern, unterrichteten die Ehegatten abwechselnd.

Noch Mitte des 19. Jahrhunderts waren etwa neun Zehntel der Schweizer Familien auf diese Weise organisch miteinander verbunden. Am Ende des Jahrhunderts jedoch arbeitete die *Hälfte* der männlichen Bevölkerung in den industrialisierten Kantonen, wie Genf und Zürich, in den oft weit entfernten Fabriken. Diese Entwicklung traf vorab die Frauen negativ. Die Männer tauschten einfach für die alte eine neue Arbeitsgemeinschaft ein. Sie war zudem oft interessanter als die unproduktiv gewordene Sippe daheim, die nicht wußte, was draußen in der Welt vorging. Dadurch entfremdeten sich unzählige Männer so sehr von der Familie, daß sie auch abends nicht mehr daheim bleiben mochten. Im Wirtshaus bei Bier oder Wein konnten sie mit Kollegen die Tagesereignisse besprechen und politische Diskussionen führen. Erst jetzt kam ja die eigentliche *Parteipolitik* auf. Im Juli 1881 schrieb *Elise Honegger* in ihrer «Schweizer Frauenzeitung»: «Es wird wohl einem künftigen Geschichtsschreiber der sozialen Bewegungen unserer Zeit, samt deren dunklem Sprößling, dem Kommunismus, die Bemerkung sich aufdrängen, daß deren engste Heimat das *Wirtshausleben* ist.»

Die Klagen der Frauen über das ewige Wirtshaushocken ihrer Männer sind die unterschwellige Begleitmusik der achtziger und neunziger Jahre. Die Frauen *aller* Kreise fühlten sich innerlich verarmt und allein gelassen. Die existentiellen Folgen dieses Mißstandes waren allerdings für Arme und Reiche diametral verschieden. Immer stärkere soziale Spannungen waren das Resultat, und ein Zusammengehörigkeitsgefühl der Frauen über alle Schichten hinweg war nicht mehr möglich.

Die Arbeiterfrau, selbst wenn sie nicht in die Fabrik ging und sich mit einer noch schlechter entlöhnten Heimarbeit begnügen mußte, war kräftemäßig überfordert. Kam der Mann abends, selber müde, nach Hause, fiel es ihm nicht ein, seiner Frau bei der Hausarbeit zu helfen. *Er* hatte sein Tagwerk getan; Haushalt war Weibersache. Gerade weil der Mann vielerorts den ganzen Tag vom Vorarbeiter oder vom Werkmeister herumkommandiert worden war, genoß er es, zu Hause den

Herrn zu spielen; denn jeder Druck von oben wird nach unten weitergegeben. Störte ihn das Geschrei der Kinder oder setzte ihm die Gattin mit Bitten oder Jammern zu, so nahm er den Hut und ging ins nächste Wirtshaus. Hier fand er frohere Kumpane und anregenderen Gesprächsstoff. Nur zu oft verdrängte der Mann den Kummer dann mit Alkohol. So entstand das schreckliche Trinkerelend jener Zeit, das die Frauen doppelt belastete; denn erstens vertrank der Mann den Lohn, und zweitens verrohte sein Gefühlsleben, worunter wieder die Familie am meisten zu leiden hatte.

Im Gegensatz zu den Arbeiterfrauen wußten die Damen der bürgerlichen Kreise oft kaum, wie sie die Zeit verbringen sollten. Die Kinderzahl hatte sich in den protestantischen Städten bereits verringert, Dienstboten aber gab es reichlich. Die Frauen mußten also Arbeiten erfinden, um ihre Mägde zu beschäftigen. Die einzige schöpferische Tätigkeit, die noch geblieben war, das Kochen, wurde wegen seiner Mühseligkeit meist einer tüchtigen Köchin übertragen. Da das Heim seinen Sinn als Produktionsstätte verloren hatte, wurde nun – narzißtisch pervertiert – seine *Gepflegtheit* zum höchsten Lebenszweck. Diese aufwendige und komplizierte Pflege der eigenen Wohnstätte wurde später in den berühmten Schweizer Haushaltungsschulen zur eigentlichen Pseudo-Wissenschaft emporstilisiert.

Warum aber fühlten sich so viele Frauen doch unglücklich, während sie hinter den blank geputzten Fensterscheiben, auf spiegelndem Parkett, im gebürsteten Plüschfauteuil vor blitzendem Silbergeschirr saßen? Um so unglücklicher, je höher die Stellung des Gatten war? Der neue Begriff des «Karrieremachens» absorbierte die Männer völlig; sogenannte «leitende Stellen» – auch etwas «Modernes» – in Wirtschaft, Industrie und Politik fraßen sie völlig auf.

Es ist kein Zufall, daß gerade im Fin de siècle die Hysterie als Krankheit der gelangweilten Städterinnen beinahe eine Modeerscheinung wurde. Die wenigsten erkannten aber, daß diese seelische Störung das Symptom der Sinnentleertheit des weiblichen Daseins war. Wir haben die erste Generation der «grünen Witwen» vor uns, wie sie in den sechziger Jahren des zwanzigsten Jahrhunderts genannt wurden.[2]

Während in den Fabriken die mechanischen Webstühle ratterten, die Sägen kreischten und die ersten Dampfmaschinen fauchten, während in den Kontoren die ersten plumpen Schreibmaschinen klapperten und die ersten hochbeinigen Telephonungetüme bimmelten, während die «führenden Männer der Wirtschaft» darüber berieten, wie die Produktionsrate noch gesteigert, das Schweizer Eisenerz noch besser ausgebeutet und die Schweizer Wasserkräfte technisch ausgenützt werden könnten, lag zu Hause ein gewaltiges Potential an weiblicher Intelligenz, Vernunft, Tatkraft und Herzenswärme brach.

Natürlich hatten die Männer des neuen industriellen Zeitalters diese Verödung des Hauswesens nicht gewollt; sie war sozusagen ein unerwünschtes Nebenprodukt der wirtschaftlichen Expansion, wie etwa ein halbes Jahrhundert später die Hochkonjunktur als völlig unerwartete Nebenerscheinung die Umweltverschmutzung mit sich brachte. Aber gerade weil diese Entwicklung weder vorausgesehen nach vorausberechnet worden war, durfte es sie ganz einfach nicht geben. Das «traute Heim» sollte, auch wenn es alle Naturverbundenheit eingebüßt hatte, weiterhin eine Art *romantisches Naturreservat* für die gehetzten Männer aller Schichten bleiben, das sie in kurzen Erholungspausen aufsuchten.[3]

Einige Gelehrte der Suisse romande erkannten als erste die tieferen Zusammenhänge zwischen den veränderten wirtschaftlichen Verhältnissen und der völlig stagnierten Stellung der Frau. Und sie sannen auf Abhilfe. Warum die Gesellschaftskritik zuerst dort einsetzte, ist allerdings im einzelnen schwer zu begründen. Der Einfluß der «Solidarité» darf nicht überschätzt werden. Es war wohl in erster Linie die geistige Vorarbeit, die der waadtländische Theologe *Alexandre Vinet*

(1797–1847) geleistet hatte. Durch die von ihm vollzogene Verbindung von Ideen der Aufklärung (Rousseau) und individueller Frömmigkeit wurde er der Wegbereiter des liberalen Protestantismus in der welschen Schweiz. Er trat ein für die Trennung von Kirche und Staat und war Mitbegründer der waadtländischen Freikirche, in der die Frauen eine den Männern nahezu ebenbürtige Stellung einnahmen. Bekannt sind seine Worte «Pour que l'homme vaille tout son prix, il faut que la femme vaille aussi le sien». (Damit der Mann seinen vollen Wert habe, muß auch die Frau ihren ganzen Wert verkörpern.)

Nun erschien in den achtziger Jahren mit einem Mal eine dichte Reihe von Schriften über die Stellung der Frau, besonders auch in rechtsphilosophischer Hinsicht.[4]

Den Anfang machte der junge Louis Bridel mit seiner Dissertation über das Eherecht, die noch in der letzten Nummer von Marie Goeggs «Solidarité» 1880 angekündigt worden war. Dann aber lief ihm – vorläufig – ein Größerer den Rang ab. Es war der waadtländische Philosoph *Charles Secrétan* (1815–1895). Der emeritierte Lausanner Professor vertiefte sich noch in seinem achten Lebensjahrzehnt mit leidenschaftlicher Anteilnahme und scharfsinniger Spekulation in die Probleme der Gleichberechtigung der Frau. Offenbar hatte ihn die Materie schon lange beschäftigt, und die seit der Revision der Bundesverfassung anvisierte Vereinheitlichung und Modernisierung der verschiedenen kantonalen Zivilgesetze mochte noch einen äußeren Anstoß zur Publikation seiner Schriften bilden, obwohl Secrétans Überlegungen eher als philosophisch denn als juristisch zu bezeichnen sind.

Sein feministisches Alterswerk setzte 1883 ein mit dem Aufsatz «La philosophie de George Sand». Es folgte 1886 das berühmte Werk «Le droit de la femme», das bis 1888 vier Auflagen und eine Übersetzung ins Deutsche erzielte. Bekannt und viel zitiert ist seine These, daß die Frau als «juristische Person» gewürdigt und als solche der gleichen Rechte wie der Mann teilhaftig werden müsse. Weniger bekannt, oder viel-

Oben: Camille Vidart und Dr. med. Caroline Farner.
Unten: Dr. iur. Emilie Kempin-Spyri und Emilie Gourd.

mehr mit guten Gründen verschwiegen, wurden die radikalen Forderungen, die er daran knüpfte. Secrétan erklärte nämlich, jede schrittweise Verbesserung des Rechtsstatus der Frau sei sinnlos. Der Frau müsse die totale Gleichberechtigung gewährt werden. Ebenso seien ihr alle Schulen und alle Berufe zu öffnen. In der Praxis zeige sich dann ganz von selber, wozu die Frauen begabt und fähig seien. Beim heutigen Stand der Gesellschaft sei dies jedoch ganz einfach nicht möglich.

Natürlich wurde Secrétan in erster Linie mitleidig belächelt oder aber wütend bekämpft. Viele glaubten damals, er sei der eigentliche Erfinder der Frauenemanzipation. Das trifft aber nicht zu. Schließlich gab es vor ihm schon Persönlichkeiten wie Olympe de Gouges, Mary Wollstonecraft, George Sand oder Marie Goegg. Zu Recht schrieb Louise Secrétan in der ausführlichen Biographie ihres Vaters: «Les idées émises par Secrétan n'ont point créé le féminisme; il était en route déjà.»[5] (Die Ideen, die Secrétan verfochten hat, haben keineswegs den Feminismus begründet. Er war damals schon im Gang.)

Secrétan fand auch Parteigänger. So vor allem Marc Dufour (1843–1910), Professor für Ophthalmologie an der Universität Lausanne, ferner den bereits erwähnten *Louis Bridel* (1852–1913), der inzwischen Professor für vergleichendes Recht an der Universität Genf geworden war und die von Secrétan geschaffene Reihe von Schriften und Vorträgen zur Frauenfrage auf hohem Niveau fortsetzte. In der dritten Generation folgte endlich *Auguste de Morsier* (1864–1923), von dem später die Rede sein wird.

In der deutschen Schweiz waren es die drei Staatsrechtslehrer *Carl Hilty* (1833–1903), *Max Huber* (1874–1966) und *Werner Kägi* (1909), die sich für die rechtliche und politische Besserstellung der Frau einsetzten. Man erkennt, daß sie je um eine Generation später kommen als ihre welschen Kollegen.

Auch ihnen war eine Frau vorausgegangen. Dr. phil. *Meta von Salis*, die 1894 in Chur und Zürich Vorträge über «Das Frauenstimm- und -wahlrecht» hielt. Als sie 1895 in Bern über dasselbe Thema sprach, schrieb ihr Prof. Hilty, der wegen Krankheit am Kommen verhindert war:

«Ich wünsche Ihnen besten Erfolg, obwohl das eine Sache ist, die noch lange *nicht* reif ist und die man, wie übrigens die meisten politischen und überhaupt kulturellen Fortschritte, von dem jeweiligen Bildungsgrad des Volkes abhängig machen muß. Kommen wird das Frauenstimmrecht sicherlich einmal in den Staaten mit hinreichend gebildeter Bevölkerung. Man müßte es aber meines Erachtens sukzessive einführen, zuerst zum Beispiel bloß in Schul- und Kirchensachen, dann in Gemeindeangelegenheiten; ebenso zuerst für die Frauen mit selbständiger Lebensstellung allein und später weitergehend.»[6]

Man ersieht daraus, wie langsam und vorsichtig die Alemannen, im Gegensatz zu den Welschen, das Thema anpackten. Und diese Bedächtigkeit sollte dann auch in unserem Lande den Ausschlag geben. – Gewiß hatte Secrétans Forderung, den Frauen sofort die volle Gleichberechtigung zu gewähren, etwas Utopisches. Das zeigt sich am Beispiel der Universität Genf: Sie war auf Initiative von Marie Goegg den Frauen 1872 rasch und ohne seelische Vorbereitung geöffnet worden. Es dauerte aber 18 Jahre, bis sich die erste einheimische Studentin immatrikulierte! Anderseits kostete dann die alemannische Politik der kleinen Schritte den Schweizerfrauen unverhältnismäßig viel Energie und führte doch erst nach einem Jahrhundert zum gewünschten Ziel.

Die erwähnten Männer, die im letzten Jahrhundert – unbesorgt um ihre Popularität – für die Rechte der Frau eintraten, bildeten jedoch nur eine kleine protestantische Elite. Weder in der französischen noch in der deutschen Schweiz fanden sie viel Gehör im Volk. Sie hatten das Schicksal des «Rufers in der Wüste». Mochten sie noch so leidenschaftlich oder scharfsinnig auf das Personenrecht und die Menschenwürde der Frau hinweisen, der große schweizerische Männerchor antwortete doch mit dem bekannten Kehrreim: *Die Frau gehört ins Haus.*

Allein die Frauen ließen sich nicht einsperren. Sie gründeten ihre Vereine gegen die Prostitution und gegen die Armut, gegen den Alkoholismus und endlich auch für ihre Gleichberechtigung. Es gehörte damals zum guten Ton, einem Frauenverein anzugehören.

Zweifellos bestehen kausale Zusammenhänge zwischen Parteipolitik und Frauenverein. Es ist nicht Zufall, sondern Zeichen eines untergründigen gesellschaftlichen Zusammenhangs, daß im Jahre 1888, als Friedrich Albert Steck die Sozialdemokratische Partei organisierte und mit einem brauchbaren Programm versah, die Frauen in Aarau den Verband des «Schweizerischen Gemeinnützigen Frauenvereins» schufen. Ebenso bedeutsam war das zeitliche Zusammenfallen der Gründung der Freisinnig-Demokratischen Partei der Schweiz im Jahre 1894 mit der Geburt jener Frauenorganisation, die nachmals weltberühmt werden sollte: des «Frauenvereins für alkoholfreie Wirtschaften» in Zürich.

In der Folge werden stellvertretend für die Frauen jener Zeit drei markante Persönlichkeiten näher vorgestellt und dazu der Verein, den sie gründeten und dem Modellcharakter zukommt: die «Union des femmes de Genève».

Drei Frauen, die nicht «im Hause» blieben
Camille Vidart (1854–1930)

Im Jahre 1880 suchte man an der Töchterschule Zürich einen neuen Professor für Französisch. Unter den vielen Bewerbern meldete sich auch der Genfer Lehrer Camille Vidart, der bereits seit fünf Jahren an der Mädchenschule Peschier mit Erfolg unterrichtet hatte. Da die Töchterschule für dieses wichtige Fach Lehrkräfte mit französischer Muttersprache bevorzugte und dieser Kandidat gar ein *Diplôme supérieur de l'Université de Lyon* besaß, sprach alles dafür, daß er der geeignete Mann wäre. Camille Vidart wurde zu einer Probelektion eingeladen.

An einem warmen Julitag wartete die Wahlkommission auf das Erscheinen des erkorenen Lehrers – und erstarrte. Ins Klassenzimmer trat ein großes, schlankes Mädchen, sichtlich überrascht über die tumultuarische Bewegung, die es hervorrief. Es stellte sich heraus, daß kein einziges Kommissionsmitglied in Erwägung gezogen hatte, daß *Camille* auch ein Frauenname sein könnte.

Doch man faßte sich. Die Zürcher Herren ließen die Lektion aus Damenmund über sich ergehen. Und sie war so ausgezeichnet, daß niemand einen Grund fand, die Bewerbung abzulehnen. So kam es, daß die Töchterschule Zürich ihre erste hauptamtliche Lehrerin aus *Genf* bezog. Ein beinahe symbolischer Akt, denn die Frauenbewegung Genfs ging derjenigen Zürichs immer etwa zehn Jahre voraus, was sich noch in der Erteilung des Frauenstimmrechts im 20. Jahrhundert spiegelte: Genf 1960, Zürich 1970.

In der Folge erwies sich die erst 26jährige Camille Vidart nicht nur als ausgezeichnete Französischpädagogin. Sie leistete auch in anderer Hinsicht einen wichtigen Beitrag zum gegenseitigen Verständnis der welschen und der alemannischen Schweiz. Zur Aufsichtskommission der Töchterschule gehörte ein Frauen-Comité von fünf Mitgliedern. Darunter befand sich Frau Stadtschreiber Spyri, die mit über 50 Jahren angefangen hatte, sich schriftstellerisch zu betätigen. Eben hatte sie das «Heidi» geschrieben, und da ihr Verleger es gerne ins Französische übersetzen lassen wollte, wandte sich *Johanna Spyri* an Camille Vidart. Diese übernahm die Arbeit, und das später weltberühmte Buch erlebte auch in französischer Sprache Hunderte von Auflagen. Camille Vidart erhielt ein einmaliges Übersetzungshonorar von 200 Fr. und dachte wohl keinen Augenblick daran, daß ihr für die vielen Auflagen eigentlich ein Gewinnanteil gebührt hätte.

Nach vier Jahren erfolgreicher Tätigkeit in Zürich folgte Camille Vidart einem Ruf der damals wohl berühmtesten Mädchenprivatschule der Schweiz, der *Ecole Vinet* in Lausanne. Doch sie blieb nur zwei Jahre. Die Sozialarbeit interessierte sie letztlich mehr als die Schulstube. Ihr Vater war Arzt gewesen, und bereits ihre Großmutter mütterlicherseits, Madame Joséphine Vaucher-Guédin, hatte für arme Mädchen eine Spitzen-Näherinnenschule auf genossenschaftlicher Basis gegründet, die aber so großzügig konzipiert war, daß sie nach einigen Jahren fallierte.

1886 nach Genf zurückgekehrt, betätigte sich Camille Vidart in Josephine Butlers «Fédération abolitionniste». Sie befaßte sich aber auch theoretisch mit sozialen Problemen. Sie überströmte von Plänen. Wie ihre Großmutter wollte sie Arbeiterinnen unterrichten, wie Josephine Butler Prostituierte sammeln, wie Elisabeth Fry Gefangene besuchen, wie Florence Nightingale Kranke pflegen, wie Ishbel Aberdeen heimatlose Dienstboten beherbergen. Wie Jeanne d'Arc wollte sie einem Heer mit flatternder Fahne voranziehen... aber welchem Heer? – Sie sollte bald eines finden.

Pauline Chaponnière-Chaix (1850–1934)

Das Leben von Pauline Chaix war wechselvoll und von schweren Schicksalsschlägen gekennzeichnet. Mit achtzehn Jahren heiratete sie ihren Vetter Edouard Chaponnière. Nach siebenjähriger kinderloser Ehe brach bei ihm eine Geisteskrankheit aus, die nach drei grauenvollen Jahren zu seinem Tode führte. Die erst 28jährige Pauline trat darauf in das Diakonissenhaus Reuilly bei Paris ein. Es war die einzige Tätigkeit einer Frau außer Haus, welche die «gute» Gesellschaft damals duldete. Pauline arbeitete auf verschiedenen Pflege- und Fürsorgestationen, zuletzt auf höchst verantwortungsvollen Posten; aber die Arbeit war auf die Dauer körperlich und seelisch so belastend, daß sie nach 15jähriger Tätigkeit um einen Erholungsurlaub ersuchen mußte.

1893 kehrte sie in ihr eigenens Haus nach Muraz bei Céligny zurück. Dort fielen Pauline bei ihren Spaziergängen drei Damen auf, die in der Sommervilla Lasserre ein und aus gingen. Pauline Chaponnière erkannte in der einen *Emilie Lasserre* wieder, die Tochter eines bekannten calvinistischen Genfer Juristen, mit der sie etwa gleichaltrig war. Sie ließ sich von ihr die beiden Freundinnen vorstellen. Die große, schlanke war die bald vierzigjährige Camille Vidart, die andere, eine kleine, energische, weißhaarige Dame von über 60 Jahren, war Fräulein *Doktor Harriet Clisby*, eine der ersten Ärztinnen der Welt. Sie hatte in Boston Medizin studiert und war eine vehemente Verfechterin der Frauenemanzipation. Emilie Lasserre hatte Harriet Clisby bei einer Kur im Leukerbad kennengelernt. Vielleicht aus Sympathie zu Emilie, vielleicht auch aus andern Gründen hatte sie sich 1885 entschlossen, ihren Lebensabend in Genf zu verbringen, wo sie auf die Frauenbewegung einen entscheidenden Einfluß ausübte.[7]

Pauline hatte als Oberschwester viele Ärzte kennengelernt. Sie war tief beeindruckt, daß nun auch Frauen diesen Beruf ergriffen. Als sie noch vernahm, daß die drei Damen mit andern zusammen einen Frauenclub gegründet hatten und sie einluden mitzumachen, zog sie nichts mehr nach Reuilly zurück. Aus ihrem Urlaub wurde eine Demission.

Um die Zusammenhänge aufzudecken, die zur Gründung dieses Clubs führten, muß jedoch noch eine dritte Persönlichkeit vorgestellt werden. Sie war die bedeutendste Welschschweizerin jener Generation.

Emma Pieczynska-Reichenbach (1854–1927)

Emma kam als Tochter eines Berner Banquiers und einer waadtländischen Mutter, geborene Julie Ricoud, in Paris auf die Welt. Ihre Mutter starb im Wochenbett, ihr Vater, als sie fünf Jahre alt war. Sie wurde darauf im Welschland von einem Pflegeplatz zum andern geschoben, ein intaktes Familienleben wurde ihr nie zuteil. So verlor sich das phantasievolle und hochintelligente Mädchen in allerlei Wunschträumen, zu denen sich in der Pubertät eine schwärmerische Polenbegeisterung gesellte. Die war damals zwar Mode, bei Emma aber hatte sie Konsequenzen. Sie führte zur Verlobung und überstürzten Heirat mit dem polnischen Gutsbesitzer Pieczynski, den sie in Paris kennengelernt hatte.

Das Leben in dem von Rußland unterdrückten Polen war an Ort und Stelle lange nicht so romantisch wie aus der Ferne.

Das gesellschaftliche Treiben der Aristokratie war leer und öde. Die junge, charmante Gräfin langweilte sich bald entsetzlich; der Gatte entpuppte sich als oberflächlicher Durchschnittsmensch; hinzu kam der Gram beider über ihre Kinderlosigkeit. Besonders aber beschäftigte Emma das Elend der unterentwickelten Landbevölkerung. Sie versuchte – noch ungeübt – allerlei Verbesserungsmaßnahmen, die aber zu keinem rechten Erfolg führten. Zudem war Emma häufig krank.

Ihr viel älterer Stiefbruder, der einzige Verwandte, der ihr noch geblieben war, riet zu einer Kur im Leukerbad, wo er selbst als Arzt tätig war. Emma reiste – vermutlich im Sommer 1882 – dorthin und lernte unter den zahlreichen Kurgästen die amerikanische Ärztin *Harriet Clisby* kennen. Die beiden Frauen verstanden sich augenblicklich, und zwischen ihnen entstand eine tiefe Freundschaft. In ihrem Lebensrückblick bezeichnet die sehr religiöse Emma diese Begegnung als «göttliche Fügung», die für ihr späteres Schicksal wegweisend geworden sei. Bereits damals nannte sie Harriet Clisby *mother* – mit dem Namen, den die Waise nie zu einer Frau hatte sagen können.

Am Ende der Kur trennten sich «Mutter» und «Tochter» mit dem festen Willen, den Kontakt weiterzupflegen. Harriet Clisby schiffte sich in ihre Heimat Boston ein, und Emma Pieczynska kehrte auf ihre polnischen Güter zurück.

Bald aber erkrankte sie so schwer, daß ihre Schwiegermutter Harriet Clisby um die ärztliche Betreuung von Emma bat. Harriet kam aus Amerika nach Polen und pflegte Emma, bis sie von ihrer Krankheit genas. Die amerikanische Ärztin war aber Psychologin genug, um zu erkennen, daß Emma in erster Linie unter ihrer Umgebung litt. So machte sie ihr einen für jene Zeit und jene Verhältnisse ganz unmoralischen Vorschlag: sie solle sich scheiden lassen, in Genf Medizin studieren und dann als Ärztin für die Armen nach Polen zurückkehren.

Emma Pieczynska hatte einen schweren seelischen Kampf durchzufechten. Doch sie rang sich durch und wagte den

Emma Pieczynska-Reichenbach.

Schritt.[8] 1885 traf sie in Genf ein, etwa gleichzeitig mit Harriet Clisby. Sie bestand dort 1887 die Matura und 1889 die propädeutischen medizinischen Examina.

Nachher reiste Harriet Clisby mit Emma nach Boston, um ihr die dortigen Verhältnisse und besonders die von ihr gegründete *Women's Industrial and Educational Association* zu zeigen.

Im Herbst 1890 kehrten die beiden Frauen nach Genf zurück. Da bat eine befreundete Kunstmalerin Emma, in einem kleinen Kreis von den amerikanischen Frauenclubs zu berichten. Dies vor allem, weil ein paar Genferinnen die Absicht hätten, eine ähnliche Vereinigung zu gründen. Emma Pieczynska willigte ein und sprach im Atelier von Madame Choisy über Dr. Clisbys *Women's Association*. Darauf reiste sie nach Bern weiter, da sie an der dortigen Universität ihr Studium beenden wollte.

Gründung und Wirksamkeit der Union des femmes de Genève

Fünf Frauen hatten Emma Pieczynskas Ausführungen gehört: Madame Cuénod, Madame Choisy, Madame Gillet, Madame Welter-Grot und Mademoiselle Marie Brechbühl. Sie alle waren von der Wichtigkeit der besseren Kontaktnahme der Frauen unter sich überzeugt und entschlossen, eine Vereinigung zu gründen. Wir haben wieder «die fünf bis sechs intelligenten Frauen» vor uns, die einst Marie Goegg zur Gründung der «Association des femmes» genügten.

Zu ihnen gesellte sich noch Harriet Clisby persönlich, Marie Albert, eine tüchtige Lehrerin, und – Marie Goegg, die mittlerweile Großmutter geworden war und als einzige der Generation von Harriet Clisby angehörte. Gerne nahmen die jungen Frauen die Hilfe der erfahrenen Feministin in Anspruch. Freilich bekamen die Statuten der neuen Vereinigung nicht die Prägnanz des Programms der alten Solidarité. Sie hatten auch nicht deren konsequente feministische Ausrichtung. Dafür gewährten sie der Initiative einzelner einen größeren Spielraum.[9]

Nach zahlreichen Vorarbeiten fand am 17. September 1891 im Casinosaal St-Pierre die Gründungs- und Propagandasitzung statt. Neunzig Frauen hatten sich eingefunden. Anstelle der abwesenden Präsidentin Madame Gillet leitete Marie Brechbühl die Versammlung und erklärte Sinn und Zweck der Vereinigung, die jetzt «Union des femmes de Genève» hieß. Sie sollte die Frauen Genfs einander näherbringen. Die Mitglieder wollten Probleme persönlicher oder öffentlicher Art solidarisch zu lösen versuchen.

Als die Diskussion eröffnet und insbesondere um weitere Vorschläge gebeten wurde, erhob sich als erste Camille Vidart. Sie gratulierte den Initiantinnen zu ihrer Idee und erklärte sich zur Mitarbeit bereit. Gleich machte sie den ersten Vorschlag, auch *Arbeiterinnen* in die «Union» aufzunehmen.

Vierundfünfzig Frauen traten anläßlich dieser ersten Sitzung der Vereinigung bei. Noch war das Konzept sehr vage, aber das hatte auch seine Vorzüge. In den weiten Rahmen paßte einfach alles! Wie von selbst bildeten sich Gruppen. Und diese schufen ihrerseits wieder Ableger, die sich wandelten, blühten oder auch auch bald wieder eingingen.

Gleich zu Beginn kristallisierten sich acht Sektionen heraus:
1. *Réception* (Empfang).
2. *Beaux Arts* (Schöne Künste). Unter den Initiantinnen waren ja zwei Malerinnen.
3. *Section littéraire,* später *Lecture.*
4. *Section juridique* (Juristische Abteilung). Hier wurden unentgeltliche Rechtsberatung und später Einführungskurse in das neue ZGB erteilt.
5. *Section professionnelle* (Berufsabteilung). Sie setzte mit einem Zuschneidekurs ein.
6. *Instruction mutuelle* (Bildung im Austausch).
7. *Soirées d'accueil* (Gesellige Abende).
8. *Visites* (Besuche von öffentlichen oder privaten Betrieben).

Als interessanteste Sparte erwies sich bald die *Instruction mutuelle,* der Camille Vidart vorstand. Hier wurden Tagesfragen diskutiert und heiße Eisen angefaßt. Frauenstimmrecht, Bildungsfragen, Freihandel, genossenschaftliche Wirtschaft und Heimarbeit standen auf dem Programm. Manche Diskussion hatte unmittelbar praktische Folgen. Aus einer für die Arbeiterinnen geschaffenen Nähstube entstand im Laufe der Jahre das *Ouvroir,* das bedürftigen Frauen angemessen entlöhnte Heimarbeit vermittelte.

Nicht daß die Frauen mit Camille Vidarts modernen Ideen immer einverstanden gewesen wären. Als sie einmal beim Thema «Dienstbotenprobleme» für die Hausangestellten ein eigenes Zimmer, reichliches Essen, feste Entlöhnung, bezahlte Ferien und geregelte Freizeit verlangte, brach beinahe eine Revolution aus; ebenso als sie ein Heim für alleinstehende Arbeiterinnen gründen wollte. Sie tat es dann schließlich doch – auf eigene Faust und Rechnung.

Wie oft auch Camille Vidart mit ihren hochfliegenden Plänen auf Widerstand stieß, so oft wurde sie dann wieder um Hilfe gebeten, wenn ein großes Unternehmen vor der Türe stand. Ihr war es zu verdanken, daß das größte Unterfangen während der Blütezeit der «Union des femmes de Genève» zustande kam. Von Bern aus fragte Emma Pieczynska an, ob die «Union» bereit wäre, anläßlich der 2. Schweizerischen Landesausstellung in Genf 1896 einen gesamtschweizerischen *Frauenkongreß* zu organisieren!

Einen solchen Kongreß hatte es in der ganzen Schweizergeschichte noch nie und in der Geschichte Europas nur wenige gegeben![10] Das gesellschaftliche Talent der Genferinnen war angerufen; zudem durfte Genfs Ruf als Kongreßstadt nicht gefährdet werden. Die «Union» sagte also – im Vertrauen auf Camille Vidarts Führungstalente – zu. Diese übernahm mit gewohntem Schwung die Leitung. Die damalige Präsidentin Emilie Lasserre und Pauline Chaponnière standen ihr zur Seite.

Auch die Eröffnungsrede hielt Camille Vidart. Sie soll, nach übereinstimmendem Zeugnis, «hinreißend» gewesen sein. Ihre lebhafte Erscheinung und ihre angenehme Stimme trugen zum Erfolg bei. Viele bezeichneten später ihr Referat als den Beginn der schweizerischen Frauenbewegung. Dies stimmt insofern, als ihre Worte (im Gegensatz zu Marie Goeggs Rede vor der Liga) erstmals ein großes *gesamtschweizerisches* Publikum erreichten. Leider ist diese Rede nicht erhalten geblieben, da Camille Vidart als Redaktorin des Kongreßberichts sie aus Bescheidenheit unterdrückte. (Nähere Ausführungen über den Kongreß, der ja von Bern ausging, finden sich im folgenden Kapitel.)

Die «Union des femmes» leistete noch viel in den kommenden Jahren und Jahrzehnten. Auf Veranlassung Camille Vidarts eröffnete sie 1910 ein Restaurant für Arbeiterinnen, das *Ouvroir* gewann ständig an Bedeutung, ein Stellenvermittlungsbüro wurde angegliedert, unzählige Petitionen wurden gestartet und meist nicht realisiert. Auch die Bemühungen um die Schließung der Freudenhäuser und die Zulassung der Frauen zu gewerblichen Schiedsgerichten waren langwierig und äußerst mühsam. Ganz raffiniert, geradezu subversiv gingen die Frauen vor, um die Anstellung einer Polizeigehilfin zu erwirken: Eine Fürsorgerin übernahm auf der Polizeiwache einen zunächst unbedeutenden Posten, machte sich aber schon bald unentbehrlich. Nur «agente de police» durfte sie sich ja nicht nennen lassen, sonst hätten die Polizisten gestreikt.

So kam die *Union des femmes* in die «besten Jahre». Niemand fragte mehr: «Was will die Union?» Häufig aber hörte man: «Das wäre wieder ein Problem für die Union.» Sie wurde behäbig und konservativ, was sich schon in den Präsidentinnen spiegelt. Nach den Pionierinnen Madame Gillet (1891–94), Emilie Lasserre (1894–98), Camille Vidart (1898–1902), Pauline Chaponnière (1902–05) – man beachte, daß keine der Frauen das Amt länger als vier Jahre innehatte – folgte Jeanne Meyer mit der Rekordzeit von 18 Jahren (1905–23), dann Madame Chapuisat (1924–38).

Für die Gründernaturen war der Verein zu etabliert geworden. Sie schufen 1907 einen streitbaren Ableger, diesmal einen eigentlichen Stimmrechtsverein.

L'Association genevoise pour le suffrage féminin
Dieser Stimmrechtsverein war nicht der erste in der Schweiz. Es war zudem ein *Mann,* der die Frauen zur Gründung ermuntern mußte: der Ingenieur und Genfer Großrat *Auguste de Morsier,* sicher der tatkräftigste Förderer des Gleichberechtigungsgedankens in der Schweiz.

Auguste de Morsier war in Paris aufgewachsen. Seine Mutter, *Emilie de Morsier-Naville* (1843–1891), Tochter eines Genfers und einer Schottländerin, war schon herkunftsgemäß mit Josephine Butler befreundet. Sie hatte die eigentliche Stütze der *Fédération abolitionniste* in Frankreich gebildet. Für ihre großartigen und unerschrockenen Reden, die sie an den Tagungen der *Fédération* zu halten pflegte, war sie berühmt, ja beinahe gefürchtet. Auguste, ihr ältester Sohn, hatte ihr schon als Student bei den Organisationsarbeiten geholfen.

Nach dem Tode der Mutter kehrte Auguste de Morsier in seine Vaterstadt zurück und wirkte dort in vielen sozialen Gremien in ihrem Sinne mit. Am meisten aber lag ihm an der Förderung der rechtlichen und politischen Gleichstellung der Geschlechter. Wohl durch das Vorbild der Mutter hatte sich in ihm die Begabung entwickelt, bedeutende Frauen zu entdecken und für seine Ideen zu gewinnen. Camille Vidart und Pauline Chaponnière waren allerdings nicht schwer zu finden. Seit dem Frauenkongreß waren die beiden in der ganzen Schweiz, ja sogar international bekannt geworden. Auguste de Morsier entdeckte aber auch die Pfarrfrau und Schriftstellerin *Aline Hofmann-Rossier,* welche die erste Präsidentin des Genfer Stimmrechtsvereins wurde. Und etwas später die Tüchtigste von allen: *Emilie Gourd* (1879–1946).

Emilie Gourd war mit 25 Jahren zusammen mit ihrer Mutter, einer Expertin für Versicherungsfragen, in die «Union des femmes» eingetreten. Als sie aber 1909 von der *Association suffragiste* erfuhr, war es für sie wie eine Erleuchtung *(«coup de foudre»).* Augenblicklich engagierte sie sich für die «gerechte Sache». Nachdem Auguste de Morsier drei Jahre lang den «Schweizerischen Verband für Frauenstimmrecht» präsi-

Oben: Die ersten Propagandaschriften zur Einführung des Frauenstimmrechts.
Unten links: Schweizerischer Frauenkalender, erschienen 1911–1964, herausgegeben von Clara Büttiker.
Unten rechts: Jahrbuch der Schweizerfrauen, erschienen 1951–1942, herausgegeben von Dr. Emma Graf.

diert hatte (1909–1912), übergab er die Leitung nach einem kurzen Zwischenspiel von Frau von Arx an Emilie Gourd. Sie förderte den Verband 14 Jahre lang mit Geschick und kämpferischem Geist. Unter ihrer Führung wuchs er von 15 auf 30 Sektionen, d. h. von 2000 auf 5000 Mitglieder. Man sagte damals, wo Emilie Gourd rede, wachse nachher ein Stimmrechtsverein aus dem Boden.

Vielleicht noch wichtiger war, daß Emilie Gourd sich 1912 entschloß, ein eigentliches Frauenblatt herauszugeben. «*Le mouvement féministe*» (heute «*Femmes suisses*») ist wohl bis in die Gegenwart die lebendigste Frauenzeitung der Schweiz geblieben.

Als Auguste de Morsier sah, wie zaghaft die meisten Frauen waren, wie schnell sie verstummten, wenn Gegner das Frauenstimmrecht als Hirngespinst abtaten, verfaßte er eine kleine handliche Broschüre: «*Pourqoi nous demandons le droit de vote pour la femme*» («Warum wir das Stimmrecht für die Frau fordern»). Sie enthielt die zwölf landesüblichen Einwände (die sich eigentlich im Laufe der folgenden 60 Jahren wenig veränderten) und 12 zum Teil humorvolle, aber ebenso geschickte Antworten. Das Bändchen wurde das Vademecum der emanzipierten Frauen seiner Generation. Manche nannten es ironisch «die Bibel des Feminismus».[11]

Was aber leistete die Association pour le suffrage noch? Sie tat viel: Am ersten Montag jedes Monats gab sie einen *Thé suffragiste,* an dem versucht wurde, die Idee des Frauenstimmrechts in weitere Kreise zu tragen. Sie organisierte Vorträge und Diskussionen. Sie gab Broschüren heraus; neben dem schon erwähnten Bändchen von de Morsier das berühmte Werk «*L'Eternelle mineure*» («Die ewig Unmündige») von Maurice Muret, «*Le Rôle morale du Suffrage féminin*» von der goßen französischen Feministin Mme de Witt-Schlumberger und «*La femme et le droit de vote*» von Benjamin Valloton. Jedes Jahr flog den Mitgliedern auch ein kleiner Kalender ins Haus ... Die *konkreten* Erfolge der Association allerdings waren gleich Null.

Mit unzähligen Petitionen wurde fast unterwürfig versucht, Frauen in Kommissionen zu bringen, in denen sie dank persönlichen und praktischen Erfahrungen kompetent hätten mitarbeiten können. Wie wäre es mit der Kommission für Kinderschutz? Waren nicht die Frauen und Mütter die selbstverständlichsten Beschützer der Kinder? Resultat: Ablehnung. Wie wäre es mit der Spitalkommission? Waren nicht die Frauen ebenso häufig Spitalpatientinnen wie die Männer, und war nicht das Pflegepersonal vorwiegend weiblich? Resultat: Ablehnung. Aber doch die Frauenklinik? Resultat: Ablehnung. Wie wäre es mit der Kommission für Gefangenenbesuche, da es auch weibliche Strafgefangene gab und viele Frauen unter den Besucherinnen waren? Resultat: Ablehnung.

Jede dieser Démarchen brauchte Zeit, Kraft und Mut. Eingaben an die Staatskanzlei, an den Grand Conseil, an den Conseil d'Etat mußten verfaßt und begründet werden. Jede Tat war vergebens!

Am mühsamsten und deprimierendsten war der Kampf um die Zulassung der Frauen zu den gewerblichen Schiedsgerichten. 1910 war diese Neuerung – wie in einigen deutschschweizerischen Kantonen – sowohl durch den Großen Rat wie durch die Wähler ohne große Schwierigkeiten angenommen worden. Als 1913 der Beschluß aber ratifiziert werden sollte, starteten die Gegner eine Gegeninitiative. Ein langer, gehässiger Kampf begann. Trotz einer Volksversammlung und einer an alle Wähler in 25 000 Exemplaren verteilten Aufklärungsschrift erzielten die Gegner eine Mehrzahl von 466 Stimmen. Das war bei 7500 Wählern zwar kein überwältigender Sieg, aber das Ergebnis rückte die Idee der Gleichberechtigung der Frau doch wieder in utopische Fernen.

Der ganze Kampf war ein zermürbendes Treten an Ort. Nach den ersten hoffnungsvollen Anfängen blieb auch den Genferinnen auf dem Weg zur Gleichberechtigung keine Enttäuschung erspart.

Zürich, die Wiege des Frauenstudiums

Im Jahr 1868, als Marie Goeggs Aufruf in den «Etats-Unis d'Europe» erschien, glimmten auch in Zürich die ersten Funken der Frauenemanzipation auf. Während aber Marie Goeggs Appell in der Suisse romande wie eine Initialzündung wirkte, erloschen die Zürcher Funken, ohne ein Feuer zu entfachen.

1868 wurde in Zürich eine Revision der Staatsverfassung beschlossen. Im Rathaus häuften sich die Petitionen zu Bergen. Drei von ihnen stammten von anonymen Frauengruppen. Die eine wünschte Gleichberechtigung der Frau auf dem Gebiet des Erbrechts, der Ehescheidung und der Erziehung; die zweite verlangte gerechtere Teilung des ehelichen Erwerbs und war mit dem bitteren Satz unterzeichnet: «Frauen, die umsonst Sklavendienste verrichten»; die dritte forderte das politische Frauenstimmrecht.[1]

Leider ist nicht bekannt, aus welchen Kreisen diese Bittschriften stammen. Daß es gerade deren drei waren, bezeugt aber, daß die Frage der Gleichberechtigung damals lebhaft diskutiert worden sein muß. Daß auf die Vorstöße nicht eingegangen wurde, muß wohl nicht eigens erwähnt werden.

Die Zürcher jedoch nahmen diese Tendenzen offensichtlich mit Unbehagen zur Kenntnis. Beim Sechseläuten-Umzug vom Jahr 1870 rollte unter dem Motto «Amerikanische Verhältnisse» ein Wagen voll «emanzipierter» Frauen vorbei (verkleidete Männer!), die rauchten, Zeitungen lasen und am Rednerpult gestikulierten, während ihre beklagenswerten Gatten kochten und Kinder (Puppen) wickelten. Frühzeitig wurde also auch in unserem Land, und besonders in der Ostschweiz, jene Waffe entdeckt, die am bequemsten, billigsten und leider auch wirksamsten gegen die Forderung nach Gleichberechtigung der Frau eingesetzt werden konnte: der *Spott*. (Erst die englische Suffragetten setzten sich 20 Jahre später über jede Verhöhnung kaltblütig hinweg.)

Die Zürcher Zünfter kannten ihre Stadt offenbar nicht sehr gut. Sonst hätten sie bemerkt, daß emanzipierte Frauen schon vor einigen Jahren hier Einzug gehalten hatten; doch sie rauchten nicht, gestikulierten nicht am Rednerpult und drangsalierten ihre Ehemänner nicht – sie gingen vielmehr unauffällig in dem dunklen Universitätsgebäude an der St.-Peter-Strasse ein und aus. Es knisterte dort im alten Gebälk. Als aber das Feuer der Gleichberechtigung sichtbar auflodert, war es zum Löschen zu spät.

Die ersten Studentinnen und ihre heimlichen Examina

Die Universität Zürich, eine Gründung der dreißiger Jahre, hatte wie alle ähnlichen Bildungsinstitute große Startschwierigkeiten. Ein eigentlicher Aufschwung kam erst nach 1848, als eine große Anzahl bedeutender deutscher Akademiker – verfolgt als Teilnehmer oder Sympathisanten der Revolution – in die Schweiz flohen und froh waren, an der kleinen Provinzhochschule ein Auskommen zu finden.

Das damalige Geschehen nahm bis ins Detail ein verwandtes Ereignis im 20. Jahrhundert voraus: den Aufschwung des Schauspielhauses Zürich in den dreißiger Jahren, als plötzlich bedeutende deutsche Schauspieler, vom Nationalsozialismus vertrieben, in Zürich Zuflucht suchten und hier am Theater für kleinste Gagen große Rollen spielten.

In beiden Fällen waren die Behörden zurückhaltend, die Saläre karg; aber das aufgeschlossene Zürcher Publikum merkte schnell, was ihm geboten wurde. Wie sich in der Hitler-Zeit das Schauspielhaus plötzlich mit einer begeisterten Menge füllte, so strömte auch in den fünfziger und sechziger Jahren des letzten Jahrhunderts die bessere Zürcher Gesellschaft in die sogenannten Abendvorlesungen, welche die deutschen Professoren nach heimatlichem Muster hielten. Oft fanden sich sogar beinahe so viele Damen wie Herren ein. Darüber mokierten sich viele Zürcher Bürger, nicht zuletzt der Dichter und Staatsschreiber Gottfried Keller. Der Vorteil war, daß Frauen in den Hörsälen ein vertrauter Anblick wurden.

1864 bat eine Russin aus Petersburg in einem höflichen Schreiben die Zürcher Erziehungsdirektion um die Erlaubnis, an der Universität Zürich den medizinischen Vorlesungen zu folgen.[2] Da man – wie gesagt – in Zürich längst «Hörerinnen» kannte – schon in den vierziger Jahren war zwei Lehrerinnen dieser Status erlaubt worden –, hatten die Behörden keine Bedenken, das Gesuch der Russin zu bewilligen. Sie wurde jedoch nicht regulär immatrikuliert. Die Petersburgerin erschien, zahlte pünktlich die Gebühren und verhielt sich im übrigen so korrekt und zurückhaltend, wie sie es versprochen hatte. Nach wenigen Semestern verschwand sie wieder von der Bildfläche.

Gerade durch dieses Verhalten hatte die Russin dem Frauenstudium den größten Dienst geleistet, der damals möglich war: Es wurde nicht ernst genommen! Hätte sie seriös studiert, so hätte dies auch in Zürich uferlose grundsätzliche Diskussionen über das Pro und Contra des Frauenstudiums ausgelöst, wie sie damals in Amerika und England die Gemüter erhitzten und in beiden Ländern zur Ablehnung führten.[3] Vom Niveau solcher Debatten, die zudem noch 20 Jahre später stattfanden, zeugen die Sitzungsprotokolle der Universität Basel von 1889/90. Dort wurde die ganze Frage des Frauenstudiums noch einmal in aller Umständlichkeit, Gründlichkeit und intellektuellen Überheblichkeit aufgerollt, als ob kein Mensch vor den Baslern über dieses Thema je diskutiert hätte, als wären nicht in fast allen Ländern der Welt die Studentinnen bereits eine Selbstverständlichkeit geworden.

Während die Gleichberechtigung der Frau im akademischen Bereich (ausgenommen in Frankreich und im Welschland) nirgends ohne Kampf zustande kam, entwickelte sie sich in Zürich *subversiv* und setzte sich daher zuerst durch.

Vorkämpfer des Frauenstimmrechts.
Oben: Charles Secrétan und Carl Hilty.
Unten: Auguste de Morsier und Max Huber.

Die Behörden – im Glauben, daß die Frauen kein ernst zu nehmender Faktor in der Studentenschaft seien – erteilten einer ständig wachsenden Zahl von Hörerinnen die Erlaubnis zu hospitieren.

Schockiert waren sie erst, als 1867 eine Russin nun allen Ernstes verlangte, das medizinische Staatsexamen ablegen zu dürfen. Die Erziehungsdirektion wandte sich an die Medizinische Faktultät. Nun mußte das Problem endlich aufgegriffen und darüber entschieden werden. Das knappe Protokoll dieses Gesprächs ist hochinteressant. Wer zwischen den Zeilen zu lesen versteht, erkennt, daß die vier beteiligten deutschen Professoren, besonders der Bamberger *Arthur Biermer,* damals Leiter der medizinischen Klinik, und der aus Sachsen stammende Physiologe *Adolf Fick,* offenbar entschlossen waren, der Russin eine Chance zu geben. Sie ließen sich daher in keine Diskussion mit der Behörde ein, sondern erklärten, daß es sinnlos sei, über die Frage der Zulassung oder Nichtzulassung einer Frau zum Staatsexamen zu diskutieren, solange sie nicht regulär eingeschrieben sei. (Damals waren – wie schon gesagt – *keine* Frauen immatrikuliert.)

Die Erziehungsdirektion immatrikulierte also nachträglich die zum Examen entschlossene Russin. Damit aber war der entscheidende Schritt getan. Die Dozenten brauchten nun niemanden mehr um die Erlaubnis zu bitten, die Examen der Studentin abzunehmen, und auch niemanden darüber zu orientieren.

Nur mit Mühe finden sich im Universitätsprotokoll die zwei kurzen Eintragungen:

2. Aug. 1867
Mündliche Prüfung des Frl. Nadeshda Suslowa, cand. med., von Petersburg
14. Dez. 1867
Doctorpromotion des Frl. Nadeshda Suslowa aus Petersburg.

Die erste Frau der Welt hatte an einer regulären, von Männern geleiteten, staatlich anerkannten Universität ein Studium erfolgreich abgeschlossen!
Keine Zeitung brachte eine Notiz, kein Hahn krähte danach. Fräulein Dr. med. Suslowa reiste in ihre Heimatstadt zurück und eröffnete dort eine Praxis. Ihr Ziel aber hatte sie dank einigen deutschen Professoren von liberal-demokratischer Gesinnung erreicht. Diese galten damals als politisch linksstehend und gehörten jenen *Emigrantenkreisen* an, die ein Jahr später in der «Friedens- und Freiheitsliga» auf Antrag von Marie Goegg die Gleichberechtigung der Frau einführten und der Genferin selbst einen Sitz im Vorstand einräumten. Die in ihrer Heimat verfolgten Männer entwickelten ein ausgeprägtes Solidaritätsgefühl mit den rechtlich benachteiligten Frauen. Natürlich mochten sie sich auch darüber freuen, in der Schweiz etwas zu bewirken, was im reaktionären Vaterland ein Ding der Unmöglichkeit gewesen wäre. Diesem Gefühl gab der sozialistische Dichter *Karl Henkell* – selber eine Zeitlang Student in Zürich – unverhohlen Ausdruck in seinem Spottlied:

> Das wird die Ochsen kränken
> Im Stall Germania:
> Die Mädchen auf den Bänken
> Der Wissenschaft – Hurra!

Andere Universitäten holten allerdings Zürichs Vorsprung rasch ein. 1868 bestanden an der Pariser *Sorbonne* bereits vier Frauen das medizinische Staatsexamen: eine Russin, eine Französin, eine Engländerin und eine Amerikanerin. 1869 folgte auch in Zürich eine weitere Frau. Sie war Engländerin und eröffnete nach ihrer Promotion mit einer Freundin in London ein privates Frauenspital.

Auch dies wurde in Zürich nicht zur Kenntnis genommen, obwohl jetzt unzähligen Ausländerinnen die Hörerbewilligung erteilt wurde. Als Ausweis brauchten sie nur ein Leumundszeugnis mitzubringen.

Bedingt durch die sozialen Umwälzungen in Rußland ergoß sich in jenen Jahren ein Strom von Slawen in die Schweiz, die das Studium zum Deckmantel politischer Agitation oder auch nur zum ungebundenen Genuß der neuen Freiheit benützten. Die meisten Mädchen verstanden kein Wort von dem, was in den Hörsälen doziert wurde. In abenteuerlicher Gewandung, mit Wachstuchmützen auf dem kurzgeschnittenen Haar, großen blauen Brillen auf den Nasen und Zigaretten im Mund, zogen sie allein oder am Arm ihrer bärtigen Kommilitionen bürgerschreckend durch Zürichs Gassen. Auch an Krawallen fehlte es nicht. Im April 1873 lieferten sich beim neuen Polytechnikum zwei feindliche anarchistische Gruppen, die Bakunisten und die Lavristen, eine «Straßenschlacht».

Mehr noch als die nachsichtigen Behörden ärgerten sich die wenigen Mädchen, die ihr Studium ernst nahmen, über dieses Treiben. Sie wurden von vielen Professoren und auch von den Zürcher Bürgern mit den ausländischen «Nihilisten» – so wurden sie vereinfachend genannt – in einen Topf geworfen. Unter diesen «seriösen» Studentinnen befand sich seit 1868 auch *Marie Vögtlin* aus Brugg. Erst der Eintritt dieser *ersten Schweizerin* in die Hochschule rief vehemente Reaktionen in der Öffentlichkeit hervor. «Der Bund» und die «Neue Zürcher Zeitung» höhnten um die Wette gegen das Frauenstudium. Aber es gab bereits zu viele Präzedenzfälle: das Rad der Entwicklung ließ sich nicht mehr zurückdrehen.

Gemeinsam mit fünf ausländischen Kommilitoninnen reichte Marie Vögtlin ein Gesuch ein, welches verlangte, daß nur noch Mädchen mit bestandener Matura zum Studium zugelassen würden.[4] Damit sollte den «unseriösen» Studentinnen der Riegel geschoben werden. Der Schritt war um so mutiger, als die sechs Petentinnen die Matura selber noch nicht gemacht hatten. Sie mußten sie während des Studiums nachholen. Tatkräftig unterstützt wurden die sechs Mädchen vom sächsischen Nationalökonomen *Victor Böhmert*, vom bereits erwähnten *Adolf Fick* und endlich auch von einem Schweizer, dem Historiker *Georg von Wyss.*[5]

Die Lösung des Problems kam dann allerdings unerwartet von außen. Unter Androhung des Entzugs der Arbeitsbewilligung in der Heimat verbot der russische Staat in einem sogenannten Ukas allen Frauen das Studium im «revolutionären» Zürich. So zog – wer nicht alle Brücken hinter sich abbrechen wollte – an die Universitäten Genf oder Bern weiter. Diese hatten inzwischen, dem Beispiel Zürichs folgend, ihre Pforten den Studentinnen ebenfalls geöffnet. In Zürich kehrte wieder Ruhe ein. 1873 wurde das neue Gesetz betreffend die Aufnahme von Studierenden an der Hochschule, das beiden Geschlechtern gleiche Rechte gewährte, in einer Volksabstimmung angenommen und damit der seit 1867 de facto bestehende Zustand legalisiert.

Schon ein Jahr vorher hatte Marie Vögtlin ihr Staatsexamen bestanden. Nach zweijähriger Assistenzzeit in Deutschland doktorierte sie 1874 und eröffnete dann – als erste Frau der Schweiz – eine gynäkologische Praxis in Zürich-Hottingen. Die Zürcher ließen Fräulein Dr. med. Vögtlin gewähren. Da sie seit ihren klinischen Semestern mit dem Geologen und späteren Professor Albert Heim verlobt war, getraute sich niemand mehr, sie für ihre avantgardistischen Taten öffentlich zu beschimpfen. Auch nach ihrer Verheiratung verstand es Marie Heim-Vögtlin, ihre Pflichten als Ärztin, Gattin und Mutter geschickt miteinander zu verbinden.

Im weitern soll jedoch nicht länger von Frau Dr. Heim die Rede sein. Über sie und ihre Tätigkeit liegt bereits eine gute Biographie von Johanna Siebel vor. Frau Dr. Heim hat sich auch – wohl aus Zeitgründen – nicht mit der Frauenbewegung im engeren Sinn befaßt. Zudem war ihr Schicksal für damalige Akademikerinnen zweifellos ein Ausnahmefall. Typischer dürfte der Lebenslauf von jenen drei Absolventinnen der Zürcher Hochschule sein, von denen nachstehend berichtet wird.

Drei Zürcher Akademikerinnen:

Dr. med. Caroline Farner (1842–1913)
Wie Emma Pieczynska entschloß sich Caroline Farner erst mit 29 Jahren und erst in einer großen seelischen Krise zum Studium der Medizin. Aber im Gegensatz zur Welschschweizerin war Caroline Farner schwerblütig und verschlossen. Das zeigte sich auch in ihrer Physiognomie recht deutlich. Nur wer sie sehr gut kannte, bemerkte in ihren kurzsichtigen Augen die Güte und in ihren entschiedenen Mundwinkeln den Humor. Was sie jedoch Emma Pieczynska voraushatte, waren die gewaltigen Reserven an Energie.

Caroline war das siebte und letzte Kind einer Zürcher Familie, die im Thurgau ein Gut mit Müllerei und Sägerei betrieb. Ihre Kindheit war glücklich. Um so tiefer traf sie im 15. Lebensjahr der Tod der Mutter. Ihre älteren Schwestern sorgten dafür, daß sie die damals üblichen Pensionate besuchen konnte. Schon mit 18 Jahren unterrichtete Caroline in einem englischen Internat als Lehrerin für Deutsch und Französisch. Die Last der Arbeit und der Verantwortung war für sie allerdings viel zu groß. Ein chronisches Rückenleiden machte sich bemerkbar. Doch Caroline hielt drei Jahre in England durch; dann allerdings zwangen sie die Rückenschmerzen zur fluchtartigen Heimkehr. Sie wurde operiert und mußte dann vier Monate unbeweglich in Bauchlage ausharren. Doch Caroline genas.

In jener Zeit gingen die ledigen Töchter ohne Heiratschancen – und das war Caroline mit ihrem Rückenleiden – meist als billige Dienstboten in der Verwandtschaft von Hand zu Hand. Caroline war wegen ihrer Tüchtigkeit bald überall begehrt. Zwei Jahre lang lebte sie in St. Louis (USA) bei einer Schwester, dann bei einem Bruder in Ungarn. Beide Geschwister lebten in unglücklichen Verhältnissen, was Caroline sehr bedrückte.

Als sie in die Heimat zurückkehrte, fühlte sie, daß nur eine große Lebensaufgabe, die ihrer Intelligenz und Tatkraft entsprach, sie vor dem Versinken in Melancholie retten könne. Wie Pauline Chaponnière-Chaix dachte sie an den Eintritt in eine Diakonissenanstalt. Sie hatte schon alles dazu vorbereitet, als ihr eine ihrer Schwestern zum Studium der Medizin riet, das neuerdings auch Mädchen möglich war.

Diese Aussicht richtete Caroline Farner auf. «Die Löwin in ihr erwachte», bemerkte eine Biographin treffend.[6] Caroline fuhr nach Zürich, setzte sich im Frühling 1871 hinter den Maturitätsstoff und legte im Herbst desselben Jahres die Reifeprüfung ab. Dann begann sie ihr Studium, das sie 1876 mit dem Staatsexamen abschloß. Am 3. März 1877 promovierte sie als zweite Schweizerin zum *doctor medicinae*. Eine halbjährige Assistenzzeit verbrachte sie in Wien, dann eröffnete sie ihre Praxis in Zürich, die bald von zahlreichen Patientinnen besucht wurde.

Wieviel diese Frau leistete, ist heute kaum nachvollziehbar. Neben der Praxis schrieb sie auch noch Artikel, hielt Vorträge, betätigte sich aktiv in der Frauenbewegung und behandelte – sobald es ihr finanziell möglich war – an zwei Vormittagen unentgeltlich die Armen. Sie eröffnete endlich ein Erholungsheim in Urnäsch (Appenzell), dem sie wöchentlich zwei bis drei Tage widmete. Seit Ende der siebziger Jahre führte ihr eine Freundin, *Anna Pfrunder,* den Haushalt.

Carolines Tüchtigkeit fand aber nicht nur Anerkennung; sie war auch vielen unheimlich. Marie Heim-Vögtlin konnte unter dem Schutze ihres berühmten Gatten unbehelligt ihrer Arbeit nachgehen. Jeder Schritt Caroline Farners hingegen wurde scheel beobachtet. Viele Kollegen beneideten sie um die große Praxis. Manche stießen sich daran, daß die Medizinerin durch ihre Patientinnen in vielen Familien eigentliche Hausärztin wurde, also auch Männer behandelte. (Daß ausschließlich Männer Frauen behandelten, hatte merkwürdigerweise nie Anstoß erregt!) Auch daß sie in ihren Vorträgen Eheprobleme streifte und beispielsweise auf die Gefahr der Erbkrankheiten hinwies, wurde ihr übel vermerkt. Allmählich ballte sich eine Wolke von Neid, Mißtrauen und Haß über Caroline zusammen, und es bedurfte nur noch eines lächerlichen Anlasses, um das Gewitter zur Entladung zu bringen.

Im Herbst 1892 wurde Caroline Farner zusammen mit ihrer Hausgenossin Anna Pfrunder ohne Voranzeige mitten auf dem Hauptbahnhof Zürich verhaftet und ins Gefängnis gesetzt. Die Anklage lautete auf Erbschleicherei von Anna Pfrunder und Mithilfe von Caroline Farner. Sechs Wochen dauerte die Untersuchungshaft. Mehr noch als unter den harten Haftbedingungen litt Caroline Farner unter der Diffamierung und den gehässigen Artikeln, die gegen sie und gegen die «studierten» Frauen im allgemeinen in einigen Zeitungen erschienen.[7]

Für Beobachter mit historischem Abstand gesehen, hat das ganze Unternehmen den Charakter eines mittelalterlichen Hexenprozesses, in dem die Akademikerinnen die Rolle der Hexen des 19. Jahrhunderts übernehmen mußten. Bezeichnenderweise war fast nur von der *Ärztin* die Rede und wenig von ihrer Haushälterin, um deren Erbe es ging.

Die beiden Frauen wurden schließlich mangels Beweisen freigelassen; es dauerte aber ein ganzes Jahr, bis sich das Zürcher Obergericht zur vollen Satisfaktion bequemte. Die Patienten jedoch hielten Caroline Farner die Treue. Ihre Praxis wurde nach dem Prozeß eher noch größer als vorher. Ihre frühere Munterkeit aber hatte die Ärztin verloren.

Eines der schönsten Erlebnisse für die alternde Frau war die Teilnahme an der Generalversammlung des «Bundes Schweizerischer Frauenvereine» in Luzern 1912. Die älteste Akademikerin der Schweiz sah hier, welche Fortschritte die Frauenemanzipation gemacht hatte. Als Caroline Farner am 8. April des folgenden Jahres starb, fand man, daß sie dem «Bund» 30 000 Franken vermacht hatte. Zwei Drittel ihres Vermögens hinterließ sie der «Anna-Carolina-Stiftung». Dieser Stipendienfonds sollte Mädchen, besonders solchen, die studieren wollten, die Ausbildung ermöglichen. So wirkte ihre Güte noch über den Tod hinaus nach.

Meta von Salis-Marschlins.

Dr. phil. Meta von Salis-Marschlins (1855–1929)
Die älteste Schwester von Meta von Salis' Mutter war mit 17 Jahren – ähnlich wie Marie Goegg – von einem revolutionären süddeutschen Emigranten verführt worden. Als dessen Gattin lebte sie dann in kleinbürgerlichen Verhältnissen in Basel. Um so besorgter war man, die übrigen Töchter «standesgemäß» zu verheiraten. Das bedeutete in jenen Kreisen meist, daß man den Freier aus der weiteren Verwandtschaft auswählte. Dies war auch der Fall bei der jüngsten, Margareta von Salis. Ihr Gatte Adalbert Ulysses von Salis-Marschlins war ein entfernter Verwandter und 24 Jahre älter als sie.

Der Ehe entstammten fünf Kinder, von denen aber nur die beiden jüngsten, Pauline und Meta, überlebten. Der Vater kam über den Verlust seiner beiden Stammhalter nicht hinweg und ließ, da kein männlicher Erbe mehr da war, Schloß Marschlins völlig verfallen. Daß seine jüngste Tochter alle die glänzenden Talente derer von Salis – die große Sprachbegabung, das ausgezeichnete Gedächtnis, das unerschrockene Anpacken aller Probleme und Aufgaben, aber auch die Naturverbundenheit und die Reiselust – geerbt hatte, erbitterte ihn. Wie oft hörte die junge Meta, wenn sie etwas Mutiges tat, seinen schmerzlichen Ausruf: «Zum General wie geboren!».[8]

Auch die intellektuellen Neigungen seiner Tochter sah Ulysses Adalbert von Salis ungern. Er suchte sie mit Härte zu unterdrücken. Das freilich rief nur Metas Trotz hervor. Schon neunzehnjährig verließ sie, fast ohne Mittel, das Vaterhaus und verdiente sich in deutschen und englischen Adelsfamilien als Hauslehrerin und Gesellschafterin den Lebensunterhalt selber. Diese unbeugsame Haltung überzeugte auf die Dauer auch den Vater. Der 88jährige fand schließlich gegen Metas Plan, Geschichte zu studieren, nichts mehr einzuwenden.

Auf das Wintersemester 1883/84 bezog Meta von Salis ein Zimmer an der Trittligasse in Zürich und immatrikulierte sich an der Universität. Ihr Studium war – wie bei allen Pionierinnen – kurz und unauffällig. Gerne hätte sie 1885 ein Semester bei Jacob Burckhardt in Basel studiert, was ihr aber von der dortigen misogynen Universität nicht gestattet wurde; auch München verhielt sich ablehnend. So besuchte Meta ein Semester in Bern, wo ihr besonders der Dozent für Staatsrecht, Carl Hilty, tiefen Eindruck machte. 1887 promovierte Meta von Salis mit einer Dissertation über «Agnes von Poitou, Kaiserin von Deutschland» zum ersten weiblichen *doctor philosophiae* der Schweiz.[9]

Meta von Salis hatte allerdings keinen Vorteil oder Nutzen von diesem Doktorhut, wie es für jeden Mann selbstverständlich gewesen wäre. Wohl verlieh ihr der Titel die Aureole des Außergewöhnlichen, nicht aber einen Platz in der Gesellschaft.

In der Geschichte des Frauenstudiums wird viel zu wenig darauf hingewiesen, daß der Staat – in diesem Falle Zürich – zwar die Frauen «großzügig» studieren ließ, aber keineswegs bereit war, ihnen irgendwo eine ihrer Ausbildung entsprechende Anstellung zu gewähren. Die Medizinerinnen konnten zwar nach abgelegtem Konkordatsexamen eine Praxis führen – aber schon mit den Assistentenstellen haperte es. Dies war mit ein Grund, daß der «Schweizerische Gemeinnützige Frauenverein» 1901 die «Schweizerische Pflegerinnenschule mit Frauenspital» in Zürich eröffnete. Sie wurde geleitet von der ersten Chefärztin der Schweiz, Dr. med. Anna Heer, und hier fanden nun auch Assistentinnen einen Platz zur Fortbildung.

Seit der irrtümlichen Wahl Camille Vidarts war in jenem Jahrhundert auch nie mehr eine Hauptlehrerstelle an eine Frau vergeben worden. Selbst die nachmals berühmteste «Zürcher Studentin», die Schriftstellerin Ricarda Huch, versah nur einen Hilfslehrerposten an der Höheren Töchterschule. Äußerst selten nahmen die Zeitungen Artikel von Frauen auf.

Um so erstaunlicher ist es, daß der erste feministische Aufsatz von Meta von Salis – und damit *der erste frauenrechtliche Aufruf in der deutschen Schweiz* überhaupt – am 1. Januar 1887 in der radikalen «Züricher Post» erschien. Dadurch blieb er erhalten. Er trägt den Titel *«Ketzerische Neujahrsgedanken einer Frau»* und setzt mit dem fast provokatorischen

Satz ein: «Energische Denker und große Gedanken sind den meisten Menschen so verhaßt, weil sie Zumutungen gerade an ihr ernstes Denken stellen – also unbequem sind.»

Besonders interessant ist der folgende Abschnitt:

«Von den vielen Fragen, welche die Gleichstellung der Frau mit dem Mann mit sich bringt, habe ich am längsten gezögert, diejenigen zu bejahen, welche sich auf ihre bürgerlichen Rechte – die Pflichten gesteht man ihr ja bereitwilligst zu – beziehen. Um so rückhaltloser bejahe ich sie jetzt nach jeder Seite hin. Stimmrecht und Wahlfähigkeit (aktiv und passiv) kommen ihr zu. Überall muß sie Zutritt haben: in der Verwaltungs-, Gesetzgebungs- und Gerichtsbehörde. Und wenn man im Bereich der Pflichten immer mit Wohlgefallen den Umstand betont, daß die Frau weder wehrfähig noch wehrpflichtig sei, warum hilft man diesem Mangel nicht ab? Der verheirateten Frau, ohne welche der Staat überhaupt weder Bürger noch Soldaten hätte, wird man billig eine Leistung nach dieser Seite hin nicht auferlegen können. Aber was hindert, die Unverheiratete entweder für das Sanitäts- oder Verwaltungswesen zu verpflichten und zu unterrichten oder sie zur Militärpflichtersatzsteuer heranzuziehen? Wo ihr Geld ins Spiel kommt, pflegt man sowieso nicht soviel Schonung für ihre ‹Schwäche› an den Tag zu legen als da, wo sie allenfalls über die Mitverwendung ihrer Steuerquote ein Wort sprechen könnte. Besitzende und besitzlose Männer bestimmen das Wozu und Wieweit der Steuerauflage. Frauen, gleichviel ob begütert oder nicht, haben da keine Stimme.»

Beinahe prophetisch schließt Meta von Salis: «Unser Jahrhundert ist alt geworden, und das Alter ist der Jugend gram. Wohl möglich, daß wir unsere politischen Rechte erst dem künftigen abgewinnen. Je mehr Vorarbeit geleistet sein wird, je besser für alle!»

Vor dem Abdruck dieses kühnen Aufsatzes konnte sich die «Züricher Post» eine redaktionelle Bemerkung allerdings nicht verkneifen. Sie schrieb:

«Eine unserer geehrten Leserinnen sendet uns den folgenden Artikel und wünscht dessen Abdruck. Er ist zu gut geschrieben, als daß wir so ungalant wären, ihn abzulehnen; aber in der Tat sind seine Neujahrsgedanken ‹ketzerisch›. Uns selbst liegen schon so viele Fragen auf der Schaufel, daß man es begreifen wird, wenn wir nicht auch die hier behandelte eilends zur unsrigen machen ...».

In anderen Worten: «Wir haben dringendere Fragen zu behandeln als die Frage der Gleichberechtigung der Frau.» Dies war und blieb während Jahrzehnten die Standardantwort der meisten Männer, wenn von der Frauenfrage die Rede war.

Fräulein Dr. von Salis schrieb trotzdem weiter. Schon vor ihrem Studium hatte sie einen Lyrikband veröffentlicht; nun folgte ein zweiter, «Die Zukunft der Frau» (1886). Erweitert und unter dem neuen Titel «Präludien und Phantasien» erzielte er 1891 und 1893 noch zwei Auflagen. Zur selben Zeit erschien auch ihr Roman «Die Schutzengel». Am erfolgreichsten wurde dann «Philosoph und Edelmensch», ein Buch über Friedrich Nietzsche, mit dem Meta von Salis persönlich gut bekannt war. Alle diese Werke sind voll feiner Beobachtungen und kluger Gedanken. Getragen von einem etwas pathetischen Formwillen – wie er der Nietzsche-Zeit eigen war –, wirken sie oft allzu erlesen.

Vermutlich wirkte Meta von Salis als Referentin unmittelbarer. Es gibt begeisterte Kritiken von Vorträgen, die sie damals über historische und literarische Themata hielt. Am meisten Staub wirbelte 1894 der feministische Vortrag «Frauenstimmrecht und Wahl der Frau» auf. Es war das erste Referat über dieses Thema in der deutschen Schweiz (vgl. vorangehendes Kapitel). Die Idee der Gleichberechtigung der Frau erschien den meisten so weit abliegend, daß Meta von Salis, sowohl in Chur wie in Zürich, vor fast leeren Bänken reden mußte. Nur in Bern, wo sie unter der Ägide der Sozialdemokratischen Partei sprach, war der Saal besetzt. Nach diesem Vortrag galt sie in bürgerlichen Kreisen als Sozialistin. Damit war sie abgestempelt, und man konnte es sich leisten, die unbequeme Akademikerin nicht mehr ernst zu nehmen.

Dieser Vortrag hat sich leider nicht erhalten. Nur der Schlußsatz ist mehrfach überliefert:
«Solange der Mann die Gleichberechtigung der Frau im Staate nicht anerkennt, ihre Mündigkeit nicht eine Tatsache ist, bleibt sie allen Zufällen des Schicksals preisgegeben. Entweder gleiche Gesetze, gleiche Rechte, gleiche Pflichten und Strafen, gleiche unparteiische Richter, oder der moralische und physische Niedergang der Menschheit nimmt unerbittlich seinen Fortgang.»[10]

Die fortschrittlichen Frauenkreise horchten auf! Die Zürcherinnen baten Meta von Salis, in den «Frauenrechtsschutzverein» einzutreten. Dieser Verband war 1893 nach ähnlichen Grundsätzen wie diejenigen der «Union des femmes de Genève» gegründet worden. Nur war seine feministische Tendenz weit ausgeprägter. Meta von Salis aber lehnte ab; denn sie glaubte – hierin zeitlebens unbelehrbar –, daß mit Einzelaktionen mehr erreicht werde als im kollektiven Vorgehen.

Dagegen war Meta von Salis bereit, Caroline Farner bei der Gründung eines philanthropischen Frauenvereins, der «Fraternité», zu unterstützen. Dies vor allem, weil Caroline Farner als Vereinsorgan die Zeitschrift «Die Philanthropin» herausgab, in der Meta von Salis ihre Artikel plazieren konnte. Es war die erste Frauenzeitung im modernen Sinne des Wortes. Sie hatte auch bereits den Fehler, der den meisten Frauenzeitschriften, die nicht streng fachlich oder feministisch orientiert sind, anhaftet: das Niveau ihrer Beiträge war zu unterschiedlich. So waren die populärmedizinischen Aufsätze von Caroline Farner «fürs Volk» geschrieben, die hochgeistigen Reise- und Personenschilderungen von Meta von Salis für gebildete Leser und die Gedichte der dritten Mitarbeiterin, Hedwig Kym, fürs Kaffeekränzchen.

«Die Philanthropin» erschien im dritten Jahrgang, als Caroline Farner verhaftet wurde. Meta von Salis spürte sofort,

Erster von einer Frau verfasster Artikel über die Gleichberechtigung in der deutschen Schweiz, 1887.

Beilage der „Züricher Post".

Zürich, Samstag, den 1. Januar

Ketzerische Neujahrsgedanken einer Frau.

Eine unserer geehrten Leserinnen sendet uns den folgenden Artikel und wünscht dessen Abdruck. Er ist zu gut geschrieben, als daß wir so ungalant wären, ihn abzulehnen; aber in der That sind seine „Neujahrsgedanken" *ketzerisch*. Uns selbst liegen schon soviele Fragen auf der Schaufel, daß man es begreifen wird, wenn wir nicht auch die hier unter Anderem reichend eilends zur unsrigen machen. Dagegen lassen wir die „Züricher Post" immer gern ein Sprechsaal freier Meinungen sein, auch für und über die Frauen.

Energische Denker und große Gedanken sind den meisten Menschen deshalb so verhaßt, weil sie Zumuthungen gerade an ihr ernsteres Denken stellen, — also unbequem sind. Mit dem bestehenden Religions- und Staatssystem hat man sich auseinandergesetzt, das heißt man ist bereit, seine Vortrefflichkeit auf eigene Rechnung zu nehmen, weil es den behaglichen Frühstückstisch, den gewohnten Mittagsschlaf, das auswendig gelernte Handbuch, die ererbte soziale Stellung gewährleistet. Ein großer Gedanke, wenn er neu ist, — es gibt unläugbar große Gedanken, die als solche nicht altern, wohl aber nicht verhindern, daß sie an die angelehnten Verhältnisse verknöchern, — bedeutet immer Veränderung. Im Hintergrunde derselben warten neue Religionen, andere Staatsgebilde, selbst verjüngte Moralen.

Die Tagesgötter von heute mit ihrem Gefolge fetter Akoluthen finden begraben und vergessen in fünfzig, hundert Jahren; das Licht, die Sterne, das zu hoch und ferne strahlte für unsere Augen, trifft voll und mächtig unsere Nachgebornen. Freilich beginnt dann auch mit ihm erst das Abgöttarei, der das dümmste Jüngferchen und die eitelste Fant sich nicht entzieht, weil die Mode ist und non der sich frei zu halten abermals für Sünde gilt. Aber es gehen auch dann wieder reinliche Denker abseits und schöpfen aus der Tiefe unerschrockner Eigenart das Evangelium für die kommenden Geschlechter. Und der Haß und Neid der Zeitgenossen — ganz im Gegensatz zu ihrer Ansicht — kann selbst dem Propheten Rettung sein, denn er legt zwischen ihn und sie eine breite giftige Luftschicht, in der er nicht athmen kann und von der er hinwegflieht auf immer höhere Höhen, zu immer freieren Ausblicken, bis man von ihm sagen kann:

Ja, 'neidlos blickt er und für ihr lobt ihn drum.
Er sieht sich nicht nach euren Ehren um,
Er hat des Adlers Auge für die Ferne,
Er sieht euch nicht, er sieht nur Sterne, Sterne.

Und ist nicht das die Königin und heiligste Menschenliebe: zu leiden um das geistige Elend, die intellektuelle Lügenhaftigkeit seiner Mitsterblichen, obgleich sie ihr Elend, ihre Schmach noch glücklich macht? Erkennt doch der wahrhaft Weise, daß die Frist eine kurze ist!

*

Man übersetzt nichts aus einer fremden Sprache, ohne daß das Original verliert, verwirklicht keine Ideale, ohne daß es aufhört, ideal zu sein, trägt keine Lehre, ohne Konzessionen an das Leben zu gewinnen. Chaque idée pour réussir doit faire des sacrifices. Der Bildhauer bedarf des Hammers und Meißels und eines spröden oder zu nachgiebigen Materials, um seine Kunstwerke zu gestalten; der Mensch, der die allgemeinen Zustände der Menschheit veredeln möchte, hat zu Stoff und Werkzeug Menschen, dieselben Wesen, die einem Bruder zürnen, weil er sich frei und besser heißen würde. Darf man da seine Hoffnungen sehr hoch spannen? Oder soll man hochmüthig schweigen? Ich denke, daß es Sache des Einzelnen mit seinem Pflichtgefühl zu entscheiden.

*

Weit davon entfernt, besonders entzückt zu sein von den Leistungen und Strebungen schweizerischer Frauen im Großen und Ganzen und viel zu mißtrauisch, um zu wissen, was sie wollen sollten oder wollen, kann es mir nicht beikommen, die erweiterten Rechte, für die ich sie gerne eintreten sähe, auf Grund ihrer Verdienste zu verlangen. Aber ich frage: Wie oft in der Weltgeschichte sind übergangene Klassen in Folge davon Vollbürger geworden, daß sie ihren bisherigen Herren mündig erschienen? Wie viele „regimentsfähige" Koterien haben die Unterthanen zur politischen Freiheit erzogen? Vielleicht unsere Vorfahren? Ist es nicht vielmehr allerorten so zugegangen, wie ein Mitglied des Parlaments es einmal für England zugab, daß man der Gewalt, physischer oder moralischer, wich? Warten bis die Freien die Unfreien zum richtigen Gebrauch der Freiheit erzogen haben, heißt darauf warten, daß der Mensch nicht mehr Mensch sei.

*

Von den vielen Fragen, welche die Gleichstellung der Frau mit dem Manne mit sich bringt, habe ich am längsten gezögert diejenige zu bejahen, welche ihr als bürgerlichen Rechte — die Pflichten gesteht man ihr ja bereitwillig zu — beziekt. Um so rückhaltsloser bejahe ich sie jetzt nach jeder Seite hin. Stimmrecht und Wahlfähigkeit (aktiv und passiv) kommt ihr zu. Ueberall muß der Vertreter ihrer Ansprüche Zutritt haben: in der Verwaltungs-, Gesetzgebungs- und Gerichtsbehörde. Und wenn man im Bereich der Pflichten immer mit Wohlgefallen den Umstand betont, daß die Frau weder wehrfähig noch pflichtig sei, warum hilft man diesem Mangel nicht ab? Der verheiratheten Frau, ohne welche der Staat überhaupt weder Bürger noch Soldaten hätte, man wird billig eine Leistung nach dieser Seite hin nicht auferlegen können. Aber was hindert, die unverheiratete entweder für das Sanitäts- und Verwaltungswesen zu verpflichten und zu unterrichten oder sie zur Militärpflichtersatzsteuer heranzuziehen? Wo ihr Geld in's Spiel kommt, pflegt man so wenig zu viel Schonung für ihre „Schwäche" an den Tag zu legen, als da, wo sie allenfalls über Mitverwendung ihrer Steuerquote ein Wort sprechen könnte. Besitzende und besitzlose Männer bestimmen das Wozu und Wieweit der Steueranflage, Frauen, gleichviel ob begütert oder nicht, haben da keine Stimme, obschon oft ein bedeutender Theil aus dem Beitrag der Ersteren Anstalten und Einrichtungen zu Statten kommt, von denen beide ausgeschlossen sind. Kein Wunder, daß die Gerechtigkeit blind ist.

*

„Im Zweifel," sagte man mir neulich, „wird bei uns der Richter von zwei streitenden Parteien derjenigen des armen Mannes Recht geben. Frage: Würde das Nämliche der Fall sein, wenn der arme Mann politisch mundtodt wäre? Die Geschichte anderer Länder in der Gegenwart, unseres eigenen in nicht allzu entfernter Vergangenheit erspart mir die Antwort. Die Moral aber lautet für uns: Im Zweifel wird der Richter von zwei streitenden Parteien dem Mann Recht geben, — vorausgesetzt, daß nicht die Männerverwandtschaft der Frau in's Gewicht fällt . . ., denn die Frau hat in Rath und Recht keine Stimme.

Wenn die Frau Staatsbürgerin im weitesten Sinne des Wortes wäre, könnten Antiquitäten, wie sie zum Beispiel der Kanton Zürich mit sich führt (der Sohn erhält vom väterlichen Vermögen 1/5 mehr als die Tochter) aufbewahrt, sich ferner halten? Würde die Mutter nicht für fähig, nein, für erstberechtigt erklärt werden, Vormünderin ihrer Kinder zu sein?

Erwägungen dieser Art haben mit der Zeit zu meinem Ja geführt. Gewiß, es fehlt unseren Frauen an matter-of-fact; sie huldigen der Phrase und entbehren des Ueberblicks, weil von vorn Kleinigkeitskram befangen. Aber die besseren Stände, oder jene, welche Tag für Tag heroisch den Kampf um's Dasein führen, können ihn nicht weniger Urtheil haben als der 17jährige Fabrikarbeiter oder Gärtnerbursche. Was ihnen fehlt, die Gewandtheit, welche allein die Uebung mit sich bringt, und die weiten Horizonte, welche sich nur im Anblick des Großen erschließen. Unsere heutige Weltordnung ist übesrigens kein Kunststück, auf welches die Männer stolz zu sein Ursache hätten; schaden kann es nicht, wenn feinere Finger sich einmal mit dem Machwerk beschäftigen.

Unser Jahrhundert ist alt geworden und das Alter ist der Jugend gram. Wohl möglich, daß wir die Anerkennung unserer politischen Rechte erst den Künftigen abgewinnen. Je mehr Vorarbeit geschehen sein wird, je besser für Alle!

Meta v. Salis-Marschlins.

daß diese Sache weniger gegen Frau Dr. Farner persönlich als gegen die Frauen überhaupt gerichtet war. Genauer: gegen die Frauen ihrer Generation, die durch das Studium oder sonst einen gelernten Beruf nach Selbständigkeit strebten. Diese wurden zum Objekt einer untergründigen Angst und eines versteckten Neides.

Nun waren alle Kräfte von Meta von Salis aufgerufen. Wie Emile Zola fünf Jahre später im Dreyfuss-Prozeß sein «J'accuse» gegen die Behörden schleuderte, so richtete nun Meta von Salis mit ihrer Kampfschrift «Der Prozeß Farner/Pfrunder in Zürich» ihren leidenschaftlichen Protest gegen die schweizerischen Gerichte. Entgegen ihrer Lebensmaxime «Der (bzw. die) Starke ist am mächtigsten allein» mobilisierte sie ihre weltweiten Verbindungen von Malvida von Meysenbug in Rom bis zur Schriftstellerin Charlotte Stuart in Irland.

Wieweit die ausländischen Protestbriefe und Meta von Salis' Anklageschrift die Rehabilitierung von Caroline Farner beschleunigten, ist nachträglich schwer auszumachen. Sicher aber ist, daß Meta von Salis folgerichtig das dritte Opfer der Affäre wurde. Der beleidigte Oberrichter Wittelsbach strengte gegen die Akademikerin einen Ehrverletzungsprozeß an, und Meta von Salis wurde wegen sogenannten Pressevergehens zu acht Tagen Gefängnis verurteilt.

Stolz und ungebeugt trat Meta von Salis die Haft an. Dreißig Jahre später erzählte sie rückblickend: «Ich brachte die acht herrlichen Frühlingstage im Oberstock des St. Galler Kriminals, wo mir als ungewöhnliches Plus in diesem Strafverfahren abends kein Licht gestattet war, in einer Stimmung zu, in der ich mich ähnlich wie Nietzsche als *über* den Menschen wohnend empfand, schwelgend in den meinem Gedächtnis eingeprägten Poesien von Goethe, Dante und Byron.»[11]

Der strafverschärfende Entzug der Beleuchtung war erfolgt, damit die Delinquentin nicht *lesen* konnte. Es war das, was die Spießer jener Generation am meisten an den emanzipierten Frauen irritierte, daß sie Bücher lasen, statt Strümpfe zu stricken.[12]

Während der Haft erhielt Meta von Salis viele bewundernde Briefe, und nach ihrer Entlassung wurde sie von ihrer Heimatgemeinde mit Musik und Blumen empfangen. Doch ihre Einstellung zur Schweiz hatte durch diese Erlebnisse einen harten Schlag erlitten.

«Was gehen mich Dummheit und Lüge einer versumpften Demokratie an!» rief sie aus, als sie bald darauf das Land verließ und für einige Zeit nach München übersiedelte.[13] Wenn man einen Staat nicht mehr achtet, dann sind einem auch die Rechte und Pflichten, die er zu vergeben hat, gleichgültig. Der Kampf für die politische Gleichberechtigung der Frau, der ohne Patriotismus gegenstandslos ist, verlor für Meta von Salis seinen tieferen Sinn. Sie zog sich mit Hund und Katze in ihre Studierstube zurück und führte von da an das Leben einer *femme de lettres* der internationalen geistigen *haute volée*. Vorwiegend lebte sie, nach dem Verkauf von Schloß Marschlins, auf der Insel Capri.[14]

Die Frau aber, die Meta von Salis den ersten Brief ins Gefängnis geschrieben hatte, wurde dann die Führerin der gesamtschweizerischen Frauenbewegung: Helene von Mülinen.

Dr. iur. Emilie Kempin-Spyri (1853–1901)

Von dieser Frau – der vielleicht intelligentesten unter den ersten Akademikerinnen – liegen nur wenige persönliche Zeugnisse vor.

Emilie Spyri war die Tochter von Pfarrer Spyri in Altstetten bei Zürich. Sein Bruder war Stadtschreiber und mit der nachmals berühmten Dichterin Johanna Spyri-Heußer verheiratet. (Emilie Spyri war also nicht blutsverwandt mit der Schriftstellerin, wie oft behauptet wird.) Sie vermählte sich 1877 mit dem aus Danzig stammenden Walter Kempin, Pfarrer an der Kirche Enge in Zürich. Das Ehepaar hatte zwei Kinder.

Als sich Pfarrer Kempin mit dem Gedanken trug, den sicheren Pfarrberuf aufzugeben und Journalist zu werden, fühlte sich Emilie verpflichtet, auch zum Unterhalt der Familie beizusteuern.

Als erste Frau der Welt beschloß sie, Juristin zu werden. Sie immatrikulierte sich 1883 an der Universität Zürich, gleichzeitig mit Meta von Salis. Im Gegensatz zur Historikerin und zu den Medizinerinnen blieb sie an der Juristischen Fakultät vom Anfang bis zum Ende des Studiums die einzige Frau.

Für ihre Dissertation «Die Haftung des Verkäufers einer fremden Sache» (1887) bekam sie das seltene Prädikat *summa cum laude*. Nach einem Praktikum eröffnete sie ein Rechtsberatungsbüro in Zürich. Das Anwaltspatent aber wurde ihr verweigert, da es an die Aktivbürgerschaft gebunden sei. Als sie sich auf den Art. 4 der Bundesverfassung «Jeder Schweizer ist vor dem Gesetze gleich» berief, wurde ihre Klage durch Entscheid des Bundesgerichtes vom 29. Januar 1887 abgewiesen mit der Begründung, die Interpretation des Begriffs «Schweizer» als «Mann *und* Frau» sei «ebenso neu als kühn».[15]

Als Emilie Kempin sich um die eigentliche Anwaltstätigkeit geprellt sah und ihr Gatte mit seinem «Intelligenzblatt» ebensowenig Glück hatte, versuchte sie es mit einer Habilitation als Dozentin für römisches Recht an der Universität Zürich. Diese Stelle war gerade frei geworden. Das Gesuch wurde an der Juristischen Fakultät unfreundlich vorbehandelt und auch vom Senat mit 14 gegen 7 Stimmen abgelehnt. Am 29. Juni 1888 wies es auch der Erziehungsrat ab.

Nun wanderte die Familie Kempin nach Amerika aus und ließ sich in New York nieder. Wenn das Frauenstudium in Amerika auch keineswegs fortgeschrittener war als in der Schweiz, so hatte der Einzelne doch mehr Möglichkeiten. Emilie Kempin gründete dort das *First Women Law College* nach dem Muster der *Women Medical School* in Boston, an der seinerzeit Harriet Clisby studiert hatte. Doch ihr Gatte und die Kinder fühlten sich in den Staaten unglücklich, so daß die Familie in die Schweiz zurückkehrte. 1891 stellte Frau Dr. Kempin erneut das Gesuch um Habilitation. Diesmal war die Fakultät etwas positiver eingestellt. Jedenfalls erklärten es einige Professoren als inkonsequent, den Frauen zwar das Studium zu ermöglichen, ihnen aber bei der Ausübung des Berufes alle nur möglichen Hindernisse in den Weg zu legen. Sie empfahlen also das Gesuch.[16] Der übergeordnete Senat dagegen lehnte es wieder mit 19 gegen 11 Stimmen ab.

Nun erteilte der Erziehungsrat, dem ein anderer Direktor als vor vier Jahren vorstand, über den Kopf des Senats hinweg Frau Dr. Kempin als «Ausnahme» die *venia legendi* für römisches, angelsächsisches und amerikanisches Recht. Am 4. März 1892 hielt Frau Dr. Kempin die Antrittsvorlesung über «Die modernen Trusts».

Allein weder die Mehrzahl der Kollegen noch die Studenten nahmen die Dozentin für voll. Ihre Hörer – vorwiegend deutsche Gaststudenten – besuchten sie weit mehr als Neugier, als weil sie das römische Recht interessiert hätte. Frau Dr. Kempin konnte sich von dem bißchen Hörgeld nicht einmal ein Existenzminimum schaffen. Auch die dürftigen Einkünfte des schweizerisch-amerikanischen Rechtsbüros, das sie daneben noch unterhielt, reichten nicht zum Leben.

1896 zog die Familie Kempin nach Deutschland. Nun allerdings trennte sich das Ehepaar. Pfarrer Kempin erhielt einen Posten in Barmen, Dr. iur. Emilie Kempin-Spyri ließ sich in Berlin-Charlottenburg nieder. Hier war sie tätig als Expertin für internationale Rechtsprobleme. Sie soll auch an der Lessing-Volkshochschule Vorlesungen gehalten haben. Doch bei ihren vergeblichen Versuchen, ein Auskommen zu finden, rieb sie sich völlig auf.

Im Frühling 1899 wurde Emilie Kempin mit zerrütteten Nerven in die Anstalt Friedmatt in Basel eingewiesen. Ihre finanziellen Mittel waren erschöpft. Freunde mußten den Aufenthalt bezahlen. Als sich Emilie Kempin nach einigen Monaten etwas besser fühlte, glaubte sie, sich wieder nach einer Arbeit umsehen zu müssen, um ihre drückenden Schulden zu begleichen. (Sie wußte nicht, daß sie bereits vom Tode gezeichnet war. Schon bei der Einlieferung in die Anstalt war Gebärmutterkrebs diagnostiziert worden.)

Auf ein Inserat im «Protestantenblatt» von Pfarrer Alfred Altherr schrieb Emilie Kempin:

Basel, Irrenanstalt, den 18. XII. 99

Herr Pfarrer A. Altherr, Basel

Sehr geehrter Herr!
In No. 50 Ihres geschätzten Blattes suchen Sie für einen größeren Haushalt ein Fräulein oder Witwe von zuverlässigem Charakter. Ich erlaube mir ergebenst, mich um diese Stelle zu bewerben. Ich bin seit Februar dieses Jahres in hiesiger Anstalt. ... Ich sehne mich vor allem nach nützlicher Arbeit und Bewegung, wie die mannigfachen Pflichten in einem Haushalt sie bieten. Dann aber bin ich noch vollkommen existenzlos, mein Bureau, das ich in Berlin gehalten habe, ist natürlich geschlossen, meine Clientel kennt mich nicht mehr, mein Name ist mit dem Odium der Geisteskrankheit behaftet. Ich bin vollkommen mittellos und alleinstehend; von meinem Manne schon seit Jahren getrennt, meine Kinder sind in der Welt herum zerstreut, meine Beziehungen zu den Freunden und Verwandten abgebrochen. Die letzteren haben sich meines Studiums der Jurisprudenz wegen schon seit 15 Jahren von mir gewandt. Aus diesem Grunde und weil ich mich von den extremen Frauenrechtlerinnen schon seit Jahren zurückgehalten, resp. mich gegen ihre Forderungen auf dem Boden der Gesetze ausgesprochen hatte, ist es mir schon in Zürich und Berlin in der letzten Zeit nach meiner Ortsveränderung finanziell schlecht gegangen. ...
Was meine Befähigung für die nachgesuchte Stelle anbetrifft, so bitte ich Sie, zu glauben, daß ich trotz meines Studiums die Künste und Fertigkeiten einer Hausfrau nicht verlernt habe. Meine selige Mutter hat uns darin für das ganze Leben lang tüchtig gemacht. Außerdem habe ich erst studiert, als ich schon in höheren Jahren gestanden und eigene Kinder, damals von 3–8 Jahren, gehabt habe. Ich kann daher auch kochen,

Letzte Seite des Briefes von Dr. iur. Emilie Kempin-Spyri an Pfarrer A. Altherr, 18. Dez. 1899.

kehren, nähen, aber auch ein wenig schneidern, namentlich aus alten Kleidern neue machen; ich liebe alle Kinder und beschäftige mich gern mit ihnen und bin überhaupt zu jeder Arbeit, auch Geschirrwaschen und Reinemachen gerne bereit. Auf Verlangen werde ich mich auch mit Gartenarbeit, die ich verstehe, beschäftigen.

Meine Ansprüche sind von Hause und Natur aus sehr bescheiden, außerdem aber sehe ich meine mittel- und existenzlose Lage zu klar ein, als daß ich mich nicht allem willig und fröhlichen Herzens unterziehen würde. Ich bin mit einem Monatslohn von 10 frs. zufrieden, halte aber eventuell auch daran nicht unter allen Umständen fest, wenn Ihre schutzbefohlene Familie vorziehen sollte, mich erst einen Monat auf Probe ohne Lohn zur Hülfe zu nehmen. Wenn Ihnen, wie ich vermute, meine Abstammung und Herkunft nicht unbekannt sind, ich bin die Tochter des Herrn alt Pfarrer Spyri, so bitte ich Sie höflich, mich der betreffenden Familie zu empfehlen.

Hochachtungsvoll ergebenst

Frau Dr. Emilie Kempin

Zwölf Jahre nach dem Abschluß ihres Studiums bat die erste Juristin der Welt um die Stelle einer Dienstmagd. Dieser Lebenslauf zeigt in zugespitzter Form die Tragödie, die dem Leben aller Pionierinnen – mehr oder weniger ausgeprägt – eigen war.

Am 12. April 1901 starb Emilie Kempin-Spyri.

Politische und soziale Aktivität der Zürcherinnen
Im Jahre 1893 hatte Emilie Kempin-Spyri einen «Rechtsschutzverein» gegründet. Ihm gehörten hauptsächlich jene Frauen an, die ihre regelmäßigen Beiträge über «Frauenrechte» in der «Züricher Post» gelesen oder ihre Vortragsserie zum gleichen Thema gehört hatten.

Im selben Jahre wurde in Zürich noch eine andere feministische Frauenorganisation mit dem Namen «Reform» ins

Leben gerufen. Als Frau Dr. Kempin 1896 nach den USA übersiedelte, legte die Bündnerin *Emma Boos-Jegher* (1857–1932), Direktorin der Kunst- und Frauen-Arbeitsschule Neumünster, beide Vereine unter dem Titel «*Union für Frauenbestrebungen*» zusammen. Die «Union» – wie sie kurz genannt wurde – entwickelte sich schnell. In ihrer ersten Eingabe an den Kantonsrat ersuchte sie 1897 um die Zulassung von Frauen zur Advokatur, und das Zürcher Gesetz wurde dann auch in diesem Sinne abgeändert. Dr. iur. Emilie Kempin profitierte freilich nicht mehr davon. Die erste Frau, die sich bald darauf in Zürich als Rechtsanwältin niederließ, war die aus Danzig stammende, aber mit einem Schweizer verheiratete Dr. iur. Anna Kramer-Mackenroth.

Die «Union» wurde in der Folge einer der vier Grundpfeiler des «Bundes schweizerischer Frauenvereine». Sie gab auch die Zeitung «*Frauenbestrebungen*» heraus. Nach den üblichen Gesetzmäßigkeiten mutierte die «Union» nach einigen Jahren zum «*Frauenstimmrechtsverein Zürich*».

Die an sich sehr aktive Organisation wurde jedoch in der Zürcher Öffentlichkeit nicht sehr bekannt. Das lag in erster Linie daran, daß sie von dem 1894 gegründeten «*Frauenverein für Volkswohl und Mäßigkeit*» völlig in den Schatten gestellt wurde. Dieser Verband – später «*Frauenverein für alkoholfreie Wirtschaften*» – war das einzige Sozialwerk jener Epoche, das dank seiner von *Susanna Orelli-Rinderknecht* (1845–1939) geschaffenen genialen Organisation sofort eine große Rolle in der Öffentlichkeit spielte. Mit seinen sechs Gaststätten und zwei Kurhäusern war er nicht nur sichtbar und riechbar; er veränderte geradezu das Antlitz der Stadt. Wenn man in Zürich, ja in der Schweiz und sogar im Ausland vom «Frauenverein» sprach, so war immer dieser und *nur* dieser gemeint. Die legendäre Macht, die ihm zugeschrieben wurde, besaß er allerdings nie.

Der «Zürcher Frauenverein für Volkswohl und Mäßigkeit» war keine feministische Organisation im engeren Sinne. Er soll daher in diesem Buch nicht weiter erwähnt werden. Da er aber die einzige schweizerische Frauenorganisation ist, die mehrfach in die Dichtung Eingang fand, sollen zwei Proben folgen. Sie spiegeln die Wirkung des «Frauenvereins» auf zwei sehr verschiedene Schriftsteller – unterschiedlich nicht nur im Temperament, sondern auch in der Generation.

«Das Speisehaus war von einer Gruppe von Frauen gegründet, die sich, alle zusammen gerechnet, Verein für Mäßigkeit und Volkswohl nannten. In der Tat, wer da hineinging, der mußte mit einem mäßigen und dünnen Essen zufrieden sein. Meistens waren auch alle zufrieden, wenn man die kleinen, bornierten Unzufriedenheiten abrechnet. Allen, die hier verkehrten, schien das Essen zu behagen, das aus einem Teller Suppe, einem Stück Brot, einer Portion Fleisch, dito Gemüse und einem winzigen und zierlichen Dessert bestand. Die Bedienung ließ nichts zu wünschen übrig ...

Ab und zu kam eine der Erfinderinnen dieses Geschäftes, eine der Wohltäterinnen, und sah sich das Volk an, wie es aß. Eine solche Dame setzte ihre Lorgnette ans Auge und musterte das Essen und diejenigen, die es verzehrten.

Simon empfand eine Vorliebe für diese Damen und freute sich immer, wenn sie kamen, denn es kam ihm so vor, als besuchten diese lieben gütigen Frauen einen Saal voll kleiner, armer Kinder, um zu sehen, wie diese sich an einem Festmahl ergötzten. ‹Ist denn das Volk nicht ein großes, armes, kleines Kind, das bevormundet und überwacht werden muß›, rief es in ihm, ‹und ist es nicht besser, es wird überwacht von Frauen, die doch vornehme Damen sind und gütige Herzen haben, als von Tyrannen im alten, freilich heroischeren Sinn?›»

Robert Walser, «Geschwister Tanner», 1907 (S. 54).

«In der Heimat regierte der Geist der Frauenvereine, ungefähr das Widerwärtigste, was ihm in die Nase riechen konnte; ihre sodagescheuerten Speiselokale für Unbemittelte, fade Tempel des Pharisäertums, wucherten in den Quartieren. Ein puritanisches Kollegium von Haarknoten saß im Verborgenen, strickte die rüde Wolle der Wohltätigkeit und redigierte

Petitionen gegen Aktplastiken und Variétéprogramme.»
Albin Zollinger, «Die grosse Unruhe», 1937 (S. 268).

Verena Conzett-Knecht (1861–1947)

Susanna Orelli und Verena Conzett waren sich in vielem erstaunlich ähnlich. Beide verfügten über einen kaum zu beugenden Optimismus, eine große Schaffenskraft und die zähe Beharrlichkeit, auf dem einmal als richtig erkannten Weg fortzuschreiten. Beide waren sehr geschäftstüchtig; beide hatten das merkwürdig übereinstimmende Gefühl, Getriebene und nicht Treibende zu sein. Mochte das wohl an der gemeinsamen Zürcher Herkunft liegen? Jedenfalls hätte Verena Conzett den Ehrendoktor ebenso verdient wie Susanna Orelli, die ihn 1919 als erste Schweizerin von der Medizinischen Fakultät der Universität Zürich entgegennehmen durfte.

Verena Knecht wuchs in der Zürcher Altstadt auf, in armseligen Verhältnissen. Der Vater war Aufseher in einer Papierfabrik, erblindete aber schon früh und verlor seine Stelle. Seine Frau und die vier Töchter darbten. (Darum standen auch der späteren Verena Conzett die Fragen der Kranken- und Unfallversicherung, der Erwerbsausfallsentschädigung etc. immer am nächsten.) Schon mit dreizehn Jahren arbeitete Verena in der Fabrik, um die Familie zu unterstützen.

Sie war 22jährig, als sie sich mit dem viel älteren Bündner Sozialistenführer Conrad Conzett verheiratete. Er war Buchdrucker von Beruf und besaß eine kleine Druckerei. Durch ihn kam die aufgeweckte Frau rasch in die Parteiarbeit und wurde ihrem Gatten eine zuverlässige und verschwiegene Helferin. Als Verena am Internationalen Sozialistenkongreß in Zürich 1893 die ausländischen Rednerinnen so selbstverständlich auftreten sah, faßte sie den Mut, es auch selber zu probieren. Bald war sie eine gesuchte Referentin.

Am 1. Frauenkongreß in Genf 1896 wurde sie aufgefordert, einen Vortrag über *Versicherungsfragen* zu halten. Sehr typisch für die Einstellung einer damaligen Sozialistin waren ihre einleitenden Worte:

«Es ist mir die Aufgabe zuteil geworden, über zwei wichtige Fragen, die Arbeitslosenversicherung und die Kranken- und Unfallversicherung, zu referieren. Indem ich versuchen will, soweit dies in meinen Kräften steht, dieser Aufgabe gerecht zu werden, schicke ich voraus, daß ich die Besprechung der genannten Fragen nicht speziell vom Standpunkt der Frau aus unternehme. Dieselben betreffen Interessen des gesamten arbeitenden Volkes ohne Unterschied des Geschlechts.»[17]

Die Frauenfrage wird also von der sozialen Frage nicht abgegrenzt. Genosse und Genossin kämpfen gemeinsam für ihre Besserstellung. Diese Haltung brachte es mit sich, daß Verena Conzett in den Augen der Kongreßteilnehmerinnen gar keine echte Feministin war.

Dieses Urteil sollte sich aber nicht bewahrheiten. Sobald Verena Conzett auf eigenen Füßen stand, entwickelte sie sehr ausgeprägte frauenrechtlerische Anschauungen. Die erste Vorschule dazu bot ihr der *Internationale Arbeiterschutzkongreß 1897* in Zürich, an dem alle bedeutenden Sozialisten der Zeit, sogar August Bebel und Wilhelm Liebknecht, teilnahmen. Die Geister schieden sich an jenem Kongreß hauptsächlich am Arbeiterinnenschutzgesetz, über welches leidenschaftliche Diskussionen entbrannten.

Die Sozialistinnen befanden sich damals parteipolitisch in einer sehr bedrängten Situation. Sooft irgendwo der Versuch gemacht wurde, eine sozialdemokratische Frauengruppe zu bilden, zogen die Priester sofort nach und gründeten einen katholischen Arbeiterinnenverein. Da die Frauen der Unterschicht vorwiegend katholisch waren, hatten die Priester ein relativ leichtes Spiel: es befanden sich ungefähr zehnmal mehr Frauen in katholischen als in sozialdemokratischen Vereinen.[18]

So fand denn auch die große Diskussion über das Arbeiterinnenschutzgesetz in Zürich vorwiegend zwischen katholischen Pfarrern und Sozialistenführern und -führerinnen statt. Der Klerus – die patriarchalischste Gesellschaft, die es je in der europäischen Geschichte gegeben hat – widersetzte sich kategorisch jeder Frauenarbeit in der Großindustrie. Daß dies

Verena Conzett-Knecht.

die größtmögliche Bevormundung der Frau bedeutete und sie in ihre vier Wände wie in ein Gefängnis einschloß, war dem Klerus entweder nicht bewußt oder vielleicht sogar recht.

Die Sozialdemokraten waren anderer Ansicht: Mit dieser Maßnahme sei dem Elend der Arbeiterklasse in keiner Weise abgeholfen; vielmehr treibe man dadurch die Frauen in die gefürchtete Heimarbeit, und diese stelle in ihrer Unkontrollierbarkeit eine viel schlimmere Ausbeutung der Frau dar als die Fabrikarbeit.

Besonders die Sozialistinnen *Lily Braun* und *Clara Zetkin* vertraten diese Meinung. Clara Zetkin schloß ihre Rede mit den Worten:

«Gerade die Interessen der Familien verlangen die Frauenarbeit. Nur eine gleichberechtigte Frau kann den Kampf für eine höhere gesellschaftliche Organisation führen. Wir begrüßen in der freien Arbeit der Frau die Morgenröte einer besseren Zukunft.»[19]

Zum Schluß siegten die Sozialdemokraten mit 165 gegen 98 Stimmen doch noch über die Priester.

Schon zu diesem Zeitpunkt war Conzett in große finanzielle Schwierigkeiten geraten, daß er kaum noch wußte, womit er seine Familie erhalten sollte. Niemand gab dem «roten Conrad» Aufträge. Seine manisch-depressive Veranlagung trug das Ihre bei: im folgenden Jahr nahm er sich das Leben.

Verena Conzett stand nun allein da mit zwei Knaben und einer verschuldeten Druckerei. Jede andere Frau hätte in dieser Situation die wenigen Habseligkeiten verkauft und wäre wieder in der Fabrik arbeiten gegangen. Verena Conzett aber versuchte das Unmögliche. Und nach harten Kampfjahren lohnte sich die Mühe. Rückblickend kann man sagen, daß es in dem Augenblick aufwärts ging, als die tüchtige Frau das Geschäft in die eigenen Hände nahm.

Verena Conzett vergaß allerdings darüber das Los der Arbeiterinnen nicht. Sie hielt weiterhin Vorträge in den Sektionen des Textilarbeiterverbandes. Bei der Tagung des Schweizerischen Arbeiterbundes in Biel 1908 erreichte sie vor der großen Abstimmung zum Kranken- und Unfallgesetz, daß die Frauen – trotz lautem Protest der Krankenkassen – ebenfalls in dieselben aufgenommen wurden. 1909 gründete sie im Kampf gegen die deutschen Schundhefte die Familienzeitschrift «In freien Stunden» und fand dafür in den zwanziger Jahren bis zu 200 000 Abonnenten. 1911 führte ihr Betrieb als einer der ersten auf dem Platze den freien Samstagnachmittag ein. Daneben fand sie noch Zeit, für die unverheirateten Mütter und deren Kinder das Mütter- und Säuglingsheim «Inselhof» zu gründen.

Ihre beiden gut ausgebildeten Söhne traten nun in die Druckerei ein. Dies bedeutete eine Arbeitsentlastung für Verena. Doch dann kam der erste Weltkrieg mit seinen langen Aktivdienstzeiten. Und schließlich das Jahr 1918 mit dem Generalstreik und der Grippewelle, der die beiden jungen Männer innert fünf Tagen zum Opfer fielen!

Wieder mußte Verena Conzett – nunmehr 57jährig – das Heft in die Hand nehmen. Diesmal tat sie es für die Enkel. Und wieder ging es über Erwarten gut. Der Verlag Conzett & Huber war ein großes und blühendes Unternehmen geworden. Verena Conzett starb hochbetagt und von allen verehrt im Jahre 1947.

Für ihre großen Verdienste im Versicherungs- und Fürsorgewesen für die Frau muß Verena Conzett zweifellos zu den Pionierinnen der ersten Generation gezählt werden. Als einzige war sie am Lebensende nicht verarmt, sondern wohlhabend. Zudem hat sie, die doch keinerlei Bildung besaß, als einzige der Nachwelt eine lebendig geschriebene Selbstbiographie hinterlassen.

Gesamtschweizerische Bestrebungen
Helene von Mülinen und Emma Pieczynska

Wie man aus den drei vorangehenden Kapiteln ersieht, entsprach gegen Ende des 19. Jahrhunderts der rastlosen öffentlichen Tätigkeit der Männer eine ebenso emsige Aktivität der Frauen. Bei den Männern führte sie zur modernen Parteipolitik, bei den Frauen zur Gründung von Tausenden von Frauenvereinen. Das Tätigkeitsfeld dieser Vereine war stets lokal begrenzt, wie es die Seßhaftigkeit der Hausfrauen notgedrungen mit sich brachte. Gewisse Ausstrahlungszentren allerdings sind zu erkennen. So war die «Union des femmes de Lausanne» ein geistiger Ableger der «Union des femmes de Genève». Die Winterthurerinnen gaben sich Mühe, von den Zürcherinnen nicht überflügelt zu werden.

Im ganzen aber ließ der Kontakt zwischen diesen Organisationen zu wünschen übrig, obgleich der 1888 gegründete «Schweizerische Gemeinnützige Frauenverein» bereits gegen 80 Sektionen zählte, davon allerdings nur drei im Welschland. Die Deutschschweizerinnen und die Suisses romandes konnten schon aus rein geographischen Gründen nicht zusammenkommen; denn quer durch die Eidgenossenschaft lag dick und selbstzufrieden der gewaltige Brocken des Kantons Bern und wirkte wie ein mächtiger Riegel zwischen Ost und West.

Nicht daß es im Kanton Bern keine Frauenverbände gegeben hätte. Im Gegenteil, er war einer der ältesten und fruchtbarsten Vereinsböden der Schweiz![1] Vom Feminismus im

Oben links: Einladung zur 12. Generalversammlung des BSF.
Oben rechts: Postkarte, herausgegeben vom BSF.
Unten links: Kalender, erschienen 1912–1920, herausgegeben vom Schweizerischen Frauenstimmrechts-Verband. Unten rechts: Einladung zum 8. Kongreß des Internationalen Verbandes für das Frauenstimmrecht.

engeren Sinne jedoch hatte man hier keine Ahnung. Warum eigentlich? Waren die großartigen Frauengestalten Gotthelfs, denen der Dichter gerne das Stimmrecht zuerkannt hätte, nur erfunden?[2] War das «Tellenrecht», das Stimmrecht der besitzenden Bernerin, das im Laufe des 19. Jahrhunderts schrittweise abgebaut worden war, bereits vergessen? War Julie von May von Rüed, die Freundin Marie Goeggs, die im Zuge der Revision der Bundesverfassung von 1872 das Frauenstimmrecht verlangt hatte, schon aus dem Gedächtnis verdrängt?

Noch Anfang der neunziger Jahre war in der konservativen Hauptstadt alles ruhig. Dann aber kam eine Anfrage aus Amerika. Sie brachte den Stein ins Rollen. 1894 fand anläßlich der Weltausstellung in Chicago ein internationaler Frauenkongreß statt. Das Organisationskomitee ersuchte den Bundesrat wie alle anderen europäischen Regierungen, Unterlagen zu senden über die Tätigkeit und die Stellung der Frau in der Schweiz. Die oberste Behörde war ratlos. Die Frau und ihr Tun hatte sie noch nie einer Untersuchung für würdig erachtet. Sie sollte solchen Unternehmen gegenüber skeptisch bleiben ...

In ihrer Verlegenheit wandten sich die Räte an ihre Gattinnen. Diese teilten das unerhörte Ansinnen einigen Freundinnen mit. Und schließlich fanden sie eine Frau, *Julie Ryff,* die bereit war, sich der Sache anzunehmen. Sie wollte über das damals aktuellste Gebiet, die philanthropische Vereinstätigkeit der Schweizerfrau, eine Untersuchung anstellen. Diese Aufgabe benötigte Zeit und Geld. Besonders das letztere aber wollten die Männer nicht beisteuern. So ging viel Zeit verloren. Und bis die im Januar 1893 versandten 5658 Fragebogen endlich zurückkamen und ausgewertet waren, hatte die Chicagoer Ausstellung längst ihre Pforten geöffnet und auch schon wieder geschlossen – ohne Beteiligung der Schweizerinnen. Das Frauenkomitee aber führte nun, in echt bernischer Beharrlichkeit, diese Aufgabe zu Ende. Vielleicht ergab sich ja sonst einmal eine Gelegenheit, die Auswertung der Umfrage an den Mann zu bringen ...[3]

Dazu brauchte es aber einen zweiten Anstoß. Ihn gab eine

unternehmungslustige Medizinstudentin, die von der Genfer an die Berner Universität gewechselt hatte: *Emma Pieczynska.* Sie war – wie bereits erwähnt – bei der Gründung der «Union des femmes de Genève» maßgebend beteiligt gewesen. Was sie bewog, die Rhonestadt zu verlassen und an die Berner Hochschule überzutreten, steht nicht sicher fest. Vermutlich war es der Ruf des Chirurgieprofessors Theodor Kocher, der auch den weiblichen Studierenden wohlgesinnt war.

Gegen Ende ihres ersten klinischen Semesters traf Emma Pieczynska im Spital auf eine Patientin, die man wegen eines Bagatellunfalls eingeliefert hatte. Sie war beim hastigen Aufspringen auf das neue Berner Tram gestürzt.

Es handelte sich um eine stattliche Frau mit aristokratischer Haltung. Die beiden empfanden sofort ein Gemisch von Interesse und Sympathie füreinander. Hinter dem klugen offenen Blick der Patientin erkannte Emma Pieczynska eine Trauer, die ihr seltsam vertraut war. *So begegneten sich Emma Pieczynska und Helene von Mülinen.*[4] Ohne dieses Ereignis hätte die Schweizer Frauenbewegung nicht das kraftvolle Profil erhalten, das ihr in den folgenden dreißig Jahren eigen war.

Helene von Mülinen, drei Jahre älter als Emma Pieczynska, hätte gerne Philosophie oder Theologie studiert, aber die Eltern hatten es nicht erlaubt. Helene – von jung auf an strengsten Gehorsam gewöhnt – hatte sich gefügt und damit ihre eigene Existenz zerbrochen. Nach Jahren schwerster Depression und Leiden erwartete sie nichts mehr vom Leben.

Um so mehr bewunderte sie Emma Pieczynskas Aktivität. Die Selbstverständlichkeit, mit der die anmutige Welschschweizerin ihrer inneren Stimme folgte, ohne dabei auf Konventionen und Meinungen anderer Rücksicht zu nehmen, beeindruckte sie tief. Auch das leidenschaftliche soziale Engagement der Wahlpolin, die nur studierte, um der armen polnischen Landbevölkerung helfen zu können, war ihr etwas Neues. Denn bisher hatte sie nur das obligate Almosengeben ihrer Kreise gekannt.

In jenem Jahr veranstaltete Josephine Butler, die Emma

Pieczynska kannte, wieder einen Kongreß in der Schweiz. Sie berief nun beide Freundinnen in den Vorstand der «Fédération abolitionniste», und mit einem Mal stand Helene von Mülinen mitten in der Sozialarbeit.

Gemeinsam mit Emma Pieczynska, Luise Zurlinden und der Lehrerin Fanny Schmid, die als Sekretärin amtete, gründete sie 1896 nach dem Muster der «Union des femmes de Genève» die «Harmonische Gesellschaft», später umbenannt in *«Frauenkonferenzen zum Eidgenössischen Kreuz»*. Hier war Helene von Mülinen in ihrem Element. Sie hielt Vorträge und führte Aussprachen von sehr hohem Niveau. Obwohl ihre Themen – beispielsweise «Die ethische Bedeutung der Freiheit» – sehr anspruchsvoll waren, blieb ihre Ausdrucksweise so klar und plastisch, daß auch weniger gebildete Frauen zu folgen vermochten. Auch über die damals noch fast berüchtigten Vorkämpfer der Frauenemanzipation, den englischen Liberalen John Stuart Mill und den norwegischen Dichter Henrik Ibsen, wurde diskutiert.[5] Fast schlagartig wurden die eben noch so altmodischen Bernerinnen die emanzipiertesten Frauen der Eidgenossenschaft.

Bern war eine kleine Stadt. Darum trafen das Comité, gebildet zur Erforschung der Frauentätigkeit in der Schweiz, und die Mitglieder der «Frauenkonferenzen» bald einmal zusammen. Man tauschte seine Meinungen und bisherigen Erfahrungen aus...

Der erste Kongreß für die Interessen der Frau 1896
Die Idee lag in der Luft. Plötzlich sprach alles von einem Frauenkongreß in der Schweiz. Sollte nicht im Sommer 1896 die zweite Schweizerische Landesausstellung in Genf stattfinden? Warum bei dieser einmaligen Gelegenheit nicht auch gleich einen Frauenkongreß starten, ganz nach dem Muster von Chicago? Über ihre eigene Kühnheit erschrocken, beschloß diese Handvoll Bernerinnen, ein solches Treffen in Genf zu organisieren. Emma Pieczynska bildete das Bindeglied zur kongreßgewohnten Rhonestadt. Die «Union des femmes

de Genève» hatte ja nur auf eine solche Aufgabe gewartet! Sie erreichte von der Regierung die Benützung der Aula der Universität für die Vorträge und des Palais Eynard für die Empfänge. Großrat Richard übernahm ohne Begeisterung den Ehrenvorsitz.

Im September 1896 begann der Kongreß. Und die Frauen kamen in Scharen. Nicht nur die unentwegten protestantischen Welschschweizerinnen aus Genf, der Waadt und Neuenburg. Es erschienen die Delegierten des «Schweizerischen Gemeinnützigen Frauenvereins», der «Frauenvereine zur Hebung der Sittlichkeit», der «Freundinnen junger Mädchen», der schweizerischen Lehrerinnen- und der Arbeiterinnenvereine. Sogar aus dem konservativen Basel kam eine Gruppe: Es waren die Delegierten der «Vereinigung der Basler Wäscherinnen und Glätterinnen». Aus dem Ausland kamen Gesandte von Frankreich, Deutschland, Österreich, Belgien, England, Rußland und der Türkei.

Das Programm war vielseitig und gediegen. Wie der Titel aussagte, standen im Mittelpunkt Fragen, die die Frau besonders betrafen. Zuerst sprach Julie Ryff über die Resultate ihrer seit vier Jahren erarbeiteten Umfrage über die «Frauentätigkeit auf dem Gebiet der Philanthropie». Sie hatte ja den Anstoß zu dem avantgardistischen Unternehmen gegeben. Es folgten Voten über Probleme der weiblichen Ausbildung, des Erwerbs und der Versicherung der Frauen. Sehr geschickt wurden immer zwei verwandte Themen deutsch und französisch behandelt. Rückblickend erscheint der Vortrag von Emma Pieczynska über die «Koedukation» als der weitaus bedeutendste Beitrag.

Louis Bridels Exposé über die «Reform der weiblichen Rechtssituation im künftigen schweizerischen Zivilgesetzbuch» («La réforme de la condition légale des femmes»), bildete die Krönung und den Höhepunkt des Kongresses. Louis Bridel war damals einer der intensivsten Förderer der Gleichberechtigung.

Bei den späteren Kongressen von 1921 und 1946 wurde

meist über die starke Beteiligung der Männer an diesem ersten Treffen gespottet. Die nunmehr selbstbewußten Frauenrechtlerinnen vergaßen, daß erst die ausgewogene Teilnahme von Männern und Frauen – es waren acht Rednerinnen und dreizehn Redner – dem ersten Kongreß seine menschliche Realität und das nötige Gewicht in der Öffentlichkeit gegeben hatte. Hätten damals nur Frauen teilgenommen, so wäre er in den Zeitungen höchstens als gigantisches Kaffeekränzchen dargestellt worden. (Am 4. Kongreß von 1975 in Bern wurde dann die minimale Beteiligung der Männer bedauert!)

Am 1. Kongreß in Genf aber wurde ernsthaft geredet, angehört und erwogen. Die Frauen bemerkten im Laufe der drei Tage, daß sie ein solches Treffen sehr wohl zustande brachten. Vor allem aber erkannten sie, daß sie nicht allein waren, daß ihre Mitschwestern in allen Gegenden der Schweiz ähnliche Probleme zu lösen hatten. Und gab es nicht doch recht viele intelligente Frauen in der Schweiz? Wohlgefällige Blicke folgten der Präsidentin Camille Vidart. Häufig sah man sie in Begleitung von zwei alten Damen, wohl den ältesten Kongreßteilnehmerinnen: die noch sehr aufrechte Dr. med. Harriet Clisby und – klein und gebückt im altmodischen Kapotthütchen – Marie Goegg. Beide traten offiziell nicht mehr in Erscheinung. Bewundert wurden auch die wenigen Akademikerinnen, unter ihnen die Zürcher Ärztin *Dr. med. Anna Heer,* die bereits die Pläne zur Gründung einer Pflegerinnenschule vorlegte.

Gegen Ende des Kongresses nahm das Bewußtsein überhand, daß aus dem kühnen Unternehmen ein großer Erfolg geworden war. Plötzlich hatten alle nur noch *einen* Gedanken: Bloß jetzt nicht wieder diese Kontakte verlieren! Nur nicht zurück in die Isolation! *So* mußte man zusammen weiterdiskutieren, *so* gemeinsam weiterarbeiten, *so* vereint die Stellung der Frau in der Schweiz zu verbessern suchen.

Die Kongreßpräsidentin Camille Vidart sprach das aus, was sich alle im geheimen wünschten: Schaffen wir eine *Commission permanente des intérêts féminins,* die an den aufgeworfenen Fragen weiterarbeiten soll. In zwei bis drei Jahren treffen wir uns wieder und besprechen die Resultate. «*Adopté sans discussion*», schließt lakonisch der Kongreßbericht.

Die Frauen, die von ihrem ersten Kongreß nach Hause fuhren, waren anders geworden.

Gründung und Tätigkeit des Bundes Schweizerischer Frauenvereine (BSF)

Keine der Frauen entfaltete sich in so erstaunlichem Maße wie Helene von Mülinen. Die Freundschaft mit Emma Pieczynska und das Erlebnis des Genfer Kongresses hatten sie beflügelt. Wie Marie Goegg trat sie erst mit über 40 Jahren an die Öffentlichkeit. Dann aber tat sie es wie die Genferin, ohne Zaudern und Schwanken, als vollkommene Feministin. Alle Einwände kannte sie im voraus und begegnete ihnen mit überlegener Ruhe und unerschütterlicher Gewißheit. Die Erfahrungen vieler Leidensjahre gaben ihrer Persönlichkeit das Gewicht, das notwendig ist, um andere Menschen von einer neuen und ungewohnten Sache zu überzeugen. Damit zusammen hing eine andere Eigenschaft, die sie in so hohem Maße besaß wie kaum eine Schweizerin vor ihr und nach ihr: sie konnte Menschen führen.

Ideen sind meist vor den Trägern da. Sie spuken in den Köpfen, erscheinen in halben Sätzen und vagen Andeutungen in der Tagesliteratur. Zuweilen verschwinden sie, ohne Realität geworden zu sein; zuweilen, in einer Sternstunde, identifiziert sich ein Mensch mit ihnen, formuliert sie klar und eindeutig, so daß alle sie verstehen. Eine solche Koinzidenz bildeten Helene von Mülinen und die Idee der Emanzipation der Frau. Viele ihrer späteren Mitkämpferinnen glaubten deshalb, *sie* habe die Idee der Gleichberechtigung der Frau als erste vertreten. Sie wurde auch häufig «Mutter der Frauenbewegung» genannt. Dieser Ehrentitel steht ihr zweifellos zu. Die Großmütter (und Großväter), denen die ersten Kapitel dieses Buches gewidmet waren, dürfen jedoch nicht ganz in Vergessenheit geraten!

Während der ersten Jahre ihrer sozialen und politischen Tätigkeit hielt sich Helene von Mülinen noch stark zurück. Selbst am epochemachenden «Kongreß für die Interessen der Frau» überließ sie neidlos den andern die Rednertribüne.

Im folgenden Jahr wurde in Bern die «Christlich-soziale Gesellschaft» gegründet, die auch Frauen aufnahm. Von Anfang an waren Emma Pieczynska und Helene von Mülinen Mitglieder. Nun wurde Helene von Mülinen angefragt, ob sie nicht einen Vortrag halten wolle zum Thema *«Die Stellung der Frau zur sozialen Frage».* Sie sagte zu.

Die Tatsache, daß eine Bernerin aus der höchsten Aristokratie öffentlich reden sollte, wirkte in der Zähringerstadt als Sensation. (Daß vor dreißig Jahren Marie Goegg und vor zwei Jahren Meta von Salis über ähnliche Themen gesprochen hatten, war längst vergessen; es waren ja auch «Ausländerinnen» gewesen.) Das übliche Lokal im Café Roth war lange vor Beginn besetzt. Man mußte in einen der größten Säle der Stadt umziehen, in die «Philadelphia». Auch diese bot kaum genug Raum. Viele grollten, daß so viele Frauen gekommen waren. Als aber Helene von Mülinen in ihrer überlegenen und doch gewinnenden Art zu sprechen anfing, wurde es still im Saal. Heute scheinen uns die beiden Hauptforderungen, die sie in ihrem Vortrag stellte, beinahe banal. Sie plädierte für eine Teilnahme der Frau an den staatlichen Sozialwerken, wie Asylen und Anstalten. Und sie forderte mit großem Nachdruck, daß jedes Mädchen Anrecht auf eine seriöse Berufslehre habe.

Für ihre Zuhörer aber waren diese Postulate neu, ja anstößig. Als sie mit den Worten Antigones schloß: «Nicht mitzuhassen, mitzulieben bin ich da», erklang anhaltender Beifall.

Wie tief der Eindruck gewesen sein muß, den dieser Vortrag hinterlassen hat, ist schon aus der Tatsache ersichtlich, daß er – in 12 000 Exemplaren gedruckt – in kurzer Zeit vergriffen war. Auch die französische Übersetzung war bald ausverkauft.

Zum ersten Mal war ein Appell einer Frau weiterum vernommen worden. Die Bernerinnen kamen nun in großer Zahl zu Helene von Mülinen und boten ihre Mitarbeit an. Sie

Union.

Zentralorgan für die Interessen der Frauenbewegung in der Schweiz

Abonnementspreis:
Zürich, 4 schnöde Silberlinge
Schweiz, 5 "   "
Deutschland, 6 Merks Marks

Inserate u. Reklamen werden entgegengenommen von der Annoncenexpedition Vogelstein u. Haase

Erscheint täglich, ausgenommen Sonn- und Werktage

Redaktion u. Expedition Künstlergütli

Motto: Nicht bloss der Familie Gilt des Weibs Gefühle.

Kantonsratsverhandlungen vom 1. April.

In seiner letzten Sitzung beschäftigte sich der Kantonsrat wieder um mit der Frauenfrage, die zu lösen er mit der ganzen Wucht seiner autoritativen Stellung entschlossen ist. Die von ihm zum Studium der Frage schon früher eingesetzte Kommission

Feuilleton
Maries Abschied.

Er: Will sich Marie ewig von mir wenden,   Sie: Teurer Mann, gebiete deinen Tränen
Wo die Union mit gierigen Händen   Nach dem Stimmrecht ist mein feurig Sehnen
Der Politik schreckliche Opfer bringt.   Nach der Frauenemancipation
Wer wird künftig deine Kleinen lehren,   Kämpfend für das heilge Recht der Frauen
Strümpfe stricken, den Kantonsrat ehren, Kenn ich keine Schwäche und kein Grauen
Wenn die Frauenfrage dich verschlingt.   Unterschreib ich die Petition.

Satirische Zeitschrift aus dem Jahre 1902.

ließen sich nicht davon abschrecken, daß ihrer mühsame und undankbare Kleinarbeit wartete. Denn der einzige Weg, den die Schweizerinnen betreten konnten, war der sattsam bekannte Dornenpfad der Petitionen. Vier davon wurden noch im Laufe des Jahres 1897 von den «Frauenkonferenzen Bern» gestartet: Sie verlangten die Wählbarkeit der Frau in die Anstaltskommissionen, in die Vormundschaftsbehörden, in die Inspektion von Gefängnissen und in die Schulkommissionen.

Nur das erste Postulat fand Gnade vor dem Souverän. Um das vierte – die Wählbarkeit von Frauen in Schulkommissionen – führte Frau Müller-Vogt einen temperamentvollen Kampf. Darauf wurde es in der Stadt angenommen, auf dem Lande aber verworfen und dadurch unrealisierbar. Die Angelegenheit war grotesk, weil im Kanton Bern besonders viele Leserinnen – «Lehrgotten» genannt – unterrichteten.

Inzwischen war auch die Arbeit der *Commission nationale permanente des intérêts féminins* so weit gediehen, daß an einen Zusammenschluß der Frauenvereine gedacht werden konnte. Den Aufruf hatte Helene von Mülinen geschrieben. Das feierliche Dokument hat fast die Würde eines Bundesbriefes:

«Die Wurzeln der Kraft des Gedeihens unseres Volkes haben sich von Alters her je und je in seiner Fähigkeit, Bündnisse unter sich abzuschließen, kundgetan. Überlieferung und Geschichte berichten gemeinsam, wie in der Freiheit gegenseitigen Verständnisses und Übereinkommens die Eidgenossen sowohl ihre Stärke äußerten, als sich selber stets neue Nährquellen eröffneten. Die Bündnisse der Schweizer unter sich waren das Stahlband, das sie zu einer Nation einte, sie fest nach Innen und einig nach Außen hin gestaltete. Immer griffen daher unsere Vorfahren nach diesem Mittel, wenn die Bedürfnisse neuer Zeitläufte sich geltend machten, und niemals hat dasselbe ihnen den Dienst versagt. Auch heute ist das Schweizervolk nicht anders geworden ...

Auch von uns Schweizerfrauen, den Miterben, haben die letzten Jahrzehnte des scheidenden Jahrhunderts ein Neues gefordert. Aufgaben sind an uns herangetreten, von denen eine frühere Zeit nichts wußte. Der Geist der Zeit hat über unser Land geweht, die Umgestaltung aller Verhältnisse, die soziale Not, die Bedrohung mancher jungen und schutzlosen Existenz, haben Kräfte ans Licht gerufen, die quellengleich aus dem Erdboden hervorbrachen und sich in Bächen und Flüssen über das ganze Land verbreiten.

Ungezählt wird der Segen bleiben, der Vereinen wie den ‹Freundinnen junger Mädchen›, dem ‹Verein zur Hebung der Sittlichkeit›, dem ‹Schweizerischen Gemeinnützigen Frauenverein› und so vielen anderen unserem Volk entsprießt, und mit Dank und Freude sehen wir die Ernte sich mehren. Aber ... unser Land ist in viele und selbständige Teile zersplittert, je nach lokalen und kantonalen Bedürfnissen sind die Schweizerfrauen ans Werk gegangen. ... Doch wo die Bedürfnisse des *Volksganzen* hervortreten, fehlt es an einem Einigungspunkt, einer Zentralstelle, wo die zahlreichen Fäden zusammenlaufen und sich zu einem festen Seile drehen lassen. Viele Postulate sind uns allen gemeinsam, ich brauche nur an die Erhöhung des Schutzalters junger Mädchen, die schärfere Bestrafung der Verbrechen gegen die Sittlichkeit, den Schutz der Kinder gegen Rohheit und Grausamkeit, die güterrechtliche Besserstellung der Ehefrau zu erinnern, für die wir sämtlich einstehen.

All diese Beweggründe haben vier der bestehenden Schweizer Frauenvereine veranlaßt, die Initiative in dieser Sache zu ergreifen und die Gründung eines Bundes vorzubereiten.

Helene von Mülinen, Vizepräsidentin der Frauenkonferenzen zum Eidgenössischen Kreuz in Bern

Camille Vidart, Présidente de l'Union des femmes de Genève

Marguerite Duvillard-Chavannes, Présidente de l'Union des femmes de Lausanne

Emma Boos-Jegher, Präsidentin der Union Frauenbestrebungen in Zürich

Bern, im März 1900»

Die vier Unionen taten sich nun zum «Bund Schweizerischer Frauenvereine» zusammen. Helene von Mülinen wurde zur Präsidentin gewählt, das verstand sich von selbst. Schon an der ersten Generalversammlung, die am 26. Mai 1900 in Bern stattfand, beteiligten sich 17 Vereine. Bei der zweiten, am 27. April 1901 in Zürich, waren es bereits 26. So stieg die Zahl von Jahr zu Jahr. Die Generalversammlungen wurden alljährlich an einem anderen Ort durchgeführt, um den Bund in der ganzen Schweiz bekanntzumachen.

Worin bestand nun aber die Tätigkeit des Bundes oder BSF, wie er später genannt wurde? In der ersten Zeit war es vor allem die Auseinandersetzung mit dem kommenden Zivilgesetzbuch, die die Frauen beschäftigte. In ihm sollten ja – wie Helene von Mülinen in einer Rede erklärte – «unsere alten Rechte» modernisiert und «unsere alten Unrechte» abgeschafft werden. Als ihr darauf eine Pfarrfrau schrieb, nach ihrer Ansicht hätten die Schweizerfrauen genügend Rechte, antwortete Helene von Mülinen empört: «Meinen Sie, zum Beispiel die Frau der sogenannten arbeitenden Klassen genieße Rechte genug, wenn das Gesetz sanktioniert, daß der Mann ihr den sauer erworbenen Taglohn entreißt und vertrinkt? Kein Rappen des mühsam Verdienten ist ihr *Eigentum*, es gehört alles dem Mann; er kann es verjubeln, wie er will. Ist das Recht? Sollen wir dem in Ewigkeit zusehen?» (März 1898).

Da den Frauen kein anderer Weg offenstand, richteten sie Gesuche an die Expertenkommission, die unter der Leitung von Professor Eugen Huber das neue Gesetzeswerk erarbeitete. Besonders verlangten sie im ehelichen Güterrecht den Stand der «Gütertrennung» und nicht den im ZGB vorgesehenen Stand der «Güterverbindung». Die letztere bedeutete nämlich, daß dem Mann die Verwaltung und das Nutzungsrecht des eingebrachten Frauengutes zugestanden und damit eine hyperpatriarchalische Machtausübung ermöglicht wurde.

Auf wiederholtes Drängen der Frauen nahm Eugen Huber endlich an einer Diskussion im BSF über die Postulate der Frauen teil. Er war überrascht, ja beinahe betroffen über die

Sachlichkeit und Informiertheit, mit der die Frauen die für sie wesentlichen Gesetze besprachen. Er beschloß darauf, eine Frauenvertretung in die Kommission aufzunehmen. Wer wurde gewählt? Etwa Helene von Mülinen? Keineswegs; eine Frau in einer Expertenkommission war damals völlig undenkbar. Vielmehr wurde der Dozent für Privatrecht an der Berner Hochschule, Professor Max Gmür, zu einer Art Ombudsmann für die Frauen erkoren. Er gab sich redlich Mühe. Einige Wünsche wurden auch tatsächlich berücksichtigt: zum Beispiel die Abschaffung der Geschlechtsvormundschaft und des Sohnsvorteils im Erbrecht, ferner die Einführung des gesetzlichen Sondergutes ins Eherecht.

Doch die Fortschritte waren bescheiden. Als die Arbeit am ZGB 1908 abgeschlossen wurde, äußerten sich alle Frauen, die für ihre Belange gekämpft hatten, enttäuscht und resigniert. Wir können ihnen ihre Bitterkeit nachfühlen; denn sie beanstandeten genau jene Artikel, die siebzig Jahre später in aller Offenheit als *Diskriminierung der Frau* bezeichnet werden. Indes die damaligen Gesetzgeber fürchteten, durch eine zu starke Berücksichtigung der weiblichen Wünsche das Werk unpopulär zu machen. Schließlich waren sie ja nur auf die Gunst des männlichen Souveräns angewiesen.

Ebenso intensiv befaßte sich der BSF mit dem neuen Strafgesetzbuch. Auch hier waren viele Neuerungen überfällig. Mittelalterlich mutet es uns an, daß der «Bund Schweizerischer Frauenvereine» 1904 einen Protest gegen das Todesurteil an der Kindsmörderin Frieda Keller bei den zuständigen Behörden einreichte.

So wuchs mit den Jahren das Ansehen und sogar ein gewisser Einfluß des «Bundes Schweizerischer Frauenvereine». Er wurde das eigentliche weibliche Parlament des Landes. Am 10-Jahr-Jubiläum, das zum Andenken an die Gründung in Bern gefeiert wurde, nahmen 66 Vereine mit insgesamt 20 000 Mitgliedern teil. Sichtlich bewegt sprach Helene von Mülinen:

«In allen Dingen haben uns die Frauen niemals die Hilfe versagt, vielmehr oft weitgehende Unterstützung geboten, so daß wir sie wie einen starken Wall um uns fühlen und uns ihrer aller freuen. Nach blendenden äußeren Erfolgen dürfen wir allerdings nicht fragen. Es bleibt noch viel, fast alles zu erlangen übrig; aber das ist auch nicht der Maßstab, nach dem eine so gewaltige Tatsache wie die Entwicklung der Frau und ihre Befreiung von veralteten Hüllen gemessen werden darf. Daß wir uns organisiert haben und uns finden und verstehen und – welchen Schichten des Volkes wir auch angehören – treu zueinander halten, daß alle Stände und Klassen in unserem Bunde vertreten sind, daß es in ihm keine Rangunterschiede gibt und alle einander ehren und werthalten, das ist das Große und Wesentliche, das wir erreicht haben.»

Tatsächlich nahm sich Helene von Mülinen in besonderem Maße der Arbeiterinnen und Bäuerinnen an und ermunterte sie zum Beitritt in den BSF. Sie gehörte in die Reihe der großen Feministinnen, denen zur Erlangung der Gleichberechtigung der Zusammenschluß *aller* Frauen – über alle Gesellschaftsschichten hinweg – als Ideal vorschwebte. Zu ihnen hatte schon Marie Goegg gehört, dann Camille Vidart, Meta von Salis, Emma Pieczynska und die im vorherigen Kapitel erwähnte deutsche Sozialistin Lily Braun. Allein, auch Helene von Mülinen mußte die bittere Erfahrung machen, daß die neue Parteipolitik ihre Bemühungen auf diesem Gebiet zunichte machte.

Die Sozialdemokratie war nach der Jahrhundertwende im Vormarsch. In ihren Reihen wirkten damals auch mehrere bedeutende Frauen mit. Auch sie suchten nun ihre Einflußsphäre über die Grenzen der Arbeiterklasse hinaus auszudehnen. 1906 wurde als Organ der Arbeiterinnenvereine die sehr gute «Vorkämpferin» lanciert. *Margarete Faas-Hardegger,* damals Sekretärin des Gewerkschaftsbundes, war die erste Redaktorin. Sie eröffnete die Zeitung mit einem glänzend formulierten Aufruf zum 1. Mai 1906. Er war gerichtet an «Euch, die ihr Euer Leben aufreibt in der Sorge um Euer tägliches Brot».

Ein weiterer Abschnitt lautete: «Euch endlich, die Ihr zu uns gehört, obschon Ihr Euch vielfach leider noch nicht zu uns

I. Jahrgang. No. 1. 1. Mai 1906.

Die Vorkämpferin

Offizielles Organ des Schweiz. Arbeiterinnenverbandes, vertritt die Interessen aller arbeitenden Frauen.

Für die kommende Nummer bestimmte **Korrespondenzen** sind jeweilen bis zum 20ten jeden Monats zu richten an die **Redaktion:** **Margarethe Faas-Hardegger, Bern.**	Erscheint am 1. jeden Monats. Einzelabonnements: Preis: Inland Fr. 1.— Ausland „ 1.50 } per Jahr	Paketpreis v. 20 Nummern an: 5 Cts. pro Nummer. (Im Einzelverkauf kostet die Nummer 10 Cts.)	**Inserate und Abonnementsbestellungen** an die **Administration:** **Buchdruckerei Conzett & Cie., Zürich.**

Euch, Frauen der Arbeit!

Euch, die Ihr Euer Leben aufreibt in der Sorge um Euer tägliches Brot. —

Euch, Ihr Hausfrauen, die Ihr Euer ganzes Sinnen einspannt in die alltägliche, unscheinbare und unbeachtetste Arbeit und die Ihr mit dem kümmerlichen Lohn Eueres Mannes Wunder der Sparsamkeit verrichtet!

Euch, Ihr Fabrikarbeiterinnen, die Ihr kaum der Schule entlassen, Euer Leben in die grauen Mauern pferchet, die Ihr in den Jugendjahren der Entwicklung Euere Lungen mit den giftigen Ausdünstungen und dem Staub der Fabrik anfüllt, die Ihr, über Euere Arbeit gekrümmt, stunden-, tage-, wochen-, monate-, jahrelang in Durchzug und in Glühhitze auf den kalten Stein- und Asphaltböden steht und Euere Körper untauglich macht zu gesunder Mutterschaft!

Euch, Ihr Heimarbeiterinnen, die Ihr in den dunklen Stuben und den kalten Mansarden Euch die Augen aus dem Kopf arbeitet und die Nacht zu Hilfe nehmt, um das Brot zu erringen, das die Arbeit eines ganzen Tages Euch noch nicht verschaffen konnte.

Euch, Ihr Taglöhnerinnen, Putz- und Waschfrauen, Euch Heimatlosen allen, die Ihr „im Dienst" und unter der Vormundschaft der glücklicheren Begüterten steht und „fremdes Brot" eßt!

Euch endlich, die Ihr zu uns gehört, obschon Ihr Euch vielfach leider noch nicht zu uns zählt, Ihr Verkäuferinnen, Bureaulistinnen, Gouvernanten, Lehrerinnen. Euch, Proletariat der Kopfarbeit, die Ihr mit Euern kargen „Gehältern" auf Kosten Euerer Lebenshaltung „repräsentieren" müßt, und die Ihr noch die Illusionen der „Dame" pflegt und ohne zu murren Demütigungen und Mißhandlungen erträgt, für die Ihr doch gerade dieser Illusionen wegen, doppelt empfindlich sein müßt.

Euch allen, Ihr arbeitenden Frauen, entbietet „**die Vorkämpferin**" ihren Gruß

zum 1. Mai!

Heraus! Ihr Mühseligen und Beladenen!
Heraus aus Eueren rasselnden Maschinensälen!
Heraus aus Eueren stickigen Ateliers!

Erste Nummer des Organs des Schweiz. Arbeiterinnenverbandes mit einem Aufruf von Margarethe Faas-Hardegger zum 1. Mai 1906.

zählt, Ihr Verkäuferinnen, Bureaulistinnen, Gouvernanten, Lehrerinnen, Euch Proletariat der Kopfarbeit, die Ihr mit Euern kargen ‹Gehältern› auf Kosten Euerer Lebenshaltung ‹repräsentieren› müßt und die Ihr noch die Illusionen der ‹Dame› pflegt und ohne zu müssen Demütigungen und Mißhandlungen erträgt, für die Ihr doch gerade dieser Illusionen wegen doppelt empfindlich sein müßt.»[6]

Dieser Appell war überzeugend. Die Sache hatte nur einen Haken, den z. B. die Lehrerinnen, die um Aufnahme in die Partei ersuchten, bald bemerkten. Die Sozialdemokraten wollten gar keine gebildeten Frauen in ihren Reihen. Frauen, die stumm der Parteiparole folgten; Frauen, die den Umzug zum 1. Mai verlängern halfen, das war angenehm. Aber Frauen, die selber dachten? Nein. So kam keine Sozialistin in der Schweiz je wirklich zum Zuge – auch Verena Conzett nicht. Die erwähnte Margarete Faas wurde ebenfalls nach drei Jahren hingebender Tätigkeit kaltgestellt.

Der Bemühung allerdings, die Frauen in ein «bürgerliches» und ein «sozialistisches» Lager auseinanderzureissen, wurde ein voller Erfolg zuteil. Am «Internationalen Sozialistenkongreß» in Kopenhagen 1910 erfuhren die Schweizerinnen, daß es ihnen – bei Ausschluß aus der Partei – verboten war, sich neutralen oder bürgerlichen Verbänden anzuschließen. Daraufhin schieden die vier angeschlossenen Arbeiterinnenvereine betrübt aus dem BSF aus.

Nun doppelten – nach alter Methode – auch die Priester nach und bewogen die katholischen Arbeiterinnenvereine, den BSF zu verlassen. Diese Verluste schmerzten Helene von Mülinen tief.

Dann brach der erste Weltkrieg aus und brachte den Frauen viele zusätzliche Aufgaben. Ihre feministische Tätigkeit aber setzten sie unentwegt fort, ja ihr Elan schien größer als je. 1915 lancierte die Berner Lehrerin und Historikerin *Dr. Emma Graf* (1865–1926) das bedeutende Dokumentarwerk «Jahrbuch der Schweizerfrauen». Es enthielt Beiträge in allen drei Landessprachen, und dies in jenem historischen Moment, da der berüchtigte Graben zwischen der deutschen und der französischen Schweiz so breit klaffte wie nie.

Weit gefährlicher allerdings als der Gegensatz zwischen Alemannen und Welschen erwies sich nach dem Kriegsende der Abgrund zwischen den bürgerlichen und den Linksparteien. Hungersnotähnliche Zustände schürten den Haß auf der einen und die Angst auf der andern Seite. Der Generalstreik wurde vorbereitet.

Die Frauen litten unter diesem latenten Bürgerkriegszustand. Sogar die damals militanteste Sozialistin, Rosa Bloch-Bollag – Inhaberin eines Bijouteriegeschäftes, Präsidentin der sozialdemokratischen Arbeiterinnenvereine, Mitglied des Oltener Aktionskomitees und der sogenannten Zimmerwalder-Linken –, riet an den Sitzungen der Parteivorstände zur Mäßigung: man wolle keine Revolution, sondern den befristeten Generalstreik, um einige Forderungen durchzusetzen.[7]

Nach dem Schock des blutig niedergeschlagenen Generalstreiks brachte die Zürcher Frauenzentrale ein Flugblatt mit folgendem Inhalt unter das Volk: «Ganz anders als bisher müssen wir dafür eintreten, daß jeder Schweizer sich in seinem Lande wohl fühlen kann. Mit Rat und Tat, mit treuer Arbeit und finanziellen Opfern, mit dem Stimmzettel und unserem persönlichen Einfluß müssen wir für die gerechten Forderungen der Arbeiterschaft einstehen.»

Speziell an die Adresse der Arbeiterfrauen waren die Worte gerichtet: «Wir brauchen Eueren Rat und Euere Hilfe, wenn es besser werden soll, Euer Vertrauen und Euere Mitarbeit an dem Bau der neuen Ordnung. Ihr sollt uns sagen, wo es Euch fehlt, und wie Ihr glaubt, daß Euch geholfen werden kann. Wir wollen mit-, nicht gegeneinander arbeiten.»[8] Dies war nicht nur graue Theorie. Die bürgerlichen und die Arbeiterfrauen kamen von da an wöchentlich zu Besprechungen zusammen. Es zeigte sich aber bald, daß die Arbeiterinnen eigentlich nur *eine* Forderung zu stellen hatten, die alle anderen in sich schloß: höhere Löhne. Den bürgerlichen Frauen blieb nichts anderes, als ihre Männer zu bitten, die Arbeiter besser zu bezahlen, wobei diese wohl meist zur Antwort gaben: «Davon verstehst du nichts.» Im Untergrund spürten die Frauen, wie Gewinnstreben und Parteihader ihrer eigenen «Sache», dem Streben nach Gleichberechtigung, Abbruch taten.

Dabei hatte sich die große politische Landschaft nach dem Krieg (zunächst) sehr zugunsten der Frauen verändert. Zu den Ländern, welche bereits das Frauenstimmrecht besaßen, wie Australien, Neuseeland, einige US-Staaten, Finnland, Norwegen, Dänemark und Holland, kamen nun die neugebildeten Staaten Sowjetunion und Tschechoslowakei hinzu. Ferner führten durch Parlamentsbeschluß Deutschland, England, Luxemburg, Schweden, Österreich, Polen und die Gesamtheit der US-Staaten das Frauenstimmrecht ein.

Wie konnte es da in der Schweiz fehlen, die sich rühmte, die älteste Demokratie Europas zu sein? Tatsächlich spüren wir in den Frauenblättern jener Zeit wie ein Vibrieren hinter den Worten; zwischen den Zeilen klingt es wie ein unterdrückter Jubel, kaum formuliert, aber deutlich vernehmbar und voller Hoffnung: Es kommt! Es *muß* kommen!

In Tat und Wahrheit wurden Ende 1918 zwei Motionen, eine von sozialdemokratischer und eine von radikaler Seite, zur Verankerung des Frauenstimmrechts in der Bundesverfassung im Nationalrat eingereicht. Es waren die Motionen Greulich und Göttisheim.

Natürlich sollten auch die Frauen ihre Meinung dazu äußern. Eine Sondersitzung des «Bundes Schweizerischer Frauenvereine» wurde dazu einberufen. Sie fand am 22. Januar 1919 statt und sollte im Grunde in jedes schweizerische Geschichtsbuch eingehen.

Zwei von den nunmehr alt gewordenen Gründerinnen – sie standen beide im 70. Lebensjahr – entschlossen sich, persönlich zu den Frauen zu sprechen. Es waren dies die noch rüstige Präsidentin Pauline Chaponnière-Chaix und die schon sehr leidende Helene von Mülinen, die wohl kein anderes Traktandum als eben das Frauenstimmrecht aus ihrer Krankenstube getrieben hätte. Es sollte ihre letzte Rede überhaupt sein. Ihre Haare waren schneeweiss geworden, ihre Stimme klang leise und – vielleicht auch vor innerer Erregung – zitternd, aber doch klar und direkt ins Herz treffend wie eh und je. Ihre altmodisch gewordene Sprache, in der immer das Berndeutsche durchklang, wirkte archaisch, als wäre eine Prophetin aus der Vorzeit auferstanden:

«Und so trete ich vor Euch mit der Bitte und der Forderung: Wendet Euch nicht ab wie der Pharisäer und der Levit, wo die Not am Wege liegt, schafft Abhilfe! Ergreift die Hand, die sich nach Euch ausstreckt und gebt Eurem Vorstande Vollmacht und Auftrag, vor die oberste Behörde, die Bundesversammlung, zu treten und zu heischen, daß den Frauen Platz gemacht werde in ihrer Mitte.»

Dabei sahen ihre großen dunklen Augen in die Ferne, als erblickten sie den Anbruch eines neuen, gerechteren Zeitalters.

Und die Frauen verstanden die Forderung der neuen Zeit und waren bereit, ja zu ihr zu sagen. *Sie traten einstimmig für das Frauenstimmrecht ein.* Eine entsprechende Botschaft wurde ausgearbeitet und an die Bundesversammlung weitergeleitet.

Es war die letzte Freude im Leben Helene von Mülinens.

Das Leben Helene von Mülinens

Im Gegensatz zu den bisher geschilderten Frauen gibt es von Helene von Mülinen viele Dokumente. Am wertvollsten sind die von ihr erhaltenen rund zwanzig Vorträge und Aufsätze, ferner die Briefe an das mit ihr befreundete Ehepaar Schlatter.[9]

Die geistige Existenz dieser bedeutendsten Führerin der Schweizer Frauenbewegung kann auf den einzigen Begriff «Leiden» reduziert werden. Keine der Pionierinnen litt wie sie unter den Einschränkungen, die dem weiblichen Geschlecht damals auferlegt waren. Vielleicht war gerade darum ihre Wirkung so stark.

Helene von Mülinen kam 1850 als zweites Kind des Egbert Friedrich von Mülinen und seiner Gattin Sophie (geb. von Mutach) auf die Welt. Ihre Kindheit unterschied sich kaum von der anderer Berner Patriziertöchter. Den Vater erwähnt sie nie; doch muß sie von ihm ihre liberalen Neigungen geerbt haben. Egbert Friedrich von Mülinen hatte sich seiner demokratischen Sinnesart wegen seinen Kreisen entfremdet. Als einziger Berner Aristokrat war er seinerzeit für das Volksreferendum eingetreten. Er konnte sich indes in der neuen radikalen Gesellschaft nicht durchsetzen. Man nahm dem vornehmen Herrn die volkstümlichen Neigungen nicht ab. So zog er sich verbittert in seine Bibliothek zurück und betrieb private historische Studien – hierin Ulysses Adalbert von Salis nicht unähnlich.[10]

Das große Hauswesen, aber auch alle wichtigen Entscheidungen über die Erziehung der sieben Kinder – auf die drei Töchter folgten noch vier Söhne – überließ Egbert Friedrich von Mülinen seiner tatkräftigen und willensstarken Gattin.

Helene, nachdenklich, wissensdurstig und sehr intellektuell, hatte in ihrer Jugend nur vier Bücher zur Verfügung: eine Kinderbibel, eine Schweizergeschichte, die Sagen des klassischen Altertums und Grimms Märchen. Zwei Stunden täglicher Privatunterricht bei einem Theologiestudenten genügten, um Lesen, Schreiben und Rechnen zu lernen. Vom elften bis dreizehnten Lebensjahr besuchte Helene eine Mädchenprivatschule. Es folgte der übliche Welschlandaufenthalt. Dieser offenbar kargen Ausbildung zum Trotz wurde Helene von Mülinen die gebildetste Persönlichkeit, welche die Schweizer Frauenbewegung in den vergangenen hundert Jahren aufzuweisen hatte.

Aus der Welschschweiz kehrte Helene als schöne junge Dame nach Bern zurück. Doch trotz ihres anmutigen Tanzes, ihres glänzenden Klavierspiels, ihrer charmanten Unterhaltungsgabe, ja trotz ihrer vielen Verehrer stellte sich der übliche Freier nicht ein. Im «Kleinen Stammbuch» findet sich ein Hinweis darauf, daß der einzige Bewerber, der den Eltern genehm

Helene von Mülinen.
Oben rechts: 18jährig, links: ca. 40jährig.
Unten: Altersbildnis.

gewesen wäre, an Schwindsucht starb. Dies zeigt nur allzu deutlich, daß die adelsstolzen Eltern in ihrer Besorgnis, die Tochter möchte keinen «standesgemäßen» Gatten finden, ihr endlich alle Heiratschancen zerstörten. Helene übte nämlich gerade auf geistvolle oder künstlerisch begabte Männer, die nicht der Berner Aristokratie entstammten, eine große Anziehungskraft aus. Das führte zu mehreren heimlichen Verlobungen, endlich in ihrem 40. Lebensjahr zur fest bestellten und verkündeten Hochzeit.

In der Meinung, daß sie wahrscheinlich ledig bleiben werde, dachte Helene zunächst an eine Laufbahn als Künstlerin. Mit Eifer und Fleiß widmete sie sich dem Klavierspiel. Doch die Familie beklagte sich über ihr ständig störendes Üben. So wandte sich Helene den «unhörbaren» Wissenschaften zu. An der Universität, die seit 1872 den Frauen offenstand, begann sie Vorlesungen zu besuchen.

Helene von Mülinens Neigung galt der Theologie und der Philosophie. Daß sie instinktiv den richtigen Weg wählte, ist im nachhinein leicht zu beurteilen. Sie vereinigte alle Eigenschaften in sich, die man auch heute noch von einem guten Pfarrer – oder einer Pfarrerin – erwartet: einen echten, wenn auch keineswegs unangefochtenen Glauben, ein leidenschaftliches Interesse an theologischen Fragen, eine hohe ethische Auffassung vom Leben, eine große Rednergabe und Leichtigkeit im Umgang mit verschiedensten Menschen. Helene konnte sich zudem in die Nöte und Probleme anderer Menschen einfühlen und besaß die seltene Fähigkeit zuzuhören.

Mit ihrer Intelligenz und ihrer freimütigen Art, ihre Meinung zu vertreten, fiel Helene von Mülinen den Professoren bald angenehm auf. *Adolf Schlatter,* damals Privatdozent für Kirchengeschichte, später ein berühmter Professor in Deutschland und Verfasser zahlreicher theologischer Werke, wandte sich an Frau von Mülinen mit dem Vorschlag, die begabte Tochter den Dr. phil. machen zu lassen. (Das theologische Konkordatsexamen war den Frauen noch vierzig Jahre lang verwehrt.)[11]

Die Mutter lehnte ab!

Frau von Mülinen meinte es nicht böse. Für sie war das gar keine Frage, die diskutiert werden konnte. Noch nie hatte eine Dame aus der Berner Aristokratie studiert, also würde es auch nie eine tun. Das schickte sich nicht; das überstieg «die gottgewollte Schranke des Weibes». Niemand hatte deswegen eine schlaflose Nacht; niemandem schien der leidenschaftliche Wunsch der Tochter einen Familienrat wert; niemand erkannte, was Helene von Mülinen später in die Worte faßte: «Meine Mutter meinte es gut und treu; aber sie hat mein Leben zerschmettert.»

Dabei war der Familie von Mülinen die besondere Intelligenz Helenes durchaus bewußt, und alle gaben zu, daß sie die Gescheiteste von allen sei. Seit Jahren profitierten die vier jüngeren Brüder und bald auch die Nichten und Neffen gratis von ihren Musik- und Sprachstunden. Auch in einer Privatschule half Helene jahrelang aus, ohne je einen Lohn zu beanspruchen, wie es sich eben für eine Dame gehörte.

Folgende treffende Schilderung findet sich im «Kleinen Stammbuch»:

«In der Tat besaß sie einen äußerst regen, rasch fassenden Geist, der sich gewandt in alle Gebiete einlebte. Deutsch, Französisch und Italienisch waren ihr fast gleich vertraut; Englisch sprach und schrieb sie in der Folge mit Vergnügen. Gründliche Kenntnisse erwarb sie sich auch im Lateinischen und Griechischen, und selbst vor dem Studium des Hebräischen schreckte sie nicht zurück. Die Sprachen waren ihr aber nicht Selbstzweck, sondern nur die Pforte für die Literaturen der verschiedenen Völker, in denen sie – weit über das Mittelmaß auch gebildeter Männer – bewandert war. Besondere Neigung zeigte sie für Geschichte und Philosophie, als deren größten Vertreter sie Platon verehrte, und für Religion und Kirchengeschichte, wo sie sich sogar manchem Theologen überlegen erwies. Diese Resultate konnte sie erzielen bei ihrem unlöschlichen Wissensdurst, bei ihrem zuverlässigen Gedächtnis, welches ihr das schon Erworbene stets zur Verfügung stellte, und ihrem klaren Verstand, der den Dingen auf den Grund ging.»

Es ist kaum verständlich, warum Helene den Kampf um das Studium so rasch aufgab. War es die alte Gewohnheit, sich in «kindlichem Gehorsam» und «christlicher Demut» der willensstarken Mutter zu unterwerfen? War es das Schreckgespenst der von Mülinenschen Sippe, das Geld könnte nicht ausreichen? Glaubte sie, als einfache «Auditorin» – das Äußerste, was ihr die Eltern gestatteten – genug Nahrung für ihren Geist zu finden? Helene von Mülinen war viel zu klug und zu aufrichtig gegen sich selber, als daß ihr nicht mit der Zeit aufgegangen wäre, wie sehr ein nicht regulär betriebenes und abgeschlossenes Studium eine halbe Sache bleibt. So schrieb sie am 5./7. Januar 1889 an Professor Schlatter:

«Sie können sich's ja wohl alles vorstellen, die ganze heiße Bitterkeit, die es kostet, zu realisieren, daß man vergeblich, nutzlos gelebt hat, sowohl als die trotzigen vorwurfsvollen Gedanken, daß Gott einen zu etwas machte, was man nicht sein darf... Mein ganzes Leben lang hat Gott mir stets mit der einen Hand Dinge hingehalten, die er mit der anderen wieder nahm – gab mir Männerstrebungen und schloß mich in einen Käfig von Vorurteilen ein, die keine Kraft zu öffnen, die positive, *handelnde,* dauernde Rebellion allein zu öffnen vermocht hätte. Meine Mutter meinte es gut und treu; aber sie hat mein Leben zerschmettert. Es ist mir dies erst im Laufe dieses Jahres *ganz* klar geworden, als ich *endlich* einsah, daß ein Autodidaktentum wie das meine eben *nichts* ist, zu *nichts* führt, keine brauchbaren Früchte reifen machen kann. Tätigen Anteil zu nehmen am Geistesleben der Menschheit – dieses eine Ziel und Ideal meines Wesens – wurde mir unmöglich gemacht, und damit ist alles für mich verloren und das Leben *nur* Qual und Last... Es war Schwäche, mich zu bücken... ich sehe es jetzt bitter und empört ein, aber freilich vergeblich.»

Erstaunlich bleibt, mit welchem äußersten Mut Helene von Mülinen diese schmerzvollen Gedankengänge zu Ende denkt.

Sie macht sich nichts vor, flüchtet vor der Realität nicht in ihrgendeine Illusion oder einen billigen Trost. «Das Streben nach Wahrhaftigkeit ist das einzige, was mir geblieben; ich meine das einzige, was mich nicht verlassen wird», schreibt sie am 28. Aug. 1889. Und ausführlicher berichtet sie am 17. Jan. 1889:

«In nur zu vollem Maße habe ich die Erfahrung gemacht, wie wahr ein Anonymus sprach, als er in einem Artikel, betitelt ‹Das Geistesproletariat Berlins›, sagte: ‹Denn wer beim besten Willen nicht imstande ist, für das erworbene Wissen Verwertung zu finden, der ist einem zwecklosen Kampfe preisgegeben, welcher zumeist zu einer Erschlaffung des Willens führt.› Ein Theologie studierender Mann findet eben praktische Anstellung und Verwertung seines geistigen Kapitals. Die innerlich ringenden und durchkämpften Probleme finden bei ihm einen natürlichen Ausfluß nach Außen hin. Er kann immer wieder gesunden am Kontakt mit der Arbeit, an seinem Wirkungskreis. Bei einer Frau – wenigstens wenn sie von eisernen Vorurteilen umhegt ist, wie ich es bin – ist gar kein natürlicher Ausfluß möglich, es frißt alles nach Innen, bis das Mark zerstört und der Glaube gestorben ist – gestorben, d. h. verhungert aus Mangel, sich auszuleben.»

Es liegt auf der Hand, daß Lebens- und Glaubenskrise hier identisch sind. All das verschlimmert sich noch. Im Sommer 1889 gesteht Helene der Gattin Schlatters:

«Schicksal, Verhältnisse und die über mich gesetzte Autorität haben so lange gerungen, meine große Selbständigkeit, Selbstbestimmungsfähigkeit und meinen Freiheitsdurst zu brechen, bis sie gesiegt haben, aber so vollständig gesiegt, daß ich nun eben gar nichts mehr bin und kann, nichts mehr wollen und nichts mehr unternehmen kann. So bin ich zur reinsten Maschine geworden, tue automatisch, was man mich heißt. Wenn Sie einen absoluten Ruin und Zusammenbruch sehen wollen, so schauen Sie mich an – das tat man aber alles im Namen Gottes.»

Der familiäre Zwang, unter dem Helene stand, hatte ihre Lebenskraft untergraben. Rückenschmerzen stellten sich ein, die auf die Glieder ausstrahlten und sie zeitweilig lähmten. Ein getreueres Abbild ihres seelischen Zustandes konnte der Körper nicht bieten.

Während dieser Leidenszeit spielte sich noch eine seltsame Liebesgeschichte ab. Mit über 35 Jahren begegnete Helene von Mülinen einem Prediger der Neuapostolischen Gemeinde, Dr. Alphons Waringer. (Im «Stammbuch» wird betont, sein Vater habe noch «von Waringer» geheißen.) Dieser verliebte sich in Helene und wollte sie heiraten. Sie versuchte vergeblich, ihn durch Hinweisen auf ihre Kränklichkeit und ihre «Untüchtigkeit» abzuschrecken. Er umwarb sie weiter.

Im Grunde aber fürchtete sich Helene von Mülinen vor der Ehe. Sie glaubte, mit ihrer Nervosität einen Lebenspartner allzusehr zu belasten. Zudem hatte sie Angst, es in einem Sektenmilieu auf die Dauer nicht auszuhalten. Daß aber die Verbindung mit einem Bürgerlichen den Bruch mit der Familie bedeutete, war ihr – in reiferen Jahren – gleichgültig geworden.

Das Verhältnis zog sich einige Jahre hin, bis der geduldige Bräutigam im Frühling 1890 ein Ultimatum stellte. Darauf – gab Helene ihr Jawort.

Warum? Schon Helenes Kampf mit der Mutter um ihr Studium zeigte, daß sie offenbar unfähig war, auf die Dauer einen entschlossenen Widerstand zu leisten. Auch gestand sie Frau Schlatter, daß sie fürchte, mit einem Nein «den letzten Rest von Freundlichkeit, den Gott meinem Leben gelassen hat», auch noch zu verscherzen.

Freudlos rüstete sie sich zur Heirat. Wenige Tage vor der festgesetzten Trauung befielen sie unerträgliche Schmerzen. Der herbeigerufene Arzt konstatierte einen großen Unterleibstumor. Helene mußte sich sofort einer Operation unterziehen, deren Ausgang ungewiß war. Zur Verwunderung aller betrat sie gefaßt, beinahe heiter, das Salemspital. Mit dem Leben, das in ihren Augen ohnehin verpfuscht war, hatte sie innerlich abgeschlossen.

Die Operation fand am vorgesehenen Hochzeitstag, dem
1. Juli, statt. Der Eingriff gelang, und Helene genas, wenn
auch sehr langsam. Mit der körperlichen Gesundung ging die
seelische einher. Merkwürdigerweise kehrte auch der verlorene Glaube zurück. Am 24. September 1889 schrieb Helene
an Adolf Schlatter: «Der jahrelange Druck, die Bitterkeit und
der Haß waren mit Einemmal von mir genommen, und stattdessen leuchtete mir Gottes Güte.»

Jetzt stand für Helene fest, daß «das furchtbare Veto, das
Gott dieser Ehe entgegengesetzt hat», ernst zu nehmen sei. In
aller Behutsamkeit löste sie sich von ihrem Bräutigam. Trotz
des Trennungsschmerzes war ihr Zustand – wie bei allen, die
ein schweres Leid zu Ende gekämpft haben – von heiterer
Mattigkeit.

Im Februar 1891 schrieb sie an Frau Schlatter:

«Wer mir gesagt, als ich jung und unaussprechlich strebsam
war, daß ich vor der Zeit gebrochen liegen würde – zu allem
und zu jedem Wirken unfähig, ganz still und ganz zufrieden
mit nichts . . . –, den hätte ich entrüstet angefahren und hätte
ihm nimmer geglaubt. Wunderlich, ich fühlte mich zum Wirken und Schaffen geboren, und es wurde mir genommen, und
ich mußte das andere, Größere lernen: Leiden. Vielleicht war
dies doch noch das Größere, es wurde mir wenigstens schwer
genug, ich fürchte Leiden nicht mehr und bin nur noch um
eins besorgt: nie mehr etwas zu wünschen und zu wollen, ich
meine: für mich zu wollen . . .»

Während dieses wohltuenden, auf die Dauer aber auch gefährlichen Zustandes der Lethargie trat Emma Pieczynska in
ihr Leben. Rückblickend auf diese Begegnung schrieb Helene
von Mülinen zwanzig Jahre später:

«Als ich nun glaubte, daß mein Leben endgültig nutzlos
sein würde und ich mich darein ergeben hatte, lernte ich
meine jetzige Gefährtin Emma Pieczynska-Reichenbach kennen, deren Energie und organisatorischem Talent es gelang,
mir noch einmal Lebensmut einzuflößen und verwerten zu
helfen, was mir an Leistungsfähigkeit geblieben war. Es wurde

ein wundersames Zusammenleben zwischen uns beiden, die Gemeinsamkeit der Überzeugungen und Bestrebungen, derselbe Durst nach Gerechtigkeit auf Erden, dieselbe Liebe zum Volke verband unsere so verschieden gearteten und geführten Naturen zu einem festen Ganzen und machte beiden die Arbeit möglich. ... Durch sie lernte ich überhaupt, wie und was Frauen arbeiten können und sollen, und ihrer Anregung verdanke ich, was ich etwa noch in der Frauenbewegung und in der sozialen Arbeit an unserem Volk habe tun dürfen.»[12]

Ein schöneres Zeugnis einer Freundschaft kann man sich kaum denken. Für Helene war von entscheidender Bedeutung, daß sie und Emma ab Mitte der neunziger Jahre gemeinsamen Wohnsitz nahmen. So konnte sie sich endlich von ihrer Sippe lösen. Emma kam für die Kosten auf, Helene führte im Entgelt dafür den Haushalt. Siebzehn der fast dreißig gemeinsamen Jahre verbrachten sie in der «Wegmühle», einem alten heimeligen Haus in Bolligen bei Bern. Nach der Gründung des BSF wurde daraus fast so etwas wie ein Wallfahrtsort für emanzipierte Frauen aus aller Welt. Dabei kam es gelegentlich zu reizvollen Begegnungen. Zum Beispiel wenn die Präsidentin des Frauenweltbundes, die aus dem britischen Hochadel stammende Marchioneß Aberdeen, und die Berner Sozialistin Marie Adam gleichzeitig in der «Wegmühle» eintrafen und dann auch einträchtig in derselben Kutsche nach Bern zurückkehrten.

Helenes Verständnis für die Arbeiterinnen hielt durch ihr ganzes Leben an, obgleich ihr – wie allen Feministinnen – unliebsame Erfahrungen mit Sozialistinnen nicht erspart blieben, und dies obgleich sie Mitglied der «Christlich-Sozialen Gesellschaft» war. Sie konnte sich aber nur allzuleicht mit den rebellischen Gefühlen der Arbeiterklasse identifizieren. Schon früher hatte sie an Frau Schlatter geschrieben:

«Wundert es Sie, daß ich Sozialistin bin und der wildeste Revolutionär in mir sympathetische Saiten findet, daß ich nicht nur allen Mißbrauch der Autorität, sondern geradezu alle ererbte Autorität hasse ...»

Und noch in einer Rede von 1908 findet sich die für Helene so bezeichnende Wendung: «Unsere Brüder, die Sozialdemokraten...»

Ihr ehemaliger Beichtvater, Adolf Schlatter, konnte allerdings die Hinwendung Helenes zur sozialen Tätigkeit nicht so recht begreifen. Das gab er ihr durch seine Frau auch deutlich zu verstehen. Darauf antwortete Helene von Mülinen: «Und was Ihren Mann betrifft, so sagen Sie ihm, daß es mich bis ins Innerste erschüttert hat, daß dem Theologen die Not so vieler Mitmenschen um ihn herum so fremd geblieben ist und ihn so kalt gelassen hat. Von ihm, dem Gottesgelehrten ... sollte uns auch etwas Besonderes von Gottes Erbarmen. ... zuteil werden. An seinem Beispiel erkenne ich tief ergriffen, warum die Kirche fehlgegangen ist und es nicht verstanden hat, der Welt den Heiland zu bringen. In hohen Spekulationen hat sie sich ergangen ..., aber den Schrei der Not und Verzweiflung derer, die da umkommen, die da hungern nach dem Brot der Gerechtigkeit für alle, hat sie nicht gehört, nicht beachtet und ist vorübergegangen. Darum hat sie ihre Aufgabe nicht erfüllt und wird abgetan werden, um einem andern Platz zu machen. Ja, tief erschüttert hat mich Ihr Brief, und weil ich Sie beide lieb habe, kann ich es nicht verschweigen.»

In der Freundschaft zwischen den beiden Führerinnen der Schweizer Frauenbewegung war freilich Emma Pieczynska nicht allein die Gebende, wie es Helene von Mülinen in ihrer Bescheidenheit dargestellt hatte. Es kam die Zeit, da sie das von Emma Empfangene vielfach zurückerstatten konnte. Kaum hatte sich nämlich Helenes Gesundheitszustand etwas gefestigt, kamen die schweren Prüfungen für Emma. Sie war womöglich noch kränklicher als ihre Freundin. Ein Ohrenleiden, das sich schon lange bemerkbar gemacht hatte, führte gegen Ende des Studiums zur starken Schwerhörigkeit. Emma Pieczynska sah sich außerstande, das medizinische Staatsexamen abzulegen. Es war ein schwerer und kaum zu verwindender Schlag für die begabte Frau.

Glücklicherweise hatte sie sich in der sozialen Arbeit schon so engagiert, daß ihr doch ein weites Tätigkeitsfeld blieb. Gemeinsam mit Helene von Mülinen gründete sie das Frauenheim «Daheim», dann 1906 ihr größtes Werk, die *«Soziale Käuferliga»*, die sich besonders der ausgebeuteten Verkäuferinnen annahm. Fast bis an Lebensende war sie Präsidentin dieser Organisation.

Im übrigen zog sie sich nach Art der Schwerhörigen allmählich an den Schreibtisch zurück. Sie führte eine gewaltige Korrespondenz und schrieb mehrere Bücher. Ferner verfaßte sie gemeinsam mit Helene von Mülinen das erste schweizerische Aufklärungsbuch für die Jugend, «L'école de pureté» (1897), deutsch: «Reinheit» (1901), das mehrere Auflagen erzielte und in viele Sprachen übersetzt wurde. Neben Meta von Salis war Emma Pieczynska die fruchtbarste Schriftstellerin der Schweizer Frauenbewegung. Wie jene übersetzte sie auch Werke aus fremden Sprachen.

Helene von Mülinen dagegen führte nicht die leichte Feder ihrer Freundinnen. Jeden Aufsatz und jeden Artikel mußte sie ihrer schwerblütigen Natur abringen. Zu spät hatte sie sich zu der Erkenntnis durchgerungen, «daß ich befähigt und daher berechtigt sei, etwas anderes zu tun, als zu flicken und zu stricken».

Ungebrochen war dagegen ihre Rednergabe, und so wurde sie überallhin zu Vorträgen eingeladen. Besondere Bewunderung erregte ihr im «Séminaire d'activité chrétienne» in Genf gehaltenes Referat *«La femme et l'Evangile»*. Sie wies in ihm die historische Bedingtheit des Paulus-Wortes, wonach «die Frauen in der Gemeinde schweigen sollen», nach und zeigte die große Rolle auf, welche die Frau im Urchristentum gespielt hatte.

Großen Anklang fand auch ihr Vortrag vor der Berner Studentenschaft im Jahre 1908 über das «Frauenstimmrecht». Hier – wie immer, wenn sie vor der Jugend sprach – machte sich auch ihr Humor bemerkbar:

«Und wenn Sie mich erschrocken fragen, ob wir Frauen denn auch in die Behörden gewählt werden wollen und etwa gar glauben, es könnte in ferner Zukunft einmal jemand von uns Bundesrat werden, so möchte ich die Gegenfrage stellen: Warum nicht? Wenn eine Maria Theresia unter uns wäre, warum sollte sie nicht im Bundesrat sitzen? Ist es nur monarchischen Ländern gestattet, tüchtige Frauen als oberste Regentinnen funktionieren zu lassen? Sollen demokratische Staaten davon ausgeschlossen sein? Wollen Sie eine Maria Theresia, wenn Sie eine haben, zum Strümpfestopfen verwenden oder in einer Fabrik zum Schokoladewickeln?»

Trotz der veralteten und oft etwas umständlichen Formulierung spürt man in Helene von Mülinens Vorträgen immer wieder ihre ethische Kraft, ihre selbständige und unerschrockene Denkweise und ihre Originalität. Auffallend und unverkennbar ist auch die Direktheit, mit der sie die Zuhörer angeht.

Nach siebzehn fruchtbaren Jahren in der «Wegmühle» mußten die drei Frauen – Helenes ältere Schwester Cécile hatte sich noch dazugesellt – das ihnen liebgewordene Haus verlassen. Der im Krieg verarmte Besitzer war genötigt, es zu verkaufen. Obwohl ihnen die Brüder von Mülinen den Bezug eines eigenen Häuschens ermöglichten, wurden die Frauen nicht mehr heimisch in der Stadt. Auch in der Welt hatte sich erschreckend viel verändert. Die Parteistreitigkeiten und die gewaltigen Rückschläge der Frauenbewegung verdüsterten den Lebensabend der Freundinnen.

Helene von Mülinen hatte einst auf Wunsch verschiedener Bekannter einen Lebenslauf geschrieben, den sie scherzhaft ihren «Nekrolog» zu nennen pflegte. Er endete mit den Worten:

«Wenn ich nun, müde von der Arbeit, und nach der himmlischen Gerechtigkeit mich sehnend, meine Augen richte nach dem Licht, das immer näher kommt, so ist der Dank, dass ich doch ein Weniges tun durfte, die Summe meines Lebens.» [13]

Nach langen Leiden starb Helene von Mülinen am 11. März 1924.

Stillstand

Die geplante Revision der Bundesverfassung, von der eine Zeitlang jedermann geredet hatte, unterblieb. So konnten auch die unbequemen Motionen Greulich und Göttisheim in die Schublade versenkt werden. Nationalrat und Bundesversammlung hatten sich ohnehin die alte Auffassung von Carl Hilty zu eigen gemacht (vgl. S. 31), das Frauenstimmrecht müsse von unten nach oben eingeführt werden, zuerst in den Gemeinden, dann in den Kantonen und zuletzt im Bund.

Schon während des Krieges hatte sich die Lehrerin Dr. Emma Graf bemüht, die Berner Gemeinden für die Gleichberechtigung der Frau zu gewinnen – ohne Erfolg. Es schien doch, daß vorläufig die *Kantone* den besten Boden für diese revolutionäre Neuerung bildeten. So rüsteten sich denn nach langen und umständlichen Vorbereitungen in den Jahren 1919–1921 sechs Kantone zu Volksabstimmungen über die Einführung des Frauenstimmrechts. Es waren dies zwei welsche, *Neuenburg* und *Genf,* dazu vier alemannische, *Basel-Stadt, Zürich, Glarus* und *St. Gallen.* Natürlich ist es im Rahmen dieses Buches nicht möglich, den Verlauf des Abstimmungskampfes in allen sechs Gauen zu verfolgen. Wir beschränken uns auf den besonders interessanten Fall Basel-Stadt, der als Modell für die andern gelten darf.

Kampf um Schwangerschaftsabbruch und Frauenstimmrecht in Basel

Was war in Basel geschehen, daß diese alte Römerstadt – in ihrem Charakter noch konservativer als Bern – plötzlich derart avantgardistische Sprünge machte?

Plakat der Sozialistischen Partei Basel, 1920.

Bekanntlich hatte die Basler Universität zwanzig Jahre nach allen andern Schweizer Hochschulen endlich den Frauen (in der Professorensprache nur *viragines* genannt) die Pforte einen Spalt breit geöffnet. Die erste Studentin, die Medizinerin Emilie Frey, wurde auf der Straße von den Gassenbuben verfolgt und ausgepfiffen; sie riefen: «D Studäntin kunnt, d Studäntin kunnt!»[1]

Das harte Pflaster dieser Stadt war aber bereits aufgelockert worden von der großen Sozialreformerin *Lily Zellweger-Steiger* (1862–1914). Im ganzen Volk war sie als «Frau Pfarrer Zellweger» bekannt, obgleich ihr Gatte längst nicht mehr Pfarrer, sondern Redaktor an den «Basler Nachrichten» war. Die tatkräftige Appenzellerin, die ihren heimischen Dialekt nie verleugnete, hatte den «Frauenverein zur Hebung der Sittlichkeit» zu einer vielseitigen Organisation ausgebaut, welche mehrere eigene Heime und Asyle betrieb. Sie hatte es auch verstanden, die sonst so zurückhaltenden Damen der Stadt in großer Zahl zur Mitarbeit zu gewinnen.

Mit der Gründung eines Frauenstimmrechtsvereins ließen sich die Baslerinnen dagegen Zeit. Es bedurfte 1916 einer zündenden Rede der – eigens zu diesem Zweck eingeladenen – Genferin Emilie Gourd, um endlich das Feuer der Emanzipation auflodern zu lassen. Schon im ersten Jahr zählte die *«Vereinigung für Frauenstimmrecht Basel und Umgebung»* 113 Mitglieder. Bis in das aufregende Jahr 1920 waren es 345. Die Lehrerinnen spielten darin eine auffallend große Rolle – wie sonst nirgends in der Schweiz. Dies sollte so bleiben und sich noch 1959 im berühmten Basler Lehrerinnenstreik manifestieren.[2]

Der andere Grund zu Basels «stürmischer» Entwicklung war die Zunahme der Industrie, die starke Vermehrung der Arbeiterschaft und damit der politisch linksstehenden Parteien. Zum Großen Rat gehörten nach dem Krieg eine Mehrzahl von sozialistischen und radikalen Mitgliedern, unter ihnen der aktive sozialdemokratische Rechtsanwalt Dr. Franz Welti, ehedem Leiter des Generalstreiks in Basel. Schon vor dem Krieg hatte er eine Motion zur Einführung des Frauenstimmrechts im Kanton eingereicht, die er nun, 1918, wiederholte.

Anfang 1919 machte Dr. Welti wieder von sich reden. Anläßlich der Revision des Basler Strafgesetzes stellte er den Antrag auf Straflosigkeit der Abtreibung. Dieser wurde in 1. Lesung am 22. Mai 1919 mit 55 gegen 50 Stimmen *angenommen*.

Man kann sich den moralischen Entrüstungssturm vorstellen, der darauf in kirchlichen, medizinischen und sonstigen besseren Kreisen ausbrach. Schließlich hielten damals viele sogar die Geburtenregelung für Sünde. Auch Frau Pfarrer Zellweger hatte neben ihrer vielfältigen öffentlichen Tätigkeit noch wie selbstverständlich *acht* Kinder geboren.

Sofort riefen die vereinigten Basler Frauenvereine zu einer Protestkundgebung ins Bernoullianum auf. Die Empörung, daß diese Großratssitzung ohne Befragung der Frauen stattgefunden hatte, schwang obenauf. Der Ansturm auf die Versammlung war so groß, daß die Menge in die nahe Peterskirche übersiedeln mußte – sehr zum Ärger des Sigristen, der das heikle Thema als Tempelschändung empfand. Hier sprachen Frau Dr. med. Hunziker-Kramer und Anna Löffler-Herzog. Die Ärztin erklärte die Gefährlichkeit des medizinischen Eingriffs und empfahl statt dessen sexuelle Aufklärung und billige Abgabe von Verhütungsmitteln. Anna Löffler ging das Problem von seiner ethischen Seite her an und meinte:

«Ist die Abtreibung gestattet, so wird damit von Rechts wegen die Frau nicht nur als Schöpferin und Erhalterin des Lebens mißachtet, sondern sie wird ausschließlich als Objekt der Geschlechtsbegierde des Mannes gewertet. Gegen eine solche Erniedrigung empört sich unser Persönlichkeitsgefühl. – Wenn auch trotz der neuen Bestimmung viele Frauen ihrer natürlichen Aufgabe erhalten bleiben, so wird doch davon ein nachteiliger Einfluß ausgehen auf diejenigen, für die die Gesetze Norm sind. Sie werden die Abtreibung als eine Selbstverständlichkeit betrachten, was ein Verkümmern ihres Mütterlichkeitsgefühls zur Folge haben und sie für ihre Kulturaufgabe unfähig machen wird ... Der außereheliche Geschlechtsverkehr wird zunehmen und einer Zerrüttung des Familienlebens Vorschub leisten.»

Man mag heute über diese Argumentation lächeln; sie entsprach aber offenbar dem moralischen Empfinden jener Zeit. Alfred Bietenholz, ebenfalls Mitglied des Frauenstimmrechtsvereins, hatte sich gleichzeitig in den «Basler Nachrichten» geäußert:

«Die sexuellen Beziehungen werden mit dem vorgeschlagenen Gesetz offen als Mittel des Genusses anerkannt; in der naturwidrigsten Weise wird damit ihre offenbare Bestimmung, die Fortpflanzung des menschlichen Geschlechtes, auf die Seite geschoben; an die Stelle des Mitwirkens des Einzelnen am Ewigkeitswert der Schöpfung wird die Befriedigung der Augenblicksgier gesetzt. Das ist zwar auch bisher tatsächlich schon tausend- und aber tausendfach geschehen, aber doch immer noch im Gegensatz zur geltenden Sittlichkeit und wenigstens teilweise auch im Gegensatz zum Gesetz, dem oft unzulänglichen Ausdruck und Organ der Sittlichkeit. Nun soll das, was bisher Unsittlichkeit war, zur Sittlichkeit erhoben, in Gesetz und Recht eingeführt werden.»[3]

Im Anschluß an die Referate der beiden Frauen in der Peterskirche stürmte eine deutsche Agitatorin auf die Kanzel und verteidigte den Schwangerschaftsabbruch auf eine derart demagogische Weise, daß ein Tumult ausbrach und die Kirche geräumt werden mußte. Noch bis gegen Mitternacht diskutierten die erregten Frauengruppen auf dem Petersplatz weiter.

Nun doppelte auch der Katholische Frauenbund nach und hielt in Borromäum eine Protestversammlung ab.

«Blutig leid muß es uns tun», predigte Pfarrer Saurer in seiner Ansprache, «daß die Frauenwelt *nicht restlos ablehnend* dasteht, daß auch sie geneigt ist, Kompromisse zu machen. Wie dankbar müssen wir da unserer lieben Mutter, der heiligen katholischen Kirche sein, daß sie solchen Ansinnen jederzeit und auch heute wieder ein entschiedenes Nein entgegenstellt. Sie schätzt das keimende Leben zu hoch ein, will es nimmermehr der Willkür preisgeben. Jedes Kind hat neun Monate vor seinem Eintritt in diese sichtbare Welt ein heiliges Recht auf die Ruhestätte unter der Mutter Herzen. Die Gebote Gottes dürfen niemals umgestoßen werden. Die schwerste Strafe verhängt die Kirche über alle, welche sich der Abtreibung schuldig machen oder dazu verhelfen: die Exkommunikation oder den Kirchenbann und dadurch den Ausschluß von allen Gnadenmitteln. Steht das Leben von Mutter und Kind auf dem Spiel, so räumt die Kirche anerkannt gewissenhaften Ärzten Vollmachten ein, niemals aber erlaubt sie den Mord. Wie wichtig sind deshalb für uns überzeugungstreue, grundsätzliche katholische Ärzte ...

Schon Thomas von Aquin hat sich mit der Frage eingehend beschäftigt. Dieser große Kirchenlehrer sagt: ‹Nach der Todsünde des Mordes kommt die Sünde des Onanismus als zweitgrößte Sünde, da sie das werdende Leben verhindert, während der Mord das bestehende Leben zerstört.›[4] Die Verhinderung der Konzeption ist das größte Unglück für die Welt. Mit der Furcht vor dem Kinde tritt ein Wendepunkt ein in der Geschichte jeden Volkes. Man denke nur an die Ägypter und Römer.

Deshalb lautet unser heutiger Protest: *Fort mit einem Gesetzesparagraphen,* welcher der Lehre unserer Kirche zuwiderläuft, der Ehe und Familie zerrüttet und den Staat auflöst; aber der warme Appell an alle Frauen: Mütterlichkeit, Mutterberuf und Mutterwürde hoch, heilig und unantastbar zu halten.»[5]

In jenen Juni-Tagen stießen in Basel drei Welt- und Lebensanschauungen mit Donner und Blitz aufeinander. Denn nun hielten natürlich auch die sozialdemokratischen Frauen Versammlungen ab. Hier konnte Dr. Welti seinen Vorschlag, nunmehr Lex Welti genannt, genauer erläutern. Sein Antrag ging dahin, daß der Schwangerschaftsabbruch innert der ersten drei Monate straflos sein solle, sofern beide Eltern einverstanden und ein patentierter Arzt beigezogen werde. Sein

Hauptargument war, daß die Abtreibungen ja ohnehin – mit oder ohne Strafe – heimlich vorgenommen würden. Dabei seien die Frauen der Unterschicht die Benachteiligten. Sie müßten für eine Abtreibung unverhältnismäßig mehr bezahlen als die «bürgerlichen» Frauen, zudem riskieren sie Leben und Ruf, während die reichen Damen nach Paris reisten, um sich dort in einer Klinik die Leibesfrucht entfernen zu lassen.

Noch einmal wurde ein Versuch gewagt, das heikle und einschneidende Problem mit *allen* Frauen zu behandeln. Diesmal lud ein «Initiativkomitee für praktische Vorschläge» in die Burgvogtei ein mit folgendem Aufruf im «Basler Anzeiger»:

«Herr Dr. Moser, ein sozialdemokratischer Arzt, hat sich bereit erklärt, in einer nochmaligen Versammlung, zu der *nur* Frauen und erwachsene Mädchen Zutritt haben, über die sexuelle Frage zu sprechen und den in den heutigen Verhältnissen einzig richtigen Weg zu zeigen, der aus der Not herausführen kann.

Frauen und erwachsene Mädchen! Findet Euch zahlreich zu der Versammlung ein, die Mittwoch, den 25. Juni, abends 8 Uhr, in der Burgvogtei abgehalten wird. Es darf nicht sein, daß wir in unserer ureigensten Frauensache uns einfach den Bestimmungen der Männer unterwerfen, ohne uns der Tragweite dieser Bestimmungen bewußt zu sein und ohne unseren Willen zu einer tatsächlichen Besserung der Notlage zum Ausdruck gebracht zu haben.»

Alles, was in Basel erwachsen und weiblichen Geschlechts war, eilte an jenem Abend in die Burgvogtei. Man zählte über tausend Frauen. Sie waren allerdings sehr überrascht, als dick und breit eine große sozialdemokratische Männergruppe, in deren Mitte Herr Dr. Welti persönlich, in der Versammlung Einsitz nahm. Nach vielstimmigem Protest verließen einige von ihnen knurrend den Saal, lärmten aber während des ganzen Abends hinter den Glastüren. Dr. Franz Welti war aber durchaus nicht zu bewegen, seinen Platz zu räumen, was natürlich dem Unternehmen, das als ein Zusammensein von

An die Frauen.

Seid Ihr's nicht müde,
        Mädchen und Frauen,
Dem Leben untätig zuzuschauen?
Statt selber zu streben nach hohen Zielen,
Bescheiden bloß die Statisten zu spielen?
Statt kraftvoll Euer Los zu gestalten,
Demütig der Männer Gesetze zu halten?
Statt mitzuverwalten, mitzuverfügen,
Mit Steuerzahlen Euch zu begnügen?
Statt klug und weise mitzuregieren,
Mühselig nur zu antichambrieren?
Seid Ihr es müde? Wohlauf, erwacht!
In Eurem Wollen liegt Eure Macht.

An die Männer.

Ihr lasst uns ruhig Geld verdienen
An Näh- u. Schreib- u. Bohrmaschinen;
Wir dürfen lehren, praktizieren,
Steno- und telegraphieren,
Kinder pflegen, Haushalt führen,
Und es fällt Euch gar nicht ein,
Um unsre Gesundheit besorgt zu sein.
Nur gerad für's Stimmrecht, ach!
Find't Ihr uns zu zart und schwach.

Aus einem Flugblatt zur Abstimmung über das Frauenstimmrecht in Basel, 1920.

«Frauen unter sich – mit einem Arzt» – angekündigt worden war, diesen Charakter nahm. Die meisten Frauen, die ja noch parlamentarisch ungeübt waren, fühlten sich befangen. Nach einer kurzen Einführung hielt Dr. med. Moser seinen angekündigten Vortrag, in welchem er den Schwangerschaftsabbruch als gefährlichen Eingriff bezeichnete und statt dessen Gratisabgabe von Verhütungsmitteln, finanzielle Entschädigung der Mutter während Schwangerschaft und Stillzeit, Lohnzulagen vom dritten Kinde an und weitere praktische soziale Maßnahmen empfahl. (Die «Pille» war noch nicht erfunden.)

Kaum hatte der Arzt geendet, ergriff *Rosa Grimm* das Wort, bezeichnete den Redner als «ungetreuen Genossen» und bezichtigte ihn des Verrats an der sozialdemokratischen Idee.[6] Einige andere Votantinnen unterstützten sie. Das Problem der Abtreibung schien beinahe vergessen.

Endlich bat Anna Löffler, man möge doch nicht vom Thema abschweifen, sondern die Vorschläge von Herrn Dr. Moser diskutieren. Dafür sei man zusammengekommen und nicht, um parteipolitische Schlagworte anzuhören. Da brach ein wütender Tumult los. Mit dieser Äußerung verkörpere Anna Löffler die ganze Verschlagenheit und Skrupellosigkeit ihrer Klasse, schrie Rosa Grimm. Das Getümmel war Dr. Welti gerade recht. Er übernahm die Leitung der Versammlung und forderte die Frauen zu einer Meinungskundgebung mit Händemehr zu seinen Gunsten auf. Dies gelang, weil es gegen Mitternacht ging und ein großer Teil der Frauen den Saal bereits verlassen hatte.

Empört schrieb *Elisabeth Zellweger,* Tochter der verstorbenen Frau Pfarrer Zellweger und enge Freundin von Helene von Mülinen, darauf in den «Basler Nachrichten»:

«Materiell hat die Versammlung nichts genützt, wohl kaum eine Frau hat ihre Meinung geändert. Wohl aber hat sie uns bürgerlichen Frauen deutlich gezeigt, wie es bei der Sozialdemokratie gemacht wird und wie die Führer es verstehen, die Frauen so zu lenken, daß keine mehr selbständig reden darf.

Darum werden auch nie geheime Abstimmungen vorgenommen.»[7]

In 2. Lesung am 3. Juli 1919 wurde der Antrag Welti im Großen Rat mit kleiner Mehrheit zurückgewiesen und auch sein Vorschlag, eine *soziale Indikation* zu berücksichtigen, wegen der Unklarheit dieses Begriffes abgelehnt. Dagegen wurde das Strafmaß für illegale Abtreibung reduziert und eine zweijährige Verjährungsfrist angenommen. (Die heimlichen Abtreibungen gingen im alten Stile weiter.)[8]

Es war genau das geschehen, was nicht hätte geschehen dürfen. Die Frage des Schwangerschaftsabbruchs, die an sich mit Parteipolitik nichts zu tun hat, war zu einem Politikum gemacht worden. Es lag auf der Hand, daß der Kampf um das Frauenstimmrecht, der Ende desselben Jahres anlief, nach dem gleichen Muster manipuliert würde. So geschah es auch.

Am 7. Februar 1920 schrieben die «Basler Nachrichten»: «Keine der bürgerlichen Fraktionen des Großen Rates hat die Einführung des Frauenstimmrechts im Kanton Basel-Stadt verlangt. Das Postulat wurde eingereicht von der sozialdemokratischen Fraktion, dem einige bürgerliche Großratsmitglieder ihre Zustimmung gaben. Die Sozialdemokratische Partei erwartet durch Einführung des Frauenstimmrechts eine numerische Stärkung; dieser ihr Zweck ist, möglichst bald die politische Macht im Staate an sich reißen zu können. In Tat und Wahrheit steigt die Aussicht der Sozialdemokraten auf Erreichung ihres Zieles durch Annahme des Frauenstimmrechts, da die sozialdemokratischen Frauen freiwillig oder unfreiwillig zur Urne geschleppt werden, nach bewährtem sozialdemokratischem Terror.»

Erfahrungen wie der geschilderte «Frauenabend» in der Burgvogtei lassen diese düstere Zukunftsvision psychologisch einigermaßen gerechtfertigt erscheinen.

Erstaunlich ist, wie mutig die Frauen selber in den Abstimmungskampf zogen. Sie waren eben noch unverbraucht. Ein Aktionskomitee wurde gebildet. Ihm gehörten 15 Frauen und 8 Männer aus verschiedenen Parteien an. Unter ihnen war der

Journalist *Dr. Albert Oeri,* später Chefredaktor der «Basler Nachrichten» und Nationalrat, zeitlebens ein großer Förderer der Gleichberechtigung der Frau. Eine Broschüre von Pauline Müller *«Warum wünschen wir Frauen das Stimmrecht?»* wurde in alle Haushaltungen verschickt; sie war die erste deutschschweizerische Propagandaschrift zum Thema. Diskussionen wurden veranstaltet, Flugblätter verteilt und Plakate entworfen.

Alle Parteien hielten Versammlungen ab. Die Parolen waren allerdings zum großen Teil «gemacht»: die Katholische Volkspartei und die Bürger- und Gewerbepartei waren dagegen, die Sozialisten, Radikalen und sogar die Evangelische Arbeiterpartei waren dafür. Die Liberalen hatten Stimmfreigabe beschlossen. Es war nur ungewiß, wie sich die *Freisinnigen* stellen wollten.

Ihr Parteitag war auf den 28. Januar 1920 angesetzt, mit Referat und Korreferat, wie es sich gehörte. Die nachfolgende Diskussion jedoch wurde ein beschämendes Fiasko. Niemand griff die Befürworter des Frauenstimmrechts ehrlich an. Sie wurden vielmehr schlicht nicht ernst genommen. Man hatte den Eindruck, das Frauenstimmrecht sei bestenfalls ein Sujet für die Basler Fasnacht – was es auch bis 1960 blieb.

Der Präsident der Freisinnigen Partei, der Basler Ständerat Dr. V. E. Scherer, tat das Verlangen der Frau nach Gleichberechtigung als ausländisches Revolutionsgewächs ab, das in unserem trefflich regierten Staat nie gedeihen werde: eine belanglose Modesache, eine lächerliche Seifenblase, kurz, überhaupt keine Sache der Frauen, sondern nur eine der alten Jungfern (die offenbar in seinen Augen keine weiblichen Wesen waren). Am Schluß wurde mit 24 gegen 20 Stimmen, die wenigstens Stimmfreigabe verlangt hatten, die Nein-Parole ausgegeben.

Wie aber sah es im sozialdemokratischen Lager aus, von dem das Postulat zur Einführung des Frauenstimmrechts ausgegangen war? Der alte Herman Greulich war extra von

Plakate
Oben links: Zürich 1920, von Dora Hauth.
Oben rechts: Zürich 1920, von Otto Baumberger.
Unten links: Basel 1920, Entwurf unbekannt.
Unten rechts: Neuenburg 1919, von Natalie Lachenal.

Zürich gekommen, um für die Sache der Frau zu werben. Er erntete einhelligen Beifall. Aber der Schein trog ...

Am 8. Februar 1920 wurde in Basel-Stadt das Frauenstimmrecht mit 12 455 Nein gegen 6711 Ja verworfen.

Eine Analyse des Resultats ergibt interessante Aufschlüsse. Drei bürgerliche Mittelstandsquartiere hatten schon damals überwiegende Ja-Stimmen! Das vornehme St.-Alban-Viertel bewies mit seinen 403 Nein gegen 114 Ja, daß die Herren Merian und Sarasin sich mit dem Frauenstimmrecht noch nicht befreundet hatten. Am meisten aber verblüffte das negative Resultat in den Arbeiterquartieren von Kleinbasel. Sie wiesen fast alle nahezu doppelt so viel Nein- wie Ja-Stimmen auf. Damit lag auf der Hand, daß zwei Drittel der sozialdemokratischen Wähler die Bedeutung der Gleichberechtigung nicht begriffen hatten. Dieser Zustand blieb stationär bis in die sechziger Jahre.[9]

Auch eine Frauenbewegung im eigentlichen Sinne des Wortes fand innerhalb der Sozialdemokratie nicht statt. Dieses schwerwiegende historische Versäumnis müssen nun die heutigen linksgerichteten Frauenbefreiungsbewegungen nachholen.

Folgen der Ablehnungen von 1920

In den andern Kantonen herrschten ähnliche Verhältnisse wie in Basel. In allen sechs – Neuenburg, Basel, Zürich, Genf, St. Gallen und Glarus – wurde das Frauenstimmrecht mit 65–80% Neinstimmen verworfen.

Mit diesen sechs kraftvollen Schlägen hatten die männlichen Stimmbürger der Schweizer Frauenbewegung das Rückgrat gebrochen!

War dies den Frauen selber bewußt? Zunächst wohl kaum. Wie stets nach einer Niederlage schlossen sich die Reihen nur um so dichter. Ein trotziges «Nun erst recht» ging durch die besiegten Scharen. In diese Stimmung paßte auch das Telegramm, das Emilie Gourd jeweils nach den Abstimmungen an die Frauenvereine zu senden pflegte: «Courage pour la prochaine fois!»

Die alt gewordenen Pionierinnen überlebten freilich die Folgen dieser vernichtenden Niederlagen nicht mehr. Helene von Mülinen starb in tiefer Resignation im Jahre 1924. Drei Jahre später folgte ihr Emma Pieczynska, völlig taub und halb erblindet. Das Ende dieser beiden größten Persönlichkeiten der Schweizer Frauenbewegung wirkt geradezu symbolisch. Camille Vidart und Emma Boos-Jegher versanken in Depressionen. Meta von Salis hatte einen Beweis mehr für die «Dummheit der versumpften Demokratie»; aber auch sie litt unter Depressionen. Einzig Pauline Chaponnière-Claix – zum zweiten Mal Präsidentin des BSF und in mehreren internationalen Gremien tätig – ließ sich nicht unterkriegen. Nicht zu vergessen die unverwüstliche Dr. med. Harriet Clisby. Sie hatte während 15 Jahren mit Camille Vidart zusammengewohnt. Nun verließ sie ihre Wahlheimat Genf und siedelte nach ihrem ursprünglichen Heimatort London über. Hier erhielt die nunmehr neunzigjährige Frau das Stimmrecht. Sie sollte es noch zehn Jahre lang ausüben, wurde sie doch über hundert Jahre alt!

In die Stapfen der Pionierinnen trat die «Nun-erst-recht-Generation». Diese Frauen waren vorwiegend in den achtziger Jahren des 19. Jahrhunderts geboren. Sie hatten den Gedanken der Gleichberechtigung weder erfunden noch selbst erarbeitet, sondern von ihren Müttern übernommen. Im geistigen Bereich waren sie Epigonen. Es fehlen daher jene kühnen Gestalten mit dem idealistischen Schwung, die weit über den Durchschnitt hinausragen.

Dies soll nicht heißen, daß nicht immer noch hochintelligente Frauen in der Bewegung mitgemacht hätten. Im Welschland stand *Emilie Gourd,* Gründerin und Herausgeberin des «Mouvement féministe» und Präsidentin des schweizerischen Frauenstimmrechtsvereins, unbestritten an der Spitze. An Popularität konnte es höchstens noch die humorvolle Neuenburgerin *Emma Porret* mit ihr aufnehmen. In der deutschen Schweiz dagegen war die Bewegung so sehr in die Breite gewachsen, daß sie der vorantreibenden Führerinnen nicht mehr bedurfte. Sie wurde vielmehr von einem Kollektiv getragen. Man könnte auch sagen, von einer «schweigenden Mehrheit»; denn die Schweizerfrauen waren seit den schweren Niederlagen um 1920 noch stiller als vorher. «Frauenrechtlerin» war ein Schimpfname geworden.

Man erkennt dies sehr gut am 2. *Schweizerischen Frauenkongreß* von 1921 in Bern, der noch in der Hochstimmung der Vorabstimmungszeit von 1919 beschlossen worden war und «nun erst recht» durchgeführt wurde. Dieser Kongreß mit seinem vielseitigen Programm zeigt wohl einen gewaltigen Fortschritt der *Frauen,* vor allem in beruflicher Hinsicht; nicht aber der *Frauenbewegung.* Während vor 25 Jahren in Genf 8 Frauen und 13 Männer gesprochen hatten, waren es nun 46 Referentinnen aus 11 Kantonen, auch die Tessinerinnen machten, als einzige Vertreterinnen eines katholischen Kantons, schwungvoll mit. Männer gab es nur vereinzelte. Die Frauen waren stolz, daß sie nun alles allein bestreiten konnten, und merkten nicht, daß dies zugleich bedeutete, daß sie nun in einem Frauenghetto abgekapselt und damit «unschädlich» gemacht worden waren.

Nur am Rande streifte Bundesrat Chuard, der das Ehrenpräsidium übernommen hatte, die *Question épineuse* (stachlige Frage) des Frauenstimmrechts. Mit frischer Offenheit sprachen über die Wünschbarkeit der politischen Gleichberechtigung der Frau neben den unbekümmerten welschen Damen *Dr. Emma Graf,* Gründerin des «Jahrbuchs der Schweizerfrauen», die Baslerinnen *Georgine Gerhard* und *Elisabeth Zellweger,* ferner die Zürcherin *Klara Ragaz,* die Gattin des berühmten christlich-sozialen Theologen Leonhard Ragaz. Aus den erhaltenen Texten geht indessen deutlich hervor: Diese Generation, die zwar noch das «Frauenblatt» und oft dazu die gediegene deutsche Zeitschrift «Die Frau» von Helene Lange und Gertrud Bäumer abonniert hatte, dachte anders als ihre Mütter.

Das Jahrzehnt der SAFFA

«Die Frau von heute» wollte nicht mehr «edelgesinnt», sie wollte «sachlich» sein. Nicht zufällig hieß der damals aufkommende Stil «Die neue Sachlichkeit», in deren Gefolge nach Hunderten von Jahren die langen Röcke und die Zöpfe fielen. Dieses sachliche Geschlecht wollte handeln und Taten vollbringen, wollte seine Tüchtigkeit unter Beweis stellen, damit die Männerwelt erkenne, wozu Frauen imstande und fähig waren.

Interessanterweise fand sich tatsächlich ein neues Tätigkeitsfeld, dem die Frauen bis anhin wenig Aufmerksamkeit geschenkt hatten: es war der *gewerbliche Bereich*. Als die Wirtschaftskrise der zwanziger Jahre ausbrach, wurden – wie immer in schlechten Zeiten – die Frauen am meisten davon betroffen. *Sie* wurden zuerst geringer entlöhnt; *sie* wurden als erste auf die Straße gestellt. Es gab beispielsweise unzählige stellenlose Lehrerinnen und Sekretärinnen. Dies stärkte das weibliche Solidaritätsgefühl. Man schloß sich in *Frauengewerbeverbänden* zusammen, und diese wurden, ähnlich wie die Frauenvereine Ende des 19. Jahrhunderts, damals die eigentlichen Promotoren der Frauenbewegung.

Wieder war es eine Bernerin, die erste Berufsberaterin der Zähringerstadt, *Rosa Neuenschwander* (1883–1962), welche sich mit einem fruchtbaren Einfall an ihre Mitschwestern wandte. Sie schlug vor, die Bevölkerung durch eine Ausstellung von Frauenarbeiten auf die notleidenden Näherinnen und Schneiderinnen aufmerksam zu machen. Die Schau wurde in einem Schulhaus während der Sommerferien 1923 durchgeführt, damit die Miete der Räume nichts kostete. Angenehm wechselten die vorgezeigten Kleidungs- und Wäschestücke mit Werken bernischer Künstlerinnen und Kunstgewerblerinnen. Sogar eine Kaffeewirtschaft fand noch Platz. Es war eine reizvolle Verbindung des Nützlichen mit dem Schönen. Kurz, der Erfolg war groß, und die arbeitslosen Schneiderinnen konnten nachher Aufträge im Wert von 30 000 Fr. entgegennehmen.

Ein guter Werbeeinfall wird immer sogleich kopiert. In den

folgenden Jahren ahmten der Reihe nach Genf (1925), St. Gallen (1926) und Basel (1927) das Beispiel Berns nach. Damit stand eine Idee in der Luft. Sie erinnert in ihrer Intensität an die Ideale, die dem 1. Frauenkongreß und der Gründung des BSF zugrunde lagen. Wie, wenn man eine *gesamtschweizerische* Ausstellung für Frauenarbeit veranstaltete?

Der Weg von der Idee zur Tat war diesmal kurz; denn diese Generation war – wie bereits gesagt – die tüchtigste und tatkräftigste in der Geschichte der Schweizer Frauenbewegung. Man fürchtete weder das Organisieren noch das Planen, auch nicht die gewaltige Arbeitslast. Auch Krisenzeiten haben ihre Vorteile: Viele Frauen waren ganz oder teilweise arbeitslos und hatten somit Zeit für das strapaziöse Unternehmen. Die meisten Hausfrauen konnten ihren Haushalt getrost einem oder mehreren Dienstboten überlassen.

Nur: Vermochte die Ausstellung in diesen schlechten Zeiten überhaupt genügend Besucher anzulocken? Kam man ohne Defizit durch? Die Stadt Bern stellte, da es sich um einen Akt der Arbeitsbeschaffung handelte, das Terrain gratis zur Verfügung. Und Lux Guyer, die Chefarchitektin, führte ihre gewaltige Arbeit aus Begeisterung für die Sache ohne Gehalt aus. Auch alle anderen Mitarbeiterinnen arbeiteten unentgeltlich.

So wuchs die Frauenstadt in reizvoller Vielfältigkeit aus dem Boden. Die Emmentalerinnen stellten einen geschnitzten Speicher auf und die Simmentalerinnen ein echtes Chalet. Viele Ideen, die elf Jahre später an der «Landi» die Besucher begeisterten, tauchten hier zum ersten Mal auf.

Im Sommer 1928 öffnete die *Schweizerische Ausstellung für Frauenarbeit* – kurz SAFFA genannt – ihre Pforten. Im Festzug, der zur Eröffnung veranstaltet wurde, schritt auch der «Schweizerische Verband für Frauenstimmrecht». Auf einem Wagen führten die Mitglieder eine riesengrosse Schnecke mit. Links und rechts waren zwei Spruchbänder befestigt mit dem schlichten Text: «Die Fortschritte des Frauenstimmrechts in der Schweiz. – La marche du suffrage féminin en Suisse». Das Sinnbild hätte nicht treffender gewählt sein können. Frohgemut schritten die Frauen vor und hinter dem Wagen; viele bekannte Persönlichkeiten zogen an der Deichsel. Eine junge welsche Jeanne d'Arc trug stolz die Fahne voraus. Wo die Schnecke durchkroch, wurde gelacht.

Und nun strömten die Leute in die Ausstellung. Die Besucherzahl übertraf die kühnsten und optimistischsten Erwartungen. Man hatte mit etwa 60 000 Besuchern gerechnet, am Ende waren es 800 000. Noch überwältigender aber war der finanzielle Erfolg. Als das Organisationskomitee die Rechnungen abgeschlossen hatte, blieb ein Reingewinn von 550 000 Franken. Alle Argumente der Gegner des Frauenstimmrechts waren widerlegt. Die Frauen konnten sehr wohl eine große Aufgabe außer Haus bewältigen, sie waren imstande, ein Problem sachlich zu lösen; ja sie waren sogar fähig, im großen zu rechnen.

Was tat man mit dem vielen Geld? Nachdem der Schweizerische Frauengewerbeverband und der Schweizerische Katholische Frauenbund je eine Abfindungssumme von 100 000 Fr. erhalten hatten, wurde mit den restlichen 350 000 Fr. die *Bürgschaftsgenossenschaft SAFFA* gegründet. Sie sollte Frauen wirtschaftlich und beruflich fördern und finanzielle Beratungsstellen für Frauen schaffen.

Weit größer als der materielle Gewinn der SAFFA war jedoch der *moralische*. Das Selbstbewußtsein der Frauen war seit den vielen negativen Volksentscheiden doch weit angeschlagener, als sie es selbst wahrhaben wollten. Man darf ohne Übertreibung sagen, daß die Wirkung mit den Folgen des 1. Frauenkongresses von 1896 in Genf zu vergleichen war: Die Frauen hatten ein neues Stück Selbstbewußtsein erlangt, einen weiteren Schritt zur Verwirklichung ihrer Identität getan.

Wie aber war der Einfluß auf die Entwicklung der Gleichberechtigung der Frau im politischen Sektor? Er war – traurig zu sagen – im besten Falle null und nichtig, im großen ganzen sogar negativ.

Ein kleines lehrreiches Vorspiel hatte sich bereits in Basel

1927 abgespielt. Nach der erwähnten erfolgreichen Frauengewerbeausstellung war in Basel-Stadt als einzigem Kanton in den zwanziger Jahren ein *zweiter* Vorstoß zur Erreichung des vollen Frauenstimmrechts unternommen worden. Die Vorlage war aber wuchtiger verworfen worden als diejenige von 1920. Handgreifliche Beweise weiblicher Tüchtigkeit schreckten die Männer offensichtlich eher ab, für die Gleichberechtigung der Frau zu stimmen.

Was sich in Basel im kleinen abgespielt hatte, zeigte sich nach der SAFFA im großen. Zwar sollte der vom Genfer Nationalrat Jenni schon Anfang des Jahres gemachte Vorstoß, es seien die seit zehn Jahren in den Schubladen ruhenden Motionen Greulich und Göttisheim nun endlich zu behandeln, im Nationalrat besprochen werden.

Die Frauen hätten sich nach der anstrengenden SAFFA eigentlich lieber etwas ausgeruht; aber die Gelegenheit war zu günstig. Jetzt, wo noch alle Welt des Lobes voll war über das imponierende Frauenwerk, jetzt war eine einmalige Gelegenheit zum Handeln.

So veranstaltete denn diese tüchtigste aller Generationen eine Unterschriftensammlung, wie es sie in diesem gewaltigen Ausmaß in Sachen Frauenstimmrecht nie gegeben hatte und nie mehr geben sollte. Statt der von Nationalrat Dr. Albert Oeri geäußerten vorsichtigen Schätzung von 30 000 Unterschriften brachten die Frauen nahezu 250 000 zusammen. Und wieder – wie im SAFFA-Umzug – leisteten sie sich auch eine kleine *Demonstration*. Ein Zug von etwa hundert Teilnehmerinnen bewegte sich feierlich von der Schwanengasse zum Bundeshaus. Jede Frau trug in der Hand ein Paket mit 500 Unterschriften, jeder Kanton war mit einer Tafel und seiner Unterschriftenzahl gekennzeichnet.

Eine der Demonstrantinnen, die Berner Seminarlehrerin *Helene Stucki,* schilderte den «Erfolg» des Unternehmens besonders anschaulich:

«Was soll man über den ‹Empfang› im Vestibule des Bundeshauses sagen? Wenn das überhaupt etwas hochtönende

Frauendemonstrationen in Bern.
Oben: Protestmarsch der Arbeiterfrauen gegen die Teuerung, 1917.
Unten: Überreichung der Petition für das Frauenstimmrecht, 1929.

Wort gebraucht werden darf dafür, daß Journalisten und Photographen bereitstanden, daß die Herren National- und Ständeräte sich aus ihren Sitzungssälen heraus bemüht hatten, um dem vorläufigen Einzug des weiblichen Elements ins männerrechtliche Parlamentsgebäude zuzusehen; die einen belustigt, die andern mit spöttischem oder verächtlichem Lächeln, die dritten mit wohlwollend-feierlicher Miene. ... Wer gerade einen blöden Witz aufschnappte, war innerlich entrüstet – als ob ein bißchen Hohn und Spott nicht alle in Kauf nehmen müßten, die da zu rütteln wagen ‹am Schlaf der Welt›. ... Nachdem wir unsere Listen im Sekretariat niedergelegt hatten, wurden wir von einem Weibel auf die Tribüne des Nationalratssaales komplimentiert, wo wir saßen und warteten, immer hoffend, es werde sich unten im Saale etwas ereignen, was unser Herz höher schlagen lasse. Aber es geschah nichts. Ob auf den Traktanden grad eine Wildbachverbauung oder die Errichtung eines neuen Stationsgebäudes stand, ich weiß es nicht mehr. Ich weiß nur noch, daß ich schließlich mit leerem Magen – und auch etwas hungrig gebliebener Seele – das Bundeshaus verließ. Erst später, beim gemeinsamen Mittagessen im ‹Daheim›, konnte man dann vernehmen, was sich in dem getäferten Saale ereignete, in dem die Herren Nationalpräsident Walther und Ständeratspräsident Wettstein unsere Führerinnen empfangen hatten.

Wir zweifeln keinen Augenblick daran, daß *Frau Dr. Leuch* wie *Mlle Emilie Gourd* und *Frau Gertrud Düby,* die Sprecherin der sozialdemokratischen Frauen, jede mit ihrem Temperament und das Gewicht auf ihre besondere Mission legend, den Frauenwünschen beredten, gediegenen, warmherzigen Ausdruck verliehen haben. Es fällt uns auch nicht schwer, uns ein Bild zu machen von der zurückhaltenden Liebenswürdigkeit der beiden hohen Magistraten. ... Sind uns doch die väterlichen Mahnungen zur Geduld, die Aufforderung zur selbstlosen sozialen Arbeit, die Versicherung, daß man unsere Wünsche ernsthaft prüfen werde, so gar nichts Neues mehr.

Drei Monate später, am 5. Oktober, kam unsere Petition

vor den Nationalrat. Die Frauen, die damals die Tribünen besetzten, erlitten eine neue Enttäuschung, sofern sie überhaupt auf diesem Gebiet noch ‹enttäuschungsfähig› waren. Man nahm unsere fast 250 000 Unterschriften genau so wichtig oder unwichtig wie irgendein Bittgesuch eines Einzelnen oder einiger weniger. ... So wurde die Petition ohne weitere Diskussion dem Bundesrat zur Berichterstattung überwiesen.»[10]

Unnötig zu erwähnen, daß die Aktion wie alle früheren und vierzig Jahre lang alle späteren im Sande verlief!

Es half alles nichts. Die Frauen waren nun einmal schwach, unterlegen und zum vornherein diskriminiert. Eine ernsthafte Auseinandersetzung mit ihnen war offensichtlich nicht der Mühe wert. Kein Wunder, daß das Häuflein der unentwegten Vorkämpferinnen immer mehr zusammenschmolz. Niemand will gerne zu den Besiegten und Erfolglosen gehören. Es kamen auch kaum mehr junge Mitglieder dazu.

Die SAFFA war nicht die Eingangspforte zu einer neuen Aera der Frau geworden, wie es die «Nun-erst-recht-Generation» gehofft hatte. Sie war vielmehr das Ende der ersten großen Welle der Schweizer Frauenbewegung. Seit der Rede von Helene von Mülinen vor dem Bund Schweizerischer Frauenvereine im Jahr 1919 war es mit der Bewegung im Grunde unaufhaltsam bergab gegangen.

Faschismus, Krise und Krieg

1935 übernahm *Elisabeth Thommen* (1888–1960) die Redaktion des «Jahrbuches der Schweizerfrauen». Sie war schon 1921 mit einem sehr modernen Vortrag über «Beruf und Ehe» am 2. Schweizer Frauenkongreß aufgefallen. Elisabeth Thommen hatte redaktionelle Erfahrung, denn sie betreute bereits jahrelang die Frauenseite der Basler «Nationalzeitung» sowie das schweizerische «Frauenblatt». Sie begann ihre Tätigkeit beim «Jahrbuch» mit einer Umfrage an alle Schweizer Parteileitungen über ihre Stellung zum Frauenstimmrecht.

Die meisten Obmänner würdigten Frau Thommen nicht

einmal einer Antwort. Befürwortend äußerten sich nur die Sozialdemokratische Partei sowie die Demokratische Partei des Kantons Zürich. Ihr Präsident, *Dr. Robert Briner* (1885–1960), war ein großer Befürworter des Frauenstimmrechts. Er gab allerdings offen zu, seine Meinung, die «Einführung des Frauenstimmrechts sei ein elementares Gebot der demokratischen Gerechtigkeit», decke sich nicht unbedingt mit der Parteimeinung. Der Präsident der gesamtschweizerischen Freisinnig-Demokratischen Partei, Herr Béguin in Lausanne, erklärte kurz, er sei aus «Gefühlsrücksichten und aus Gründen des Familienlebens» dagegen. Ähnlich, wenn auch etwas weniger verschwommen, äußerte sich der Präsident der Katholisch-Konservativen Partei, F. G. Walther.

Es war die Zeit des «Frontenfrühlings». Zwei Führer der damals wie Pilze aus dem Boden schießenden rechtsextremen Parteien nahmen ebenfalls Stellung zur Umfrage. Die eine, von Herrn Trechsler vom «Bund für Volk und Heimat», lautete u. a.:

«Wir halten es angesichts der Gefahr der marxistischen und faschistischen Gleichschaltung für dringend notwendig, daß der Einfluß wahren und echten Frauentums wieder stärker und größer werde, und halten es darum für ein Unrecht, den Schweizerfrauen die Verpflichtung zum politischen Machtkampf aufzwingen und sie der Gefahr der zersetzenden Parteiung aussetzen zu wollen.»

Ähnlich, wenn auch weniger mit «Ritterlichkeit» getarnt, äußerte sich der Obmann der «Eidgenössischen Front», Dr. Wilhelm Frick in Zürich:

«Die Stellung der Eidgenössischen Front gegenüber der politischen Gleichberechtigung der Frau ist absolut und eindeutig *ablehnend*. Wir sind dagegen, weil die Natur der Frau nicht in den politischen Kampf paßt; weil die politische Gleichberechtigung der Frau in keinem Lande eine Besserung der Politik bewirkt hat und die bereits bestehende Überdemokratisierung durch die Gleichberechtigung der Frau nur zu einer weiteren Vermassung der Politik führt!»

In einer Gemeinde des Kantons Freiburg steht den Lehrern das Recht zu, sich eine Kuh zu halten. Die Lehrer erhalten für ihre Kuh eine ganze Ration Heu, die Lehrerinnen eine halbe.

Stoßseufzer der Lehrerinnenkuh:
Ach wenn sie doch bloß das Stimmrecht bekämen!

Dank an die Schweizerfrauen bei Anlass der Wehranleihe

Bundespräsident: «Da Ihr so wacker für die Wehranleihe gezeichnet habt, werden wir Eure grosse schöne *Eingabe für das Frauenstimmrecht* nun noch *sorgfältiger* in der Schublade aufbewahren!»

Karikaturen
Oben: Aus der «Xanthippe», 1911.
Unten: Aus dem «Nebelspalter», 1935.

Der Faschismus entpuppte sich als der Frauenfeind Nummer eins, und zwar in gefährlicher, sentimentaler Hülle. Wohl mahnte Elisabeth Thommen die Schweizerinnen, aktiver zu werden. Doch was half die weibliche Aktivität, wenn sie einfach nicht zur Kenntnis genommen wurde?
Seltsamerweise stimmte es die Schweizermänner, die doch den Faschismus fast ausnahmslos ablehnten, nicht nachdenklich, daß zwischen ihrem eigenen konservativen Traditionalismus und der nationalsozialistischen Idee von Blut und Boden eine gefährliche Verwandtschaft bestand. Im Rückblick aber sehen wir heute klar, daß gerade die mutigsten und unbestechlichsten Gegner des Nationalsozialismus auch die überzeugtesten Befürworter der Gleichberechtigung der Frau waren: Dr. Albert Oeri, die Bundesräte Obrecht, Nobs, Wahlen, Weber, Feldmann und Petitpierre; der große Historiker und Zeitinterpret Prof. Karl Meyer, die Theologen Ludwig Koehler und Karl Zimmermann, die Mitglieder der sogenannten «Offiziersverschwörung», wie z. B. Walter Allgöwer, und viele andere mehr.
Die Gegner der Frauenemanzipation erfanden bald darauf die Schauermär, die Frauen hätten Hitler gewählt. Sie hielt sich bis zum Ende der vierziger Jahre, so lange also, bis aus den Akten schwarz auf weiß das Gegenteil bewiesen werden konnte.[11]
So brach der Krieg aus. Und die Schweiz rüstete sich mit Umsicht für eine lange Belagerung. Wie schon im ersten Weltkrieg sprangen die Frauen mit großer Selbstverständlichkeit in alle Lücken, welche durch die einrückenden Männer entstanden waren. Und mit ebenso großer Selbstverständlichkeit akzeptierten die Männer diese Dienste. Zum ersten Mal wurden nun auch viele Frauen als FHD militärpflichtig. Am meisten aber leisteten sie in der Flüchtlingshilfe und in der Soldatenfürsorge.
In dieser Geschichte der Frauenbewegung soll jedoch nicht näher auf die beiden Weltkriege eingegangen werden. Denn was bedeutete der Krieg letzten Endes für die Frau? Das Zu-

rückgeworfensein auf die primitivste Form ihres Daseins, nämlich Gebärerin, Helferin und Pflegerin von Soldaten zu sein. In der Not der Kriegszeit mag eine Frau dies als Pflicht und Aufgabe akzeptieren. Schlimm aber wird es, wenn sie auch nach dem Krieg auf diese Rolle festgelegt wird. Genau das geschah nach dem Ende des zweiten Weltkrieges in den westlichen Ländern. In einem späteren Abschnitt wird von diesem Phänomen noch die Rede sein.

Die Nationalratsdebatte vom 12. Dezember 1945

Schon nach dem ersten Weltkrieg hatten Gefühle von Schuld und Dankbarkeit die Parlamente der meisten westlichen Staaten dazu bewogen, das Frauenstimmrecht einzuführen.

Nach dem zweiten Weltkrieg folgte der zweite und sozusagen endgültige Schub. In Europa nahmen Frankreich, Belgien, Italien, Jugoslawien und die letzten Balkanstaaten das Frauenstimmrecht an. Es folgten die beiden Kolosse im Osten, China und Japan; ferner das neugegründete Israel. In Europa hatten nur noch Franco-Spanien und die Schweiz samt ihrem Anhängsel, dem Fürstentum Liechtenstein, kein Stimmrecht. Daß sich die Schweiz, die älteste Demokratie der Welt, damit in einer höchst unpassenden Gesellschaft befand, bedrückte offensichtlich niemand.

Viele hofften jedoch, die «gerechte Sache» sei nun in der Schweiz wieder spruchreif. Schon vor Kriegsende hatte der sozialdemokratische Nationalrat *Hans Oprecht* eine diesbezügliche Motion eingereicht.[12] Sie wurde anderthalb Jahre später im Nationalrat besprochen. Wenn gerade diese Sitzung als Musterbeispiel einer Diskussion über das Frauenstimmrecht dienen soll – im Laufe der Jahre gingen sie nun in immer dichterer Folge über die politischen Bühnen unseres Landes –, so darum, weil nach der langen Kriegspause noch eine gewisse Frische und Unverblümtheit in der Aussage vorhanden war. Meinung und Gegenmeinung prallten kräftig aufeinander, die Gegner verschanzten sich noch nicht hinter immer spitzfindigeren Ausreden oder Sophistereien, um ihr wahres – ihnen wohl selber zuweilen unbewußtes – Motiv zu verhüllen: daß sie auf ihr männliches *Stimm-Privileg* eben nicht verzichten mochten.

Als Nationalrat Oprecht seine Motion begründete, spürte man fast greifbar die ungeheure, beinahe erschreckende Stabilität der Schweizer Verhältnisse. Rings um unser Land lag alles in Rauch und Trümmer. Überall waren neue Regierungen an der Macht. Und hier erachtete es Oprecht als nötig, sich für seinen Vorstoß gewissermaßen zu entschuldigen. Er erfülle nur seine historische Pflicht, sagte er. Denn er sei es gewesen, der 1929 die Petition Jenni vor dem Nationalrat vertreten habe. Jennis Petition wiederum habe aber nur das Eingehen auf die Motionen Greulich und Göttisheim vom Jahr 1919 verlangt.

Bundespräsident Eduard von Steiger erwiderte in seiner gemessen-verbindlichen Art, daß der Bundesrat stets dringendere Geschäfte gehabt habe (die alte Ausrede!). Er sei aber jetzt durchaus bereit, sich, falls es gewünscht werde, den Vorarbeiten zu einer eventuell notwendigen Teilrevision der Bundesverfassung zu unterziehen.

Auf die Frage des Sitzungspräsidenten Grimm, ob jemand einen Gegenantrag stelle, meldete sich der Schwyzer Nationalrat *Schuler,* Vertreter der Bauern-, Gewerbe- und Bürgerpartei: «Ich muß das Postulat aus folgenden Gründen bekämpfen: Oprecht hat nur die Sonnenseite dieses Postulates gezeigt. Ich möchte dazu noch ein paar Schattenseiten beifügen. Anno 1291 sind auf dem Rütli nur Männer gewesen. Da hat man keine Frauen gesehen. Die Stauffacherin aber hat damals, als der stolze Geßler über Land gefahren ist und gesagt hat: ‹Ich will nicht, daß die Bauern so schöne Häuser haben›, zu Stauffacher gesagt: ‹Sieh vorwärts, Werner, und suche Freunde, daß man die Vögte auf die Seite bringen kann.› Sie hat einen gewissen Einfluß gehabt, ohne daß ein Stimmrecht vorhandengewesen wäre. So ist es die ganze Schweizergeschichte hindurch immer gewesen, bis heute. Die Frauen haben einen gewissen Einfluß auf die Männer gehabt, aber vom Stimmrecht haben die Frauen bis jetzt nicht viel wissen wollen. Sie sind unsere guten Frauen gewesen, und wir waren mit ihnen zufrieden.

Nun würde es viele Ungleichheiten beim Frauenstimmrecht geben. Zunächst besteht ein großer Unterschied zwischen Stadt und Land. Wenn so eine Frau auf dem Land eine, zwei oder noch mehr Stunden laufen muß bis zur Urne, bleibt sie daheim, oder dann muß der Mann daheim bleiben, wenn die Frau stimmen will. Anders ist es in der Stadt, wo das Stimmrecht in ein paar Minuten ausgeübt werden kann; da ist die Frau sofort wieder daheim und kann ihren Geschäften nachgehen. Eine andere Ungleichheit kommt dazu. Man weiß, daß Frauen mitunter in andere Umstände kommen. Dann sind sie nicht gerne in der Öffentlichkeit, auf der Straße. Sie sind lieber in ihren Mänteln oder daheim. Viele würden in diesen Umständen sagen: ‹Ich gehe nicht stimmen, es paßt mir nicht.› Dann kommt das Kindbett, das je nach der Gesundheit der Frau ein, zwei oder drei Wochen dauern kann. Wie soll sie in dieser Zeit das Stimmrecht ausüben? Muß etwa für die Hebamme ein Schein ausgefertigt werden und diese stimmen gehen? Ein weiterer Umstand, den man auch noch ins Auge fassen muß, ist der: das Ereignis einer Geburt kommt auf dem Land viel öfter, 5, 6–10 Mal im Leben der Frau vor, in der Stadt geschieht es vielleicht nie oder ein- oder höchstens zweimal. Das ist eine gewaltige Ungleichheit zwischen Stadt und Land.

Noch etwas Weiteres: Wenn jetzt so ein Mann Ratsherr, Gemeinderat, Kantonsrat oder sogar Nationalrat geworden ist, hat bis jetzt die Frau einen gewissen Stolz gehabt und gesagt: Mein Mann ist etwas. Wenn nun aber die Frau Gemeinderat, Kantonsrat oder sogar Nationalrat wird, der Mann aber nicht, wie muß man dann dem Mann sagen? Ich glaube, das würde den Mann geradezu erniedrigen.

Ein weiterer Punkt: Wenn die Frau Ratsfrau geworden ist, so muß sie auch die Sitzungen besuchen. Wenn sie also Nationalrat wird, muß sie hier den Sitzungen beiwohnen. Dann müßte der Mann daheim kochen und die Kinder hüten, oder wer müßte denn das tun? Es stehen nicht überall Dienstleute zur Verfügung.

Wir sehen übrigens, wie es jetzt schon zugeht. Wenn eine Abstimmung vorzunehmen ist, so liegen wir einander in den Haaren. Man verfeindet sich, man kommt nie mehr zum Frieden, vielleicht Generationen lang. Wie kommt es dann erst heraus, wenn die Frauen mit ihrem Temperament in die Wahlkämpfe hineingehen? Dann könnten Federn, ich will sagen: Haare fliegen. Das Temperament würde wahrscheinlich zum Durchbruch kommen.

Ich habe die Überzeugung, wenn man abstimmen ließe, ob die Frauen das Stimmrecht gemäß Verfassung haben wollten, so würden 70–80% sagen, wir wollen nichts vom Stimmrecht wissen. Lassen wir also die Frau daheim im Haus, nehmen wir sie nicht in diesen Hexenkessel hinein. Ich möchte daher beantragen, das Postulat Oprecht abzulehnen.»

Auf dieses Votum antwortete als erster der katholisch-konservative *Nationalrat Wick.* Einleitend bemerkte er – mit Recht, wie sich später zeigen sollte –, Herr Schuler habe jene Stimmung zum Ausdruck gebracht, die im Schweizervolk vorherrsche. Weiter sagte er: «Es ist auch in unserer Demokratie ein ungeheurer Leerlauf festzustellen, und die Frage, ob es sich für die Frau überhaupt lohne, in diesen Leerlauf einbezogen zu werden, diese Frage müssen sich die Frauen sehr wohl überlegen. ... Der Ruf jedes ernsten Staatsmannes lautet heute: ‹Gebt uns wieder gute Mütter!›, aber nicht: ‹Gebt uns das Frauenstimmrecht.› Natürlich muß die Stimme der Frau in Staat und Gesellschaft gehört werden. Das Recht, daß die Stimme der Frau gehört werden muß, ist aber etwas ganz anderes als Frauenstimmrecht.»

Mehr als die spitzfindige Argumentation verblüfft der pathetische Ruf: «Gebt uns wieder gute Mütter!» (Warum *«wieder»?*) Hatte es je eine Generation besserer Mütter gegeben? Sie hatten die schweren Kriegsjahre durchgestanden und waren für die Familie dagewesen. Sie hatten die Kinder erzogen und oft noch für ihre eingerückten Männer das Geschäft geführt. Sie hatten die Last der Einschränkung und Rationierung am stärksten gespürt, weil sie ja für die Ernährung sorgen mußten. Und jene Frauen, die über den eigenen kleinen Kreis hinaus Soldaten bemutterten und für die Flüchtlinge sorgten? Frauen wie Regina Kägi-Fuchsmann, Mathilde Paravicini, die Flüchtlingsmutter Gertrud Kurz, Schwester Elsbeth Kasser im Lager von Gurs und die vielen andern, deren Namen schon wieder vergessen sind? Und da rief einer: Gebt uns *wieder* gute Mütter!)

Auf das Votum Wick antwortete zum ersten Mal ein Vertreter der neugegründeten «Partei der Unabhängigen». Sie hatte von Anfang an die Gleichberechtigung der Frau auf ihre Fahnen geschrieben. Es war der Schriftsteller *Felix Moeschlin* (der übrigens eine schwedische Künstlerin zur Frau hatte): «Das Frauenstimmrecht ist für mich eine solche Selbstverständlichkeit, daß ich Mühe habe, darüber zu sprechen. Über selbstverständliche Dinge spricht man gewöhnlich nicht. Meine Herren Vorredner zwingen mich dazu, ein paar Worte zu sagen. Zuerst mein lieber Freund Schuler, mit dem ich schon oft Kirschen gegessen habe. Auch er ist 1291 nicht dabeigewesen; dennoch hat er heute das Stimmrecht. Also soll man den Frauen nicht Vorwürfe machen, für die sie nichts können. Wenn Herr Kollege Schuler von Häuslichkeit spricht, von der Frau, die zu Hause wirkt und ihre Kinder gebärt, möchte ich ihn bitten, den Blick von seinem schönen Haus und Hof und seinen Hunderten von Kühen und Tausenden von Schweinen einmal in die übrige Schweiz zu wenden. Er soll einmal mit mir nach Brissago kommen und sehen, wie 400 Frauen in der Fabrik arbeiten und der Mann buchstäblich zu Hause das Kochen übernimmt. Auch das ist eine schweizerische Tatsache. Und diesen Frauen soll man das Stimmrecht nicht geben?

Wenn Herr Nationalrat Wick das Lied von der Mütterlichkeit gesungen hat, so hören wir davon in der Schweiz auch in einem ganz anderen Sinne, nämlich in Form der Prozesse vor Gericht, wenn es sich um Aborte handelt. Der Bischof von Basel hat von Zehntausenden von Aborten gesprochen. Es ist für mich eine Lächerlichkeit, daß wir einen Nationalrat haben, in dem nicht eine Frau sitzt, die über diese Mütterlichkeit sprechen könnte. Sollte man es nicht den Müttern und Frauen anheimgeben, über das Schicksal der Frau zu entscheiden, statt daß die Männer über Schwangerschaft und Mutterschaftsversicherung sprechen?

Wenn Herr Nationalrat Wick vom Leerlauf der Politik gesprochen hat, so sind nicht die Frauen daran schuld. Ich glaube, wenn wir hier im Parlament zwölf gescheite und dazu noch schöne Frauen hätten, so würden wir einen ganz anderen parlamentarischen Betrieb bekommen. Das würde im Manne Kräfte wecken, die ihn befähigen, diesem politischen Leerlauf ein Ende zu machen. Ich habe in den zwanzig Jahren, da ich Präsident des Schriftstellervereins war, erfahren, was es für einen Segen bedeutet, wenn eine Frau im Vorstand sitzt. Eine Frau hat hin und wieder gescheitere Gedanken als ein Mann, weil eine Frau die Sache von einer anderen Seite ansieht. Wenn ein Mann so dumm ist, seiner Frau im eigenen Hause nicht die Stellung einzuräumen, die ihr gebührt, so lassen wir ihm in Gottes Namen diese Dummheit. Wenn aber ein Staat so dumm ist, ihr diese Stellung nicht einzuräumen, ist er wirklich beklagenswert!»

Als Moeschlin geendet hatte, brach ein jubelnder Applaus auf der Tribüne aus. Der Sitzungspräsident tadelte die Frauen aber sofort: Die Tribüne müsse sich aller Kundgebungen enthalten. Als die Männer hingegen bei Schulers Rede gelacht und geklatscht hatten, waren sie kein einziges Mal gerügt worden!

Eben darauf nahm der Gründer der «Partei der Unabhängigen» *Gottlieb Duttweiler* Bezug, als er sagte: «Was mich sehr berührt hat, ist die traditionelle Heiterkeit, die sich spürbar macht, wenn man vom Frauenstimmrecht spricht. Dieses Schmunzeln muß irgendwie für die Frau verletzend sein. Ich kann mir nicht vorstellen, daß man einer Frau ins Angesicht die Gründe dieses Schmunzelns ehrlich erklären könnte. Aber es ist schweizerische Tradition ..., *es ist irgendwie etwas Schlimmes hinter dieser Heiterkeit!*» Duttweiler endete sein Votum mit den Worten: «Wir Eidgenossen, die wir vom Krieg verschont geblieben sind, sind auch enorm verflacht. ... Daher stehe ich heute für das Frauenstimmrecht ein. Ich bin immer dafür eingestanden, heute aber mit mehr Überzeugung als je. Es ist eine Notwendigkeit für das Land, daß die Frau heute ihr Herz und ihren Geist in die Politik hineinträgt.»

Nun meldete sich ein welscher Mitbürger zum Wort. Perret begann sein Votum mit einer Anekdote: Il n'y a pas très longtemps je discutais avec un homme, d'ailleurs très instruit, enseignant dans une université. Il me disait: ‹On doit reconnaître que les femmes sont moins intelligentes que les hommes.› A quoi j'ai répondu: ‹Si je vous comprends bien, vous êtes plus intelligent que votre mère?› Immédiatement, il me dit: ‹Ah, non! Ma mère est une femme d'élite!› ‹La mienne aussi›, répondis-je, ‹et si les fils, à moins d'un orgueil incommensurable, ne peuvent prétendre être plus intelligents que leur mère, je ne vois pas comment les hommes seraient plus intelligents que les femmes.›» («Vor kurzem diskutierte ich mit einem Mann, übrigens einem sehr gelehrten, einem Hochschullehrer. Er sagte mir: ‹Man muß einsehen, daß die Frauen weniger intelligent sind als die Männer.› Darauf antwortete ich: ‹Wenn ich Sie richtig verstehe, sind Sie intelligenter als Ihre Mutter?› Unverzüglich erwiderte er: ‹Aber nein! Meine Mutter ist eine hervorragende Frau!› ‹Die meine auch›, antwortete ich, ‹und wenn die Söhne, sofern sie nicht maßlos hochmütig sind, nicht behaupten können, intelligenter als ihre Mütter zu sein, sehe ich nicht, warum die Männer intelligenter sein sollten als die Frauen.›») Dann aber fuhr er ernsthaft fort und legte den Finger auf eine Sache, die ganz neu in der Weltgeschichte aufgetaucht war: «Savez-vous, messieurs et chers collègues, que la Charte des Nations unies exige que les femmes aient absolument les mêmes droits que les hommes. Elle débute par ces mots: Nous, peuples des Nations unies, résolus à préserver les générations futures du fléau de la guerre qui, deux fois en l'espace d'une vie humaine, a infligé a l'humanité d'indicibles souffrances proclamons notre foi dans la dignité et la valeur de la personne humaine, dans l'égalité de droit des hommes et des femmes, ainsi que des nations grandes et petites.›» («Wissen Sie, meine Herren und liebe Kollegen, daß die Charta der Vereinten Nationen verlangt, daß die Frauen genau die gleichen Rechte haben wie die Männer? Sie beginnt mit folgenden Worten: ‹Wir, die Völker der Vereinten Nationen, entschlossen, die künftigen Generationen von der Geißel des Krieges zu bewahren, der zweimal innerhalb eines Lebensalters der Menschheit unbeschreibliche Leiden gebracht hat, bekennen uns zum Glauben an die Würde und den Wert der menschlichen Person, an die Gleichheit des Rechts der Männer und Frauen wie der großen und kleinen Nationen.›»)

Direkt zu Schuler gewendet, sagt er: «On nous dit qu'il faut que les femmes s'occupent de leur foyer. Mais, justement, en les privant de leurs droits, on les en empêche. La plupart des lois traitent du foyer. On va discuter de questions sociales importantes. On va voter prochainement sur l'assurance-vieillesse. Je pense que ce sujet intéresse le foyer et, pourtant, la femme n'aura par le droit de donner son opinion.» Perret schloß sein Votum mit den Worten: «Nous avons bataillé pour la démocratie; c'est pour sa sauvegarde que nous avons protégé nos frontières. La Charte des Nations unies, dont nous avons parlé tout à l'heure, est imprégnée du désir ardent de la défendre au mieux. N'oublions pas que nous n'avons en Suisse, hélas! que la moitié de la démocratie puisque les femmes, qui sont plus nombreuse que les hommes, n'ont pas le droit de vote. Ayons donc la sagesse – j'aillais presque dire la dignité – de leur donner des droits qui sont imprescriptibles pour nous et qui doivent nous apparaître tout aussi imprescriptibles pour elles. Ce faisant nous aurons alors fait réaliser un progrès très important à notre démocratie.» («Man sagt uns, daß die Frauen sich mit dem Haushalt beschäftigen müssen. Wenn man sie aber ihrer Rechte beraubt, dann hindert man sie gerade daran. Die meisten Gesetze beziehen sich auf den Haushalt. Wir werden wichtige soziale Fragen diskutieren. Wir werden nächstens über die Alters- und Hinterbliebenenversicherung abstimmen. Ich meine, daß diese Vorlage den Haushalt angeht, und trotzdem hat die Frau nicht das Recht, ihre Meinung zu sagen.» Perret schloß sein Votum mit den Worten: «Wir haben für die Demokratie gekämpft; um sie zu bewahren, haben wir unsere Grenzen beschützt. Die Charta der Vereinten Nationen, von der wir soeben gesprochen haben, ist von dem glühenden Wunsch durchdrungen, die Demokratie so gut als möglich zu verteidigen. Vergessen wir nicht, daß die Schweiz leider nur eine halbe Demokratie ist, da die Frauen, die zahlreicher sind als die Männer, das Stimmrecht nicht haben. Laßt uns doch die Klugheit – ich möchte fast sagen die Würde – aufbringen, ihnen die Rechte zu geben, die für uns unveräußerlich sind und die uns ebensosehr für die Frauen als unveräußerlich erscheinen müssen. Wenn wir das machen, werden wir einen sehr wichtigen Fortschritt unserer Demokratie verwirklicht haben.»)

Die Frauen auf der Tribüne wagten nicht mehr zu klatschen. (Die Schweizerinnen waren immer so entsetzlich folgsam!) Doch die Welschen und die Deutschschweizerinnen nickten sich bedeutsam zu.

Der Zürcher Sozialdemokrat *Jakob Kägi* meinte: «Die Frage des Frauenstimmrechts ist nach meiner Auffassung eine viel zu ernste Angelegenheit, als daß sie im Stil und Ton, wie es Herr Schuler getan hat, hier behandelt werden darf.» Auch er sprach sich mit Wärme für die Gleichberechtigung aus. Es folgte Nationalrat Reinhard. Er wies besonders auf tiefer liegende Beweggründe hin: «Was ich hier an materiellen Gründen gehört habe, scheint mir wesentlich Verlegenheit zu sein. Täuschen wir uns doch nicht, es geht im Grunde genommen um eine Frage unserer weltanschaulichen Einstellung. Entweder ist man dafür, daß das Prinzip der Gerechtigkeit das Staats- und Wirtschaftsleben beherrscht, und dann macht man mit diesem Grundsatz nicht halt, sobald seine Anwendung in der vollen Demokratie das Frauenstimmrecht fordert.»

Der Basler Nationalrat, der öfters erwähnte *Dr. Oeri*, versuchte, das Frauenstimmrecht zu entmythologisieren: «Nun haben, obschon das eine moderne Tatsache ist, viele Leute eine furchtbare Angst vor dem Frauenstimmrecht, und der alte Appenzeller Grundsatz ‹Nütz Nöis› macht sich wieder mit Wucht bemerkbar. Aber in Wirklichkeit ist ja das Frauenstimmrecht gar nicht mehr etwas Neues heutzutage. ... Das Frauenstimmrecht ist eine sehr irdische, normale politische Sache ..., mit dem Frauenstimmrecht, das nun nachgerade fast überall eingeführt worden ist, hat sich noch kein Staat ‹zu Tode demokratisiert›. Diese Sorge brauchen wir nicht zu haben. Sie besteht auch für die Schweiz nicht, wenn diese zum Frauenstimmrecht übergeht.»

Es sprachen noch *Jean Gressot*, ein katholischer Welscher, und der Sozialdemokrat *Miville* aus Basel, beide ebenfalls dafür. Endlich wurde die lange Debatte geschlossen. Man stimmte ab: Für die Annahme des Postulats waren 104 Stimmen, für die Ablehnung 32 Stimmen. Das sah doch sehr gut aus. In gehobener Stimmung verließen die Frauen die Tribüne.[11]

Schicksal der Petition Oprecht. Die Verwerfung des Frauenstimmrechts auf Bundesebene.

Im folgenden Jahr, 1946, fand der *3. schweizerische Kongreß* für Fraueninteressen in Zürich statt. Kämpferische Töne wollten – jetzt nach dem Krieg – nicht aufkommen. Rund um die Schweiz lagen die Staaten darnieder, und die Dankbarkeit dafür, daß unser Land verschont geblieben war, überwog. «Wir sind noch einmal davongekommen» hieß nicht umsonst eines der populärsten Schauspiele der damaligen Zeit.

Im selben Jahr starb auch Emilie Gourd. Sie war die leidenschaftlichste und unerbittlichste Kämpferin für die Frauensache, die die Schweiz je besessen hatte. War sie, die 1879 Geborene, die letzte der großen Pioniergestalten oder die erste der «Nun-erst-recht-Generation»? Ihre Einordnung fällt nicht leicht. Die Gründung des «Mouvement féministe» muß als Pionierleistung gewertet werden. Ihr Habitus, ihre Gedankenwelt und ihre scharfe Debattierkunst aber stellen sie an die Spitze der vorwiegend in den achtziger Jahren geborenen «Nun-erst-recht-Generation». Emilie Gourd war, wie Marie Goegg, Genferin. Beide Frauen waren unerschrockene Kämpferinnen – ein typisches Merkmal ihrer hugenottischen Herkunft –, und beide starben in der glücklichen Meinung, die politische Gleichberechtigung der Frau stehe unmittelbar bevor. Beide hatten sich getäuscht.

In seinem Schlußvotum nach der historischen Sitzung vom Dezember 1945 hatte Nationalrat Oprecht gesagt, er hoffe, die Prüfung seines Postulates werde nicht wieder 16 Jahre dauern wie bei der Motion Jenni. Sie dauerte dann tatsächlich «nur» 14 Jahre. Nach fünf Jahren, am 2. 2. 1951, erschien ein «Bericht des Bundesrates an die Bundesversammlung über das für die Einführung einzuschlagende Verfahren». Darin wurde die Auffassung vertreten, das Frauenstimmrecht könne nur durch Verfassungsrevision eingeführt werden und nicht auf dem Weg der Neuinterpretation von Verfassung und Gesetz. Die Räte nahmen in zustimmendem Sinne davon Kenntnis, der Nationalrat mit 128 Ja gegen 11 Nein, der Ständerat mit 36 Ja gegen 1 Nein. Ein Vorschlag des Nationalrates, den Bundesrat zu beauftragen, den Entwurf für die entsprechende Partialrevision der Bundesverfassung auszuarbeiten, wurde dann aber überraschenderweise vom Ständerat mit einem Zufallsmehr von 19 Nein gegen 17 Ja abgelehnt.

Inzwischen waren, ähnlich wie nach dem ersten Weltkrieg, noch acht *kantonale* Abstimmungen in Sachen Gleichberechtigung über die Bühne gegangen. Überall mit negativem Ergebnis: so in beiden Basel, in Genf, im Tessin und in Zürich. Vor der zweiten Abstimmung wurden in den beiden Stadtstaaten Genf und Basel *Frauenbefragung*en durchgeführt. Man wollte endlich überprüfen, ob die Behauptung von Nationalrat Schuler, die Frauen wollten das Stimmrecht gar nicht, zutreffe oder nicht. Bei einer Beteiligung von 60% in beiden Kantonen sprachen sich 85% der Genferinnen *für* und nur 15% gegen das Frauenstimmrecht aus (1952). In Basel waren 73% der Frauen dafür und 27% dagegen (1954). In beiden Kantonen wurde aber in den nachfolgenden Männerabstimmungen die politische Gleichberechtigung der Frau *wieder* abgelehnt.[13]

Diese negativen Resultate in Genf und Basel in den fünfziger Jahren sind die seltsamsten Zeugnisse der Sturheit des Souveräns. Sie wären einer psychologischen oder soziologischen Untersuchung wert, solange die Beteiligten noch am Leben sind und sich erinnern (wollen). Was bewog damals die stimmfähigen Männer, die sich doch als die Vertreter des ganzen Volkes – mithin auch der Frauen, wie sie selbst immer wieder betonten – fühlten, die klare Meinungsäußerung ihrer weiblichen Mitbürgerinnen einfach zu ignorieren?

Dieser enttäuschende Tatbestand war für den Bundesrat nicht eben ermutigend. Inzwischen hatte jedoch der Zürcher Dozent für Völker- und Staatsrecht, *Prof. Werner Kägi,* im Auftrag des schweizerischen Frauenstimmrechtsverbandes, ein Gutachten unter dem Titel «Der Anspruch der Schweizerfrau auf politische Gleichberechtigung» zuhanden des Bundesrates ausgearbeitet. Es gipfelte in den Schlußfolgerungen:

«1. Die tatsächliche Ungleichheit der Frau kann nach heutiger Rechtsauffassung nicht mehr als *erhebliche Ungleichheit*› im Sinne von Art. 4 der BV behandelt werden, die ihren Ausschluß von den politischen Rechten rechtfertigen könnte.

2. Die politische Gleichberechtigung der Frau ist heute ein *vom Staatsrecht fast aller Staaten der Welt* anerkanntes Grundprinzip demokratisch-rechtsstaatlicher Ordnung; sie wird auch *vom Völkerrecht* in der europäischen wie in der universalen Völkergemeinde zusehends klarer anerkannt.

3. Die politische Gleichberechtigung der Schweizerfrau und damit der Übergang zum Erwachsenenstimmrecht ergibt sich aber auch *als Gebot der folgerichtigen Verwirklichung der grundlegenden Werte und Ideen unserer schweizerischen Verfassungsordnung:*

a) als Forderung nach der *vollen Anerkennung der Personenwürde* auch in der Person der Frau;
b) als Forderung nach *reinerer Verwirklichung des demokratischen Gedankens* durch Anerkennung des Mitbestimmungsrechtes der Frau;
c) als Forderung nach *reinerer Verwirklichung des Gerechtigkeitsgedankens in der freien politischen Gemeinschaft* durch Anerkennung der vollen Rechtsfähigkeit der Frau;
d) als Forderung einer *gerechten Korrelation von Rechten und Pflichten* in der Rechtsstellung der Frau.

Der ‹verfassungsmäßige Anspruch auf gerechtes Recht›, der in BV Art. 4 verankert ist, muß auch der Frau gegenüber verwirklicht werden durch Anerkennung ihrer politischen Gleichberechtigung.

4. Die Forderung nach Anerkennung der politischen Gleichberechtigung der Frau ist *nicht das Postulat einer nivellierenden Gleichmacherei,* sondern eines Gerechtigkeitsdenkens, das sehr wohl um tatsächliche Ungleichheiten weiß, die auch im Recht nach ungleicher Behandlung rufen. Die *natürliche Ungleichheit der Frau* wird – um der Gerechtigkeit willen – auch im zukünftigen Recht nach verschiedenen Richtungen zum Ausdruck kommen müssen. Aber über diese gerechten Ungleichheiten soll inskünftig unter dem Regime des Erwachsenenstimmrechtes die Frau *als vollberechtigte Aktivbürgerin* mitbestimmen können.

5. Die Forderung nach Anerkennung der politischen Gleichberechtigung der Frau kann unter den heutigen Bedingungen nicht mehr durch den Hinweis auf die *Möglichkeiten ihrer indirekten Einflußnahme* abgelehnt werden. Ohne die vielerlei Möglichkeiten der indirekten Einflußnahme der Frau auf die Politik, die ihr in unserer freiheitlich-demokratischen Ordnung offenstehen, irgendwie zu verkennen oder zu bagatellisieren, kann doch der ihrer Personenwürde und der demokratischen Gemeinschaft gemäße Einfluß nur durch die *rechtliche* Gewährleistung der politischen Gleichheit voll und wirksam gesichert werden.

6. BV Art. 74, der nach dem Willen des historischen Verfassungsgesetzgebers und auch nach der heutigen Auslegung der Frau die politische Gleichberechtigung verwehrt, steht mit den Grundwerten unserer Verfassung, insbesondere auch mit den Gleichheitsgrundsätzen, die in der Gesetzgebung und staatsrechtlichen Judikatur auf Grund von BV Art. 4 in den letzten Jahrzehnten entwickelt worden sind, *in einem offenen Widerspruch. Die folgerichtige Fortbildung unserer Verfassungsordnung fordert den Übergang zum Erwachsenenstimmrecht* durch die Anerkennung der politischen Gleichberechtigung der Frau.»

Auf Grund dieses Gutachtens kam dann am 22. Februar 1957 die sehr sorgfältig ausgearbeitete, 130 Seiten starke *«Botschaft des Bundesrates an die Bundesversammlung über die Einführung des Frauenstimmrechts und -wahlrechts in eidgenössischen Angelegenheiten»* heraus.

Wieder folgten lange Diskussionen im National- und im Ständerat. Sie waren jedoch nicht mehr so unterhaltend wie 1945. Man kannte nachgerade die Argumente der Befürworter und Gegner. Einen Einwand allerdings hörte man häufiger als früher: In unserem Lande, wo so oft und über so viele verschiedene Sachgebiete abgestimmt werden müsse, wären die Frauen vom Aktivbürgerrecht – schon rein zeitlich – überfordert. Mit anderen Worten: Gerade *weil* die Männer so viele und so vielfältige Rechte besaßen, sollten die Frauen gar keine haben. Tatsächlich war im Laufe der Jahre durch die ständige Ausweitung der politischen Kompetenzen die Kluft zwischen den Rechten der Männer und der Rechtlosigkeit der Frauen immer größer geworden.

Endlich stimmten die Räte am 13. Juni 1958 der Botschaft des Bundesrates zu. Im Nationalrat waren es 96 Ja gegen 43 Nein, im Ständerat 26 Ja gegen 12 Nein.

Hätte in der Schweiz, wie in den andern Staaten, das Parlament allein zu entscheiden gehabt, wäre von diesem Tag an das Frauenstimmrecht in unserem Lande in Kraft gewesen!

Doch es mußte noch dem Souverän vorgelegt werden. Es

war das erste Mal in der Schweizergeschichte – 90 Jahre nach der Rede von Marie Goegg vor der Friedens- und Freiheitsliga, 40 Jahre nach der Rede von Helene von Mülinen vor dem BSF –, daß das gesamte Volk über das Frauenstimmrecht zu entscheiden hatte. *Und dieses «Volk der Hirten» lehnte am 1. Februar 1959 mit einer Mehrheit von 69% das Frauenstimmrecht ab.*

Diese Mehrheit entsprach genau dem Durchschnitt der sechs kantonalen Abstimmungen um 1920. Das Volk als Ganzes hatte sich also in den 40 Jahren nicht verändert, obwohl Europa unter dem Terror der Faschisten gezittert, ein globaler Krieg die Welt erschüttert und das alte Europa in Schutt und Trümmer gelegt worden war. Auch der kalte Krieg und das deutsche Wirtschaftswunder hatten nichts verändert. Die Enttäuschung in den kleinen, aber hart arbeitenden feministischen Zirkeln war riesengroß.

Die etwa 50 Lehrerinnen des Basler Töchtergymnasiums organisierten spontan einen eintägigen *Streik*. Es war die einzige Form des Protests, der den Frauen übrigblieb, nachdem alle legalen Mittel versagt hatten. Die Zeitungen reagierten auf diesen Streik durchweg beleidigt und schulmeisterlich. Basel-Stadt zog beim nächsten Zahltag den Frauen pünktlich ein Tagesgehalt ab: Strafe mußte sein! Aber es gab auch Sympathisanten. Der Basler Frauenstimmrechtsverein gewann in jenen Tagen 300 neue Mitglieder.[14]

Die Auswirkungen eines Streiks sind schwer abzusehen, und oft treten sie erst viel später zutage. Sieben Jahre danach sollten die Baslerinnen als erste Deutschschweizerinnen das kantonale Stimmrecht erhalten. (Sieben Jahre nach den großen Suffragettenkämpfen hatten die Engländerinnen das Stimmrecht erhalten!)

Doch das ist weit vorgegriffen. Noch stehen wir in der seltsamen Stagnation der fünfziger Jahre. Womit erklärt sich die unwahrscheinlich konservative Haltung der Schweizer? Wir versuchen im folgenden eine Gesamtdeutung.

Die Gegenemanzipation der Nachkriegsjahre
Amerika und Rußland hatten den Krieg gewonnen. Das war die einzige Meinung, worin sich das Nachkriegseuropa einig war. Sieger werden bewundert oder gefürchtet, zuweilen beides zusammen. Die in unheimliche Nähe gerückte Sowjetmacht wurde in Deutschland und Österreich gefürchtet, der siegreiche «große Freund» Amerika wurde bewundert. Dies um so rückhaltloser, je mehr man vor den Russen Angst hatte.

Auch in der angeblich so unabhängigen und so eigenständigen Schweiz liefen die Männer in ausrangierten US-Militärmänteln herum, wälzten die Buben die von den GI-Urlaubern erbettelten Kaugummi schmatzend zwischen den Zähnen und wurde die Ländlermusik mit amerikanischen Swing-Rhythmen durchsetzt.

Wer im Handel tätig war, beeilte sich, seine Geschäftsbeziehungen mit Amerika zu festigen oder neue anzuknüpfen. Junge Männer und junge Ehepaare aus «gutem Haus» wurden von ihren Eltern nach den USA geschickt, um die dortigen Wirtschafts- und Wissenschaftsmethoden kennenzulernen. Wer in der Heimat eine finanzielle, kommerzielle oder akademische Karriere machen sollte, mußte ganz einfach in den Vereinigten Staaten gewesen sein.[15]

Eines fiel den jungen Schweizerinnen und Schweizern sofort auf im neuen Land. Die Amerikanerinnen waren gar nicht so emanzipiert, wie sie es erwartet hatten. Sie heirateten vielmehr mit spätestens 20 Jahren und setzten dann ein ganzes Rudel Kinder auf die Welt. Brot und Kuchen backten sie selber, Kleider nähten sie eigenhändig und rieben sich tüchtig und zuweilen etwas verbissen für Mann und Kinder auf.

Das mutete die in patriarchalischen Verhältnissen aufgewachsenen jungen Schweizer heimelig-vertraut an. Sie realisierten nicht – woher hätten sie das geschichtliche Wissen nehmen sollen? –, daß in den USA eine der größten Umwälzungen in der Beziehung der Geschlechter im Gange war, die es je gegeben hatte. Das Zeitalter der Gegenemanzipation war angebrochen.

Die Amerikaner hatten mit ihrem Eintritt in den zweiten Weltkrieg den stärksten Schock seit dem Sezessionskrieg erlitten. Die Männer, die vom Dschungelkrieg im Fernen Osten, von den Bombenraids über Europa und Japan, vom Infanteriekampf in Afrika und in Deutschland lebend heimgekommen waren, hatten nur einen Wunsch: Sie wollten ein trautes Heim, eine sorgende Frau und viele Kinder. Die Frauen – zu Tausenden aus der Rüstungsindustrie entlassen und von anderen attraktiveren Stellen wegschikaniert – waren ihrerseits nur zu gerne bereit, den Wünschen der frustrierten Heimkehrer entgegenzukommen. Auch sie sehnten sich nach Jahren der Ungewißheit und Angst nach Ruhe, Geborgenheit und der Stütze eines Mannes. Es kam in den Vereinigten Staaten – wie übrigens in allen Staaten, die am Kriege teilgenommen hatten –, zu einer wahren Geburtenexplosion.

Warum? Die Biologen haben statistisch nachgewiesen, daß immer nach einem mörderischen Krieg – und der zweite Weltkrieg war mörderisch – ein sprunghafter Geburtenüberschuß einsetzt: Es sei, als ob die Natur das verlorene Material ersetzen wolle und der Mensch ihrem Willen instinktiv gehorche.

Seltsamerweise setzte in der Schweiz, obwohl sie keine Männer auf dem Schlachtfeld verloren hatte, der gleiche Babyboom ein wie in den USA und den andern kriegführenden Ländern. Es war im Grunde nichts als bare Nachahmung, eine von außen übernommene Modeerscheinung. Das allerdings durfte niemand laut sagen. Denn nie in ihrer ganzen Geschichte hatte die Schweiz so energisch darauf bestanden, ein Sonderfall zu sein und als solcher respektiert zu werden.

Die Enkelinnen jener Frauen, die so bitter um einen Beruf und um die Gleichberechtigung gekämpft hatten, und die Töchter jener «Nun-erst-recht-Generation», die lachend die gewaltige SAFFA-Schnecke am Bundeshaus vorübergeführt hatte, wurden brave Hausmütterchen. Fast alle brachen ihr Studium oder ihre Lehre verfrüht ab und landeten im Hafen der Ehe. Sie gebaren viele Kinder und widmeten sich der Hausarbeit. Die aber war im Lauf der Jahre – dank den amerikanischen Maschinen, die nun Mode wurden – immer langweiliger und phantasieloser geworden. Und wenn keine kleinen Kinder mehr im Haus waren, fühlten sich die Frauen isoliert und einsam. Da man aber, außer den wenigen und teuren Fremdarbeiterinnen aus dem Süden, keine Haushalthilfen mehr bekam, waren diese Hausmütter auf die technischen Erleichterungen angewiesen. Und sie merkten nicht, daß sie sich damit zu Dienstmädchen ihrer Ehemänner degradierten.

Worte wie «Emanzipation», «Gleichberechtigung», «Frauenstimmrecht» wurden zu Tabus wie Bauch, Bein und Busen im viktorianischen Zeitalter. Eine Frau, die auch beruflich etwas erreichen wollte, wurde abschätzig oder mitleidig beurteilt. Der Ruf Nationalrat Wicks: «Gebt uns wieder gute Mütter!» wurde vor allem quantitativ verstanden. Er fiel auf gut vorbereiteten (Blu-) Boden, war gepflügt von Gotthelfs «Uli, dem Knecht» und gedüngt von den Nachrichten, Zeitschriften und Reklamen über den American way of life. Auf seltsame Weise verband sich (wie im Jodelswing) das «bluemete Trögli» von Gotthelfs Eisi mit der Tiefkühltruhe der amerikanischen Mary. Daß es ein Anachronismus war, wenn die Frauen dem Ideal Gotthelfscher Bäuerinnen nacheiferten, weil ihnen die Lebensgrundlage des Emmentals im 19. Jahrhundert fehlte, begriff niemand.[16] Kein Gatte (außer vielleicht Nationalrat Schuler) konnte seiner Frau einen Hof bieten mit 30 Hektaren Land und einem Troß von Knechten und Mägden. Die Frau der fünfziger Jahre jedoch sollte in einer Dreizimmerwohnung die Urmutter spielen.

Schon Anfang der fünfziger Jahre begann man in kritischen Zirkeln über den baulichen Heimatstil zu witzeln. Der war immerhin eine genuin schweizerische Erfindung und nicht einmal so übel. Doch über den falschen Heimatstil des schweizerischen family life wagte niemand zu spotten. (Die Frage bleibt offen, ob die Hausmütterchen der Nachkriegsjahre überhaupt so gute Mütter waren, wie sie glaubten. Warum wurden ausgerechnet ihre so sorgsam gehegten Kinder, als sie in die Pubertät kamen, zur unbotmäßigsten und schwierigsten

Generation der vergangenen hundert Jahre? Waren sie zu sehr verwöhnt worden? Oder waren die Einflüsse von außen stärker als der vielgerühmte Wohnstubengeist? Der hatte zu Pestalozzis und Gotthelfs Zeiten tatsächlich eine moralische Macht bedeutet. Aber war er in den sechziger Jahren von den Zeitströmungen und ihrem amerikanischen Vehikel, der Television, nicht einfach zermalmt worden?)

Ganz so konform wie die Amerikanerinnen waren die Schweizerinnen allerdings nie. Unterirdisch wirkten Gegenströmungen. Das bewiesen schon die Frauenstimmrechtsvereine, die, klein und verachtet, hartnäckig weiterexistierten. Es waren ihrer immer ungefähr dreißig, davon zwölf im Welschland. Ihre Trägerinnen waren vorwiegend die noch überlebenden Persönlichkeiten der «Nun-erst-recht-Generation». Sie waren früh und vielfach Großmütter geworden; zum Glück aber ließen sich doch nicht alle von dem ebenfalls aus Amerika importierten «Babysitting» jede Zeit rauben.

Von ihnen ging dann auch der Impuls aus für eine neue SAFFA – 30 Jahre nach der ersten. Und sie kam wahrhaftig zustande! Ein großes Verdienst daran hatte die Chefarchitektin *Annemarie Hubacher-Constam*. Allerdings wurde viel lauter betont, daß sie auch Hausfrau und Mutter sei als daß sie wirklich originelle Einfälle habe.

Der SAFFA II fehlten jedoch der Schwung und Pioniergeist der ersten Ausstellung für Frauenarbeit in Bern. Es wurde eine hübsche, bunte Schau mit viel traulich-fraulichem Drum und Dran. Nachdenklich stimmte eigentlich nur «Die Linie», eine graphische Darstellung, welche die Entwicklung der Stellung der Schweizer Frau zeigte. Das letzte Bild war sinnigerweise durch einen Spiegel ersetzt (Verfasserin war Dr. Marga Bührig, Graphikerin Varia Honegger-Lavater). Abgesehen davon wurden alle heiklen Probleme umgangen und alle emanzipatorischen Töne vermieden. Das Organisationskomitee war ängstlich darum bemüht, keine frauenrechtlerischen Tendenzen zu verraten. Man wollte nur ja keine Besucher abschrecken. Der Frauenstimmrechtsverein durfte «seinen Tag» erst am letztmöglichen Termin abhalten, damit er nichts mehr verderben konnte. Ein Umzug wie an der Saffa I wurde selbstverständlich nicht gestattet.

Doch es gab offenbar schon damals so etwas wie einen weiblichen *underground*. Zu Untergrund-Aktivitäten kommt es immer da, wo die Oberfläche so schön, heil und glatt erscheint, daß sie nicht mehr der Wahrheit entspricht. Aus diesem Untergrund wurde ausgerechnet im SAFFA-Jahr 1958 eine Bombe auf die wunderschöne schweizerische Oberfläche geworfen.

Doch man wußte noch vom Krieg her, wie man mit Brandbomben umgeht: mit viel Sand zudecken und dann auf einer Schaufel rasch beiseite tragen. So wurde auch diese Bombe unschädlich gemacht, und sie hatte tatsächlich im Moment keine Wirkung. Es war das Buch «*Frauen im Laufgitter*» von Iris von Roten, der früheren Redaktorin am «Frauenblatt» (Verlag Hallwag). Die Autorin nahm viele Gedankengänge der neoemanzipatorischen Bücher der späten sechziger Jahre vorweg. Aber nur die Frauenblätter, einige Frauenzeitschriften und das *Bethli* im «Nebelspalter» setzten sich ernsthaft mit dem Buch auseinander. Die großen «seriösen» Tageszeitungen besprachen es oberflächlich – halb spöttisch, halb beleidigt –, oder sie schwiegen es überhaupt tot. Die Männer hatten Wichtigeres zu tun, als sich mit Frauenproblemen zu befassen.

Und was taten sie? Kostüme entwerfen zum Beispiel. 1959 waren an der Basler Fasnacht alle Mitglieder einer Clique als Frauen verkleidet. Sie trugen weite Röcke, hatten dumme Gesichter und gingen in einem Laufgitter. Eine halbwüchsige Piccolopfeiferin trug ein besonders fein gearbeitetes Laufgitter mit schnatternden Gänsen darin auf der Achsel. Auf die Frage, wer das gemacht habe, antwortete sie stolz: «Min Vatter!»

Die Bombe hatte nicht gezündet. Die Prophetin gilt nichts im Vaterland. Wenn eine Bombe in der Schweiz explodieren sollte, dann mußte sie aus dem Ausland kommen. Und zwar aus jenem Ausland, das bei uns in der Nachkriegszeit als das Vorbild schlechthin galt: aus Amerika. Die Bombe kam, aber erst 1966.

Umschwung

Erste Erfolge in der Suisse romande und in Basel
Am 1. Februar 1959, am Tage der Ablehnung der Gleichberechtigung der Schweizerfrau durch den männlichen Souverän, blieb den unentwegten Vorkämpferinnen nur *ein* kleiner Trost: die drei protestantischen Stände der Suisse romande hatten – als einzige Kantone – *angenommen*.

Die *Waadt* hatte gleichzeitig mit dieser Abstimmung auch über die Einführung des Frauenstimmrechts auf kantonaler Ebene befunden. Und sie hatte angenommen! Der Kanton des großen Charles Secrétan ging also allen voran. Wie hätte sich Marie Goegg, die vor neunzig Jahren mit dem Ruf «*A bas la pétroleuse!*» in Lausanne empfangen worden war, darüber gefreut!

Innert Jahresfrist führten nun auch *Neuenburg* und *Genf* das kantonale Frauenstimmrecht ein.

Die Deutschschweizer waren um eine Erklärung der Vorgänge in der Welschschweiz nicht verlegen. Hartnäckig behaupteten sie, die Männer der Suisse romande mißachteten das Stimmrecht ohnehin; sie betrachteten es als lästige, sogar als unnötige Pflicht und nicht als hohe Ehre. Deshalb hätten sie es ihren Frauen angehängt. Darin lag ein Korn Wahrheit.[1] Daß die notorisch schlechte Stimmbeteiligung der Welschen nach der Einführung des Frauenstimmrechts gebessert hätte, kann nicht behauptet werden. Ebensowenig darf man aber die emanzipatorische Tradition in der liberalen Westschweiz in Frage stellen.

Wie aber stand es in *Basel?*
Herr Merian war verunsichert und sprach:
> Vo miner Sekretärin mues i heere,
> Firs Frauestimmrächt z sy, das syg modärn,
> Me sott sich gwiß nit gege d Fraue speere;
> Au ich gang mit der Zyt, das sag i gärn.
> Und doch! Me stell sich vor, daß d Mägd dien stimme!
> Wo fiert das ane! S macht mi deschperat.
> Eso kunnt jo my Huushalt ganz ins Schwimme;
> Am Sunntig isch der Brootis nit parat,
> Will d Babett no an d Urne mues, i bitt ...
> I waiß nit, soll me oder soll me nit.

Blasius (1954)

Nirgends hatte man der Enttäuschung über die Ablehnung des Frauenstimmrechts auf Bundesebene so unverhohlen Ausdruck gegeben wie in Basel. Schon anläßlich des Lehrerinnenstreiks war beschlossen worden, den schwarzen Abstimmungstag zum Frauenstimmrechtstag zu ernennen und im folgenden Jahr eine große Demonstration durchzuführen. Man einigte sich auf einen Fackelzug mit Musik und Transparenten, wie er in Zürich bereits vor Jahresfrist – also auf die Abstimmung hin – veranstaltet worden war.

Wenn man bedenkt, wie negativ die Presse beim Streik reagiert hatte, so kann man ermessen, wieviel Mut und Idealismus dieses Unternehmen benötigte. Wie viele würden mitmachen, und wie würde sich die Bevölkerung verhalten? Doch die Initiantinnen bestellten kühn tausend Fackeln – lieber zuviel als zuwenig!

Die Herzen klopften und die Knie zitterten ein wenig, als man am Abend des 1. Februar auf den Münsterplatz eilte, der als Treffpunkt ausgemacht worden war. Man kannte sich gegenseitig am grünen Abzeichen.

Welche Überraschung! War es möglich, oder war es eine Sinnestäuschung? Der große alte Platz war gefüllt mit einer unüberblickbaren Menge – Kopf an Kopf! Manchen kamen bei dem überwältigenden Anblick die Tränen. Tausende von Händen streckten sich nach den Fackeln aus, junge kräftige, alte zittrige, männliche und weibliche Hände. Es reichte lange nicht für alle. – Feierlich bewegte sich der Zug durch die Innenstadt und über die Rheinbrücke. Die Bevölkerung verhielt sich durchaus positiv.

Doch nicht nur in Basel, sondern in der ganzen Schweiz verwandelte sich unmerklich die Szenerie. Kleine Veränderungen wurden manifest, die man erst im Rückblick als Vorboten des Umschwungs erkannte. Seit Anfang der sechziger Jahre erntete, wer sich zum Frauenstimmrecht bekannte, nicht mehr böse oder mitleidige Blicke wie früher, sondern Zustimmung. Und dies nicht nur von alten Frauen, von denen man es ja gewohnt war, sondern auch von jungen.

Als ich 1961 an der Oberschwesternschule, wo ich damals Sprachunterricht erteilte, meine alljährliche Diskussionsübung «Pro und contra Frauenstimmrecht» veranstaltete, wollte keine Schülerin mehr als Gegnerin auftreten, die katholischen Ordensschwestern am allerwenigsten. Dabei blieb es. Einige Jahre später hielt ich in einem industriellen Vorort von Basel in einem kirchlichen Frauenkreis ein Referat über die Frage «Was ist eigentlich weiblich?» Danach wurde diskutiert. Nie zuvor hatte ich eine so interessante und ergiebige Diskussion mit Frauen erlebt. Waren die Baslerinnen doch die aufgewecktesten Frauen der Schweiz?

Aber auch die Zürcherinnen waren aufgewacht. Das zeigte sich beispielsweise an verschiedenen Zeitungsartikeln. 1966 schrieb eine Journalistin in der «Neuen Zürcher Zeitung»: «Man lasse uns Frauen doch endlich wir selber sein, ohne uns immer vorschreiben zu wollen, wie und was ‹die Frau› sein soll.»[2] Das war ein neuer Ton. Und er wurde lauter und vielfältiger.

Jedenfalls fand die These des Zürcher Historikers und Zeitkritikers *Karl Meyer,* jede Niederlage bedeute einen moralischen Sieg, in den Folgen der eidgenössischen Ablehnung des Frauenstimmrechts eine glänzende Bestätigung. Alle Frauenstimmrechtsvereine – nicht nur derjenige von Basel – verzeichneten nach dem Mißerfolg einen erfreulichen Zuwachs. Das steigerte ihre Unternehmungslust und verbesserte die Finanzlage. Die erfreuliche Entwicklung war teils spendablen Mitgliedern, teils wohl der Konjunktur überhaupt zu verdanken.

Bis Mitte des Jahrzehnts lagen bereits wieder zehn neue Motionen zum alten Thema auf kantonaler Ebene bereit. Drei davon wurden bis Ende 1965 erheblich erklärt: im Tessin, in Basel-Stadt und in Zürich.

Mit Spannung verfolgte man die Entwicklung im Tessin. Würde der Kanton mit der ehrwürdigen feministischen Tradition und der vorwiegend katholischen Bevölkerung noch vor den Deutschschweizern das Frauenstimmrecht einführen? Er tat es nicht; aber er erzielte einen gewaltigen Achtungserfolg: 15 974 Ja gegen 17 116 Nein. Mehrere Städte und Ortschaften hatten das Frauenstimmrecht angenommen.

Zwei Monate später kam Basel an die Reihe. «Wir sind in einer verrückten Spannung. Wie wird es herauskommen am 25./26. Juni?» schrieb mir die in Basel wohnende Redaktorin der Frauenstimmrechtsseite des «Schweizer Frauenblattes». Die Seite war 1959 anläßlich des Basler Lehrerinnenstreiks als monatliche Beilage eingeführt worden. «Sie werden kaum genug Stoff dafür haben», hatte die alte Kämpferin (seit 1920!) Elisabeth Vischer-Alioth damals bedenklich geäußert. Nun reichte die Seite kaum mehr aus für die vielen Neuigkeiten.[3]

Am Sonntagabend, dem 26. Juni 1966, meldete der Radiosprecher mit seiner gewohnt ruhigen Stimme: «In Basel-Stadt wurde das Frauenstimmrecht mit 13 713 Ja gegen 9114 Nein angenommen.» Viele konnten es kaum glauben. Hatten sie recht gehört? Die Telephonverbindungen waren eine Zeitlang blockiert, obgleich sich die Botschaft in zwei Worte fassen ließ. Eine Frau rief sie der andern zu: «Mir hänns!»

Als erste unter den Deutschschweizerinnen hatten nun die aktiven Baslerinnen ihr Ziel erreicht. An zwei empfindlichen

Randstellen war die Mauer des männlichen Widerstandes durchbrochen.

Die Anti-Frauenstimmrechtskampagne in Zürich
Was den Baslern recht ist, ist den Zürchern noch lange nicht billig.

Angst und Aufregung bemächtigte sich der Frauenstimmrechtsgegner in und um die größte Schweizer Stadt. Eilig gründeten sie überall Antistimmrechtskomitees, in denen plötzlich zahlreiche Frauen saßen. Waren es so viele, oder schrien sie nur so laut, daß man glauben sollte, ihre Zahl sei so groß? Wo kamen diese Frauen her?[4] Bei der Volksbefragung von 1955 waren in Zürich doch achtzig Prozent der Frauen fürs Stimmrecht gewesen. Seit Jahrzehnten waren die Vorkämpferinnen für die Gleichberechtigung vergeblich gegen eine männliche Mauer angerannt. Das hatten sie mit Heroismus ertragen. Nun mußten sie auch noch die deprimierende Erfahrung machen, daß ihnen Vertreterinnen des eigenen Geschlechts in den Rücken schossen. Helene Lange, die größte Theoretikerin der Frauenbewegung, hatte zwar geschrieben, solche Erscheinungen seien das sichere Anzeichen des Umschwungs. Doch wer las noch Helene Lange? Weder Befürworter noch Gegner.[5]

Mit einem Mal hielten Frauen – von denen man früher nie etwas gehört hatte und später nie mehr etwas hören sollte – im ganzen Kanton flammende Reden und gaben beschwörende Broschüren gegen das Frauenstimmrecht heraus. Dies legt den Verdacht nahe, daß viele von ihnen von Männern (zum Teil wohl von ihren eigenen) vorgeschoben waren. Dafür sprach auch der *Jargon*, der allen gemeinsam war und der immer darauf hindeutet, daß der oder die Sprechende die Gedankengänge nicht selber erarbeitet hat.

So redeten diese Anti-Suffragetten ausnahmslos von der «instinktiven Abwehr der Frau gegen das Stimmrecht» und von der ihr drohenden «totalen Verpolitisierung». Sie malten übereinstimmend das Schreckbild der «chinesischen Panzersoldatin» oder der «russischen Schwerarbeiterin» als unausweich-

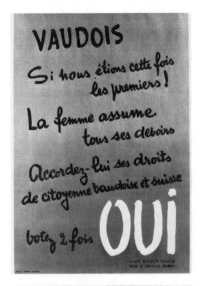

Plakate
Oben links: Waadt 1956, Entwurf unbekannt.
Oben rechts: Zürich 1947, von Hugo Laubi.
Unten links: Basel 1966, von Celestino Piatti.
Unten rechts: Zürich 1966, Entwurf anonym.

liche Konsequenz der Gleichberechtigung an die Wand. Unisono warfen sie den Befürwortern «Zwängerei» und «Gesinnungsterror» vor. Das ganze Vokabular der Nazizeit wurde wieder aufgewärmt. Als «Krönung» der Antistimmrechtskampagne erschien «Der Züri Bote». Das Flugblatt erinnerte ganz und gar an den «Stürmer».[6]

Allerdings trieb einige Gegnerinnen auch echte Angst zur Opposition. In aller Ehrlichkeit glaubten sie, Haus und Heimat vor der kommenden Revolution schützen zu müssen. Im hundertzwanzig Jahre alten «verstockten Männerstaat» bedeutete die Einführung des Frauenstimmrechts tatsächlich eine revolutionäre Tat, auch wenn sie unblutig und überfällig war.

Diese Frauen befürchteten vor allem, das Frauenstimmrecht wirke sich *lähmend* auf das politische Verantwortungsbewußtsein der Männer aus. Wie «instinktlos» – um in ihrer eigenen Sprache zu reden – verkannten diese Gegnerinnen die Schweizermänner! Wann je würde sich der Durchschnittsschweizer nicht mehr mit Politik befassen? So wenig wie die Durchschnittsschweizerin je von ihrem Kinde lassen wird – trotz politischer und anderer außerhäuslicher Betätigung!

Diese «besorgten Mütter» interpretierten den Wunsch nach Gleichberechtigung ungeniert als weibliches Mißtrauensvotum an die Adresse der Männer, denen man die Sorge ums Vaterland nicht mehr wie früher getrost überlassen wolle. – Daß diese Gesinnung die Frauen auf eine Stufe mit Kindern und Schwachsinnigen, das heisst Unmündigen, stellte, wollten diese Damen nicht gelten lassen. Sie hatten ja fast alle einflußreiche Gatten in höheren Positionen – und das kam auch ihrem Status zugute –, zwei bis fünf Kinder, große Häuser und prächtige Gärten. Damit war auch ihr individueller Herrschaftsbereich gesichert, der sich oft weit über Kinder und Enkel, Schwiegertöchter und -söhne, Angestellte und Nachbarn erstreckte. Wie schon zu Helene von Mülinens Zeiten waren diese bevorzugten weiblichen Existenzen am schwierigsten von der Notwendigkeit der politischen Gleichberechtigung zu überzeugen, weil sie «alles» hatten, was ein traditionelles, in (veralteten) ständischen Ordnungen wurzelndes Frauenleben erfüllte. Nur die geistige Weite fehlte ihnen, sich andere Werte vorzustellen als die, welche sie selber besaßen. Zudem waren sie – wie der Herr Merian im Gedicht von Blasius (S. 155) – gar nicht erbaut vom Gedanken, daß auch die Köchin stimmen könnte.

In ihrer Panik vor der drohenden Apokalypse verfaßten die Gegnerinnen ein Rundschreiben an alle Pfarrer des Kantons. Darin flehten sie die «Hüter der göttlichen Ordnung» an, ein Bollwerk gegen das kommende «Unheil» zu errichten.

Theologieprofessor Arthur Rich veröffentlichte darauf in der «Neuen Zürcher Zeitung» folgenden offenen Brief:
«Sehr verehrte Damen,

Sie haben kürzlich einen *Aufruf an alle Theologen der evangelisch-reformierten Kirche im Kanton Zürich* versandt. Darin versuchen Sie, Dozenten und Pfarrer gegen die Einführung des Frauenstimm- und -wahlrechts zu mobilisieren. Das geschieht mit Gründen, die eine Antwort abnötigen, und zwar eine deutliche.

Es liegt mir ferne, Ihre subjektive Ehrlichkeit in Zweifel zu ziehen. Auch ließe sich über einige Argumente, die Sie vorbringen, diskutieren. Trotzdem bin ich als Theologe über Ihren Aufruf einfach *bestürzt*. Sie lassen ihn mit den fast beschwörenden Worten enden: ‹Zum Abschluß möchten wir nochmals betonen, daß die Einführung des Frauenstimmrechts nichts zu tun hat mit Gerechtigkeit im Sinn des Wortes (das heißt doch wohl der Bibel?), im Gegenteil; durch die Befürwortung dieser fragwürdigen Rechtsforderung wird ein verhängnisvoller Beitrag geleistet zur Entehrung, Verwässerung und Entkräftung der uns gesetzten göttlichen Ordnungen.›
Göttliche Ordnung ist für Sie der *Patriarchalismus* mit seiner gesellschaftlichen Vorrangstellung des Mannes gegenüber der Frau. Woher wissen Sie es eigentlich so genau, daß das eine göttliche Ordnung sei?

Nun, Sie berufen sich auf *Paulus*. Das ist eine sehr bequeme

Sache, weil man nicht riskieren muß, von ihm dementiert zu werden. Aber tun Sie das mit Recht?

Gewiß, Paulus hat in seinen Tagen die Frauen aufgerufen, sich nicht über die Männer zu erheben, wie er auch die Sklaven ermahnte, ihren Herren gehorsam zu bleiben. Und sicher tat er es mit Argumenten, die aus dem patriarchalischen Ordnungsdenken stammen. Allein, was wollte er damit? Den Leuten weismachen, daß die herkömmliche Vorrangstellung des Mannes über die Frau im ewigen Willen Gottes liege? Sie haben doch die Stelle, auf die Sie anspielen (1. Kor. 11,3), hoffentlich nicht bloß herausgepickt, weil sie zufälligerweise in das Konzept Ihrer Abstimmungspropaganda paßt? Sie müssen darum wissen, daß sie eine Fortsetzung hat. Es heißt im 11. Vers: ‹Doch ist im Herrn weder die Frau ohne den Mann noch der Mann ohne die Frau.› Daraus wird deutlich, was der Apostel sagen will. Er will den Frauen in Korinth (die wie die Männer unverschleiert in die Gottesdienstversammlung gehen wollten) zu verstehen geben: Stellt euch in dieser Sache nicht den Männern gleich; aber selbstverständlich bleibt es dabei, daß es in dem Neuen, das durch Christus in die Welt gekommen ist, so wenig einen Vorrang des Mannes über die Frau gibt wie einen Vorrang der Frau über den Mann. Paulus macht also aus dem Patriarchalismus, den er in bestimmten Fällen noch vertreten kann, keine ewige Ordnung Gottes, ganz im Gegenteil. Allein, das gerade, meine Damen, machen Sie. Sie wünschen vor der Öffentlichkeit den Eindruck zu erwecken, daß es in der Frage des Frauenstimmrechts letztlich darum gehe, ob wir die ‹göttlichen Ordnungen› noch ernst nehmen wollen oder nicht. Und damit unterstellen Sie den Befürwortern und Befürworterinnen des Frauenstimm- und -wahlrechts schlicht und einfach, daß sie unser Land der ‹Vergottlosung bzw. dem sog. Trend ins Totalitäre ausliefern› wollen, wie es in Ihrem Aufruf ausdrücklich heißt. Wissen Sie, daß Sie mit derselben Argumentation auch die geschehene Sklavenbefreiung als einen Akt der ‹Vergottlosung› der Welt diskriminieren müßten? Das ist doch schlechterdings absurd.

Lassen Sie darum, sehr verehrte Damen, in Ihrem Feldzug gegen die Aktivbürgerschaft der Frau die Bibel aus dem Spiel. Es geht hier um gar nichts anderes als um die *Frage der politischen Gerechtigkeit in der modernen Demokratie*, darum, daß, nachdem der Grundsatz der politischen Mündigkeit aller erwachsenen Bürger durchgefochten worden ist, der Mann nicht ohne die Frau in Gesellschaft und Staat bestimme. Damit wird nicht bestritten, daß Mann und Frau verschiedene, in ihrer ‹Natur› begründete Funktionen haben. Aber wo in aller Welt ist denn gesagt, daß sich der ‹natürliche› Aufgabenkreis der Frau auf das Haus beschränken müsse und allenfalls noch auf eine amateurhafte Mitarbeit in Kirche, Schule, Fürsorge? Auf alle Fälle nicht in der Bibel!

Ihr *Hauptargument* ist darum auch kein biblisches, sondern ein *politisches*. Und man muß sagen, daß ihm, wenigstens auf den ersten Augenblick, der Reiz einer gewissen Neuheit zukommt. Es lautet: ‹Die Aktivbürgerschaft ist kein Individualrecht, sondern eine *staatliche Organfunktion*.› Was verbirgt sich hinter dieser gelehrten Formulierung? Zunächst, daß die Frau das Stimm- und Wahlrecht nicht als ein Menschenrecht verlangen kann, wie es z. B. auch in der Menschenrechtscharta der Uno festgelegt ist. Doch weshalb kommt es dann dem Manne zu? Nun, Sie sagen, weil er der ‹Vertreter der Familie im Staate› sei. Ist er es wirklich? Ist er es in jedem Fall? Ist es auch der zwanzigjährige Sohn einer Mutter, die diesem nicht nur an menschlichem Format, sondern vielleicht auch an staatsbürgerlichem Wissen haushoch überlegen sein kann? Jedenfalls hat er das Stimmrecht neben dem Vater. Warum bedeutet nur das Stimmrecht der Frauen und Töchter, nicht aber auch dasjenige der ledigen Söhne eine ‹Absetzung der Familienoberhäupter›? Trauen Sie den Theologen und anderen Lesern Ihres Aufrufs wirklich zu, daß sie derartige Ungereimtheiten schlucken werden? Aber Spaß beiseite! Wenn Sie Ihr eigenes Argument beim Worte nehmen wollen, dann müßten Sie entschieden das Stimm- und Wahlrecht auf die ‹Familienoberhäupter›, also auf die Väter beschränken und damit den für die Demokratie fundamentalen Grundsatz der bürgerlichen Rechtsgleichheit in Frage stellen. Was das bedeutet, braucht man Ihnen wohl nicht erst zu sagen. Es wäre im Prinzip das *Bekenntnis zu einer autoritären Staatsform,* wie sie einer patriarchalischen, nicht aber einer demokratischen Gesellschaftsordnung ansteht. Auf diesem abschüssigen Weg werden Ihnen Kirche und Zürchervolk gewiß nicht folgen.

Aus den Argumenten, die Sie gegen das Frauenstimmrecht geltend machen, spricht freilich auch die *Sorge um das Wohl und die innere Stärkung der Familie,* was an sich löblich ist und unsere Anerkennung findet. Aber kann es mehr als eine bloße Behauptung sein, daß die Gefährdung der heutigen Familie entscheidend mit der politischen Gleichberechtigung der Frau zusammenhängen soll, wie Sie glaubhaft machen wollen? Hier wären doch ganz andere Dinge in den Vordergrund zu stellen: die neue Alkoholwelle, der moderne Parties-Kult, die kommerzialisierte Prostitution, zu enger Wohnraum und die leider noch lange nicht für alle Mütter verschwundene Notwendigkeit, einem Verdienst nachgehen zu müssen. Was unternehmen Sie zur Bekämpfung dieser ganz wesentlichen Ursachen des Familienzerfalls und der Jugendkriminalität heute? Ich muß gestehen, dass mir Ihre Sorge um die gefährdete Familie um einiges glaubhafter wäre, wenn ich Ihnen auch auf dieser Front begegnen würde, was bisher nicht der Fall gewesen ist. Aber das kann noch kommen. Und dann werden Sie vielleicht einsehen, daß es nicht nur gerechter, sondern auch von Vorteil wäre, wenn *die Frau einen größeren Einfluß auf die Gestaltung unseres öffentlichen Lebens* in Staat und Gesellschaft hätte.

In der Hoffnung, dass es dahin kommt und das Zürchervolk den Frauen endlich die längst fällige Aktivbürgerschaft und damit die *volle Mündigkeit* zuerkennt, bleibe ich Ihr Sie dennoch freundlich grüßender

Arthur Rich.»[7]

Aber noch erreichten diese klärenden Worte nicht alle Ohren, was das Abstimmungsergebnis beweisen sollte.

Demonstrationen für die politische Gleichberechtigung
Oben: Der Fortschritt des Frauenstimmrechts in der Schweiz, anläßlich der SAFFA 1928.
Unten: Szene aus einem der Fackelzüge, die der Zürcher Frauenstimmrechts-Verein seit 1959 jährlich am 1. Februar durchführt.

Die 107 773 Nein gegen 93 372 Ja – abgegeben am 20. November 1966 – beendeten diesen Kampf, der auf der Gegnerseite mit einer untergründigen Emotion geführt wurde, wie sie ähnlich sieben Jahre später bei der Abstimmung über die Abschaffung des Jesuitenartikels wieder zutage trat.

Die Frauen in beiden Lagern blieben in einer Art Betäubung zurück. Die Befürworterinnen konnten es kaum fassen, daß sie wieder verloren hatten. Und das fast hundert Jahre, nachdem 1868 die Zürcherinnen in einer Petition zur Revision der Staatsverfassung das Stimmrecht gewünscht hatten.

Die Gegnerinnen wurden indessen ihres Sieges auch nicht froh, obwohl sie eine überschwengliche Dankadresse an ihre männlichen Helfer richteten. Sie wußten nur zu gut, daß es ein Pyrrhussieg war. «Noch ein solcher Sieg, und ich bin verloren», mußten sie sich sagen. Es waren nur 52% Nein gegen 46% Ja gewesen. Die Stadt selber – ausgenommen die «Arbeiterkreise» 3 und 4 – und 18 Gemeinden hatten überwiegend für die Gleichberechtigung gestimmt.

Das «Aktionskomitee für das Frauenstimmrecht» unter der Leitung des ehemaligen Stadtpräsidenten Dr. Emil Landolt hatte sich schon 1959 bewährt. Jetzt löste es sich gar nicht auf, wie das sonst nach Abstimmungen üblich ist. Es blieb «für alle Fälle» auf Pikett. Es sollte noch zwei Kämpfe bestehen, dann aber siegreiche...[8]

Revolten und Demonstrationen
Welche Mächte und Kräfte bestimmen den Wandel einer Epoche? Warum ändert sich in wenigen Jahren, was in Jahrhunderten keinen Wank tat?

Der Abstand zur Geschichte der Frauenbewegung verringert sich. Die Historikerin wird zur Zeitgenossin. Selbst von den sich überstürzenden Ereignissen mitgerissen, fällt ihr die objektive Distanz zum Zeitgeschehen immer schwerer. Im Bewußtsein eigener Subjektivität versucht sie, die andrängenden Fragen zu beantworten und das oft verworrene und verwirrende Geschehen zu klären.

Voller Empörung hatte der freisinnige Kantonsrat und Frauenstimmrechtgegner Dr. Niklaus Rappold am 10. November 1966 in der «Neuen Zürcher Zeitung» geschrieben: «Erst zwölf Jahre sind seit der letzten Ablehnung des Frauenstimmrechts im Kanton Zürich vergangen. Was soll sich in diesen zwölf Jahren geändert haben? Die Zürcher Stimmbürger sind doch nicht erst in den letzten zwölf Jahren mündig geworden!»

Herr Rappold ahnte nicht, daß nur drei Jahre später die Zürcher Stimmbürger den Gemeinden die Möglichkeit geben würden, das Frauenstimmrecht auf Gemeindeebene einzuführen. Wie war es dazu gekommen? Wieder hatten Einflüsse aus Amerika den Wandel beschleunigt.

1963 veröffentlichte *Betty Friedan* ihr Buch «The Feminin Mystic» («Die Mystifizierung des Weiblichen»). Drei Jahre später erschien es in deutscher Sprache unter dem Titel «Der Weiblichkeitswahn». Dieses Werk bewirkte eine der größten und nachhaltigsten gesellschaftlichen Veränderungen in den Vereinigten Staaten. Es läßt sich mit dem sozialkritischen Werk einer andern kühnen Amerikanerin vergleichen, das vor neunzig Jahren erschienen war: Harriet Beecher-Stowes Roman «Onkel Toms Hütte», der zur Abschaffung der Negersklaverei Entscheidendes beigetragen hatte.

Was die Leserschaft von Betty Friedans Buch aufwühlte, war die Tatsache, daß die Autorin auf Grund von Umfragen und systematischer Lektüre von 20 Jahrgängen aller wichtigen Frauenzeitschriften der USA nachwies, daß die Amerikanerin *nicht glücklich* war. Hätte sie nachgewiesen, daß alle Amerikanerinnen kleptoman oder lesbisch seien, es wäre nicht halb so schlimm gewesen. Doch *Unglücklichsein* im besten und reichsten Lande der Welt, wo es von allen Plakatwänden schrie: «You are lucky to be born in America», wo das Glücklichsein zum guten Ton gehörte ... Das war schrecklich!

Und warum waren diese Frauen, die doch «alles» hatten, unglücklich? Warum quälten sich alle mit diesem heimlich bohrenden Schmerz, den sie unter sich – bezeichnend genug – nur *the problem* nannten und von dem erst seit 1960 laut geredet und nicht mehr bloß hinter vorgehaltener Hand getuschelt wurde?[9]

Diese Frauen – so wies Betty Friedan überzeugend nach – spielten bloß eine Rolle, die ihnen von außen aufoktroyiert worden war: die Rolle des unbewußt dahinvegetierenden, ganz auf die spezifische Geschlechtsrolle reduzierten Weibchens. Dabei hatten die meisten dieser Frauen eine High school, oft sogar einige Semester College absolviert. Dann hatten sie noch als Teenager geheiratet, viele Kinder geboren und sich mit Haushalt und Familie identifiziert. Sie hatten nicht nur jede geistige Beschäftigung, sie hatten das Denken überhaupt aufgegeben. Nicht aus freien Stücken, sondern weil sie glaubten, das müsse so sein: sie seien dies ihrem Geschlecht schuldig.

Betty Friedan war klug genug, auch nach den Ursachen dieses Mißstandes zu forschen. Im vorigen Kapitel war vom Einfluß der Kriegserlebnisse auf jene Generation die Rede. Betty Friedans Analyse greift tiefer und zeigt Gründe auf, warum diese problematische Rollenverteilung so lange über den Krieg hinaus beibehalten wurde. Die Hauptschuld daran gibt Betty Friedan der Freudschen Psychologie. Seit den späten dreißiger Jahren – seit der gewaltigen Immigration von deutschen und österreichischen Wissenschaftlern und Publizisten also – durchdrang sie wie «feine Vulkanasche» die geistige Welt der USA. Wie Betty Friedan feststellte, waren Soziologie, Anthropologie und Pädagogik, Geschichte und Literatur so gut wie Werbung, Motivforschung und Massenmedien von Freudscher oder pseudofreudscher Psychologie durchsetzt.[10]

Wandten sich die Frauen mit ihrem *problem* an den Psychiater – was in der Nachkriegszeit große Mode wurde –, so gerieten sie mit aller Wahrscheinlichkeit in die Hände eines Psychoanalytikers Freudscher Provenienz. Der jedoch legte sie mit aller ihm zur Verfügung stehenden «wissenschaftlichen» Überzeugungskraft auf ihre enge geschlechtsspezifische Rolle fest.

«Nach der Depression und dem Krieg wurde die Freudsche Psychologie mehr als eine Wissenschaft vom menschlichen Verhalten oder eine Therapie für Leidende. Sie wurde eine allumfassende amerikanische Ideologie, eine neue Religion.»[11]

So weit Betty Friedan.

Es gibt keinen Grund, ihr nicht zu glauben. In der Schweiz allerdings war der direkte Einfluß der Psychologie Sigmund Freuds keinesfalls so durchdringend gewesen. Es war viel eher – wie bereits im vorigen Kapitel erwähnt – die Verbindung von patriarchalischer Tradition mit der Mode des «American way of life», der hier die Gegenemanzipation zur herrschenden Anschauung der fünfziger und frühen sechziger Jahre gemacht hatte.

Als 1966 Betty Friedans Buch auf deutsch erschien, begann sein Einfluß auch in der Schweiz spürbar durchzusickern. Viele Frauen fingen an, bei der Lektüre nachdenklich zu werden. Sie begannen sich Gedanken zu machen über sich selber und nicht mehr nur über das Wohlergehen von Mann und Kindern. Der Aufruf von Betty Friedan, die Frau solle nicht möglichst früh heiraten, sondern sich zuerst bilden und einen Beruf erlernen, machte ihnen sehr Eindruck. Das war ein heilsames und notwendiges Erwachen.

In Amerika selber bewirkte der Bestseller einen gewaltigen Dammbruch. Daß die Unterdrückung der Frau wirklich sehr groß gewesen sein muß, beweist schon die Flut emanzipatorischer Werke, die nun den Markt geradezu überschwemmte. Betty Friedans Werk galt bald als sehr gemäßigter «Klassiker». Die Theorien und Forderungen von Kate Millet, Germaine Greer und Shulamith Firestone, die bald danach erschienen, waren bereits viel extremer und radikaler.[12]

Dafür gibt es noch einen Grund: Nach der «vernünftigen» Frauenrevolte unter Betty Friedan brach unter den Studenten der großen amerikanischen Universitätszentren eine viel lautere Revolte aus. Sie ging unter dem Titel *«Revolte der Jungen Linken»* oder *«Neuen Linken»* in die Geschichte ein. Diese Rebellion riß die Frauenrebellion in ihren Sog.

Unmittelbarer Anlaß der Revolte war wieder ein Krieg, der jahrelange Krieg in *Vietnam,* dem Tausende von Amerikanern zum Opfer fielen. Auch hier wurde zu lange geschwiegen. In ihrer Ohnmacht und Angst vor der Verschickung in den ostasiatischen Dschungel sahen sich die Studenten nach einem Halt um. Sie fanden ihn in Gestalt eines jüdischen Immigranten, des Philosophen *Herbert Marcuse.* Er war damals Professor an der Universität von Kalifornien. In seinen Vorlesungen und Büchern verstand der sehr gescheite, aber auch extreme Gelehrte neomarxistische und psychoanalytische Gedankengänge aufs raffinierteste zu verknüpfen.

Unter Marcuses geistiger Führung lernte die Jugend, das Engagement Amerikas in Vietnam nicht mehr als «Ehrenpflicht», sondern als imperialistischen Krieg anzusehen. «Sit-ins» und «Teach-ins» wurden die neuen strategischen Mittel der jungen Generation gegen die «Repression» oder – noch schlimmer – die «repressive Toleranz» des «Establishments» oder des «Systems» im Zeitalter des «Spätkapitalismus».

Die Wogen rollten nach Europa, besonders nach Frankreich und Deutschland, und ihre äußersten Spitzen erreichten auch bald die Schweiz. In allen größeren Städten kam es ab 1968 zu lärmigen und turbulenten Szenen, deren Anlaß an sich immer geringfügig, ja an den Haaren herbeigezogen war. Indessen ging es ja nicht um eine Sache, sondern um die Revolte an sich. Sehr gut ist das im Zürcher Manifest vom Juni 1968 ausgedrückt:

«Wir sind überzeugt:
Eine Ursache der Krise ist die Unbeweglichkeit unserer Institutionen. Diese Unbeweglichkeit wendet sich gegen den Menschen. Sie verhindert die Anpassung an die sich wandelnden Bedürfnisse der Menschen und die Entfaltung schöpferischer Minderheiten.
Wir erinnern:
Wesentliche Umwälzungen sind immer von Minderheiten ausgegangen. So fand 1848 der Liberalismus gerade in der Jugend leidenschaftliche Anhänger. Diese Minderheit –

damals Revoluzzer genannt – bewahrte die Unabhängigkeit der Schweiz und schuf unseren Bundesstaat.» (Mitverfasser Max Frisch.)[13]

Es ist verwunderlich, daß bei einer solchen Erkenntnistiefe die größte und älteste Ungerechtigkeit im staatlichen und wirtschaftlichen System der Schweiz – die fehlende Gleichberechtigung der Frauen, der Hälfte der Bevölkerung also – von der revoltierenden Jugend so lange nicht beachtet wurde.

Am 10. November 1968 wurde im Zürcher Schauspielhaus das 75jährige Jubiläum des Zürcher Frauenstimmrechtsvereins, der in den letzten zwanzig Jahren eine ungeheure Arbeit geleistet hatte, festlich begangen. Hinter diesem Jubiläum stand zweifellos eine politische Absicht. Man wollte bewußt auf das beschämende Greisenalter der Organisation aufmerksam machen. Und dies bevor der Regierungsrat die Gemeinden ermächtigte, fakultativ das Frauenstimm- und -wahlrecht einzuführen. Die Kantone Bern und Graubünden waren dem Kanton Zürich in der Hinsicht schon zuvorgekommen.

Das Fest, dem ein merkwürdig großes Publikum beiwohnte, spielte sich im üblichen Rahmen ab: Musik, Begrüßung der Honoratioren, Rede von Regierungsrat Bachmann, Referat der waadtländischen Präsidentin des BSF, die seit neun Jahren in ihrem Heimatkanton stimmberechtigt war. Es folgte der eigentliche Festvortrag von Frau Prof. Hedi Fritz-Niggli, Direktorin des Strahlenbiologischen Instituts der Universität Zürich. Frau Prof. Fritz-Niggli hatte damals die höchstmögliche Staatsstelle im Kanton inne.

Als die Referentin ihre Ausführungen geschlossen hatte, stand völlig unerwartet ein anderes Wesen hinter dem Mikrophon. Hatte es überhaupt ein Gesicht? Man sah nur krauses Haar und eine Riesenbrille.[14] Gertrud Sieber gab in der «Staatsbürgerin» eine treffende Schilderung:

«Sie sagte, man müsse jetzt protestieren, nicht jubilieren: ‹Wir zweifeln an dieser Demokratie!› Auch wenn das Stimmrecht komme, sei die Gleichberechtigung noch lange nicht verwirklicht. Das Bewußtsein müsse geändert werden, eine bloß formale Einführung des Stimmrechts nütze nichts. Die junge Dame erwähnte die ungleiche Ausbildung, die ungleiche Entlöhnung, den Umstand, daß Frauen kaum hohe Stellungen bekleiden, das eheliche Güterrecht. Sie stieß sich daran, daß das geltende Recht den Ehemann zum ‹Haupt der Gemeinschaft› erklärt. Sie legte den Finger auf wunde Stellen, die wirklich der Lösung harren; sie packte effektiv bestehende Probleme an; aber man konnte sich des Eindruckes nicht erwehren, es gehe ihr letztenendes nicht um die Stellung der Frau an sich, sondern dieses leider in der Schweiz noch ungelöste Problem biete ihr willkommenen Anlaß, um gemäß einer angelernten Doktrin die Umkrempelung der ganzen Gesellschaft zu fordern. Es wirkte fast zu gekonnt, was sie laut und deutlich, aber hastig und monoton ‹herunterbetete›. Nachdem die junge Rednerin mit dem Ausspruch «Formales Stimmrecht nützt nichts in einer Gesellschaft, in welcher der Mann der Frau das Verhalten vorschreibt, über das er sich hinwegsetzt› die sog. ‹doppelte Liebesmoral› gegeißelt hatte, rief sie: ‹Ich verlange eine Diskussion.›

Zustimmung ertönte vom Balkon. Während die Präsidentin des Frauenstimmrechtsvereins zum Rednerpult schritt, eilte Regierungsrat Bachmann zu der jungen Dame und sprach leise mit ihr. ‹Man droht mir mit der Polizei!› rief das junge Mädchen. Das Wort ‹Polizei› wirkte wie ein Schock. Mißfallensäußerungen wurden laut; auf dem Balkon rumorte es, und die Spannung stieg. Sollte jetzt die ganze Feier platzen? Gab es nun Aufruhr und Gummiknüppel? Auf einmal stimmte das Akademische Orchester, das noch immer auf der Bühne saß, die Instrumente. Der langgezogene Ton A beruhigte die Gemüter: Es war doch alles nicht so schlimm; man konnte es mit Humor nehmen! Ohne Aufforderung durch den Dirigenten – er war jetzt nicht auf der Bühne –, von sich aus und spontan retteten diese jungen Leute – alles junge Leute! – auf derart simple und wirksame Weise die Situation. Dem Akademischen Orchester sei hiermit ganz herzlich gedankt.

Die Feier konnte weitergehen; aber man hörte nicht recht

XANTHIPPE

Der Frühlingswind braust durch die Lande,
Lockert und löset allerlei Bande.
Auch ich möcht' gerne lockern und lösen,
Tapfer rütteln am Schlechten und Bösen,
Morsches brechen, Welkes verwehen,
Daß Starkes, Gesundes könnte erstehen;
Zerzausen alte verworrene Zöpfe,
Tüchtig durchblasen verstaubte Köpfe,

Daß sich schaudernd verkröchen alte Marotten,
Hoch aufflögen Spinnweb' und Motten.
Das gäbe ein herrliches Sechseläuten,
Das den Sieg des Rechtes würde bedeuten,
Freie Bahn allem Können u. ehrlichen Wollen.
Dann nähme ein End alles Murren u. Grollen,
Dann trät' die Xanthippe vom Schauplatze ab,
Fänd' dauernd Ruhe in ihrem Grab.

Organ der Stimmlosen

Nr. 3.   III. Jahrgang 1912.   Erscheint täglich, ausgenommen vor und nach dem Sechseläuten.   Preis 40 Rp.

| Motto | Verfassung des eidgenössischen Standes Zürich. Art. I. Die Staatsgewalt beruht auf der **Gesamtheit des Volkes**. | |

Geschichtliches.

Bilder aus den Freiheitskämpfen der Zürcherfrauen.

I. Die Erstürmung des Zürcher Rathauses.

Nachdem die Frauen Zürichs jahrhundertelang vergeblich das Stimmrecht verlangt hatten, rafften sie sich endlich am 1. April 1913 zu einer entscheidenden Aktion auf. Ihrer etwa 10000 rotteten sich im Lindenhofgäßli zusammen und zogen mit Schürmen, Scheren und Zutnadeln bewaffnet, unter Absingung des Liedes: Wir fühlen uns zu jedem Tun entflammt! vor das Rathaus, das in aller Form belagert wurde. Von der nahen Gemüsebrücke führten befreundete Mitkämpferinnen die nötige Munition zu und unter einem Hagel von Kartoffeln, Kohlrabi, Rüben und andern vegetabilischen Wurfgeschossen gingen sämtliche Fensterscheiben und Dachziegel des altehrwürdigen Hauses in Trümmer.

Der entsetzliche Lärm schreckte urplötzlich die im großen Saal versammelten Kantonsräte aus ihrem friedlichen Schlummer auf. Der Präsident, streckte seinen Kopf durch eine zerbrochene Scheibe und rief den kämpfenden Frauen zu: Gebt Frieden, liebe Bürgerinnen, gebt Frieden! Wilde Rufe: Erst das Stimmrecht! bekam er als Antwort, und von einer Kartoffel besserer Sorte (Magnum bonum) am hervorragendsten Teil

seiner Intelligenz getroffen, zog er sich mit beschleunigter Geschwindigkeit unter das Kanzleitisch zurück. Der Rückzug des Präsidenten übte auf die Kantonsräte eine wahrhaft lähmende Wirkung. Mit wachsbleichen Gesichtern und gesträubtem Haupthaar, soweit solches vorhanden war, sahen sie einander an und harrten zitternd der Dinge, die da kommen sollten.

Das Getöse um das Rathaus hatte unterdessen noch zugenommen. Die Frauen wollten hinein und drückten mit aller Macht gegen die Türe. Noch wurde sie mit äußerster Anstrengung vom Kantonsratsweibel und einigen mutigen Kantonspolizisten von innen verhalten. Aber den wuchtigen Schlägen der von den Frauen mitgebrachten Herdöpfelstößel vermochte die Türe auf die Dauer nicht Stand zu halten und wie ein wilder Bergstrom ergoß sich das Heer der Kämpferinnen ins Innere des Rathauses. Als die ungestümen Horden dem Kantonsratssaale zustürmten, erwies sich der Weibel wiederum als Retter des Vaterlandes, indem er die verängstigten Landesväter durch einen geheimen Gang auf die Winde führte, von wo sich, als die Frauen auch dahin folgten, mit leichter Mühe das Dach gewinnen ließ.

Ein Anblick von weltgeschichtlicher Bedeutung war es, der den aus allen Wirtshäusern der Stadt zum Frühschoppen herbeigeeilten Bürgern bot, als der gesamte Kantonsrat auf dem Giebel des Rathauses erschien. Noch nie, auch nicht bei den bedeutendsten gesetzgeberischen Aktionen, hatte er sich zu einer solchen Höhe und Erhabenheit auf-

Satirische Zeitschrift, die 1910–1914 jeweils zum Zürcher Sechseläuten erschien.

zu, wie die Präsidentin alle noch lebenden früheren Präsidentinnen und einige weitere Persönlichkeiten, so zum Beispiel Regina Kägi-Fuchsmann, deren Verdienste um die Flüchtlinge unvergessen sind, zu Ehrenmitgliedern ernannte. Wie Fräulein Heußi sagte, hatte es nun gleichsam symbolische Bedeutung, daß das Akademische Orchester zum Ausklang die Ouvertüre zur Oper ‹Der Sturm› spielte, die Peter von Winter im Jahre 1798 komponiert hatte.

Das Schauspielhaus stellte Bühne und Zuschauerraum bis dreizehn Uhr für eine Diskussion zur Verfügung. Plötzlich gab es viele bewegliche Mikrophone, und während Feuerwehrmänner und Bühnenarbeiter auf der Bühne in Positur standen, entspann sich ein angeregtes Gespräch zwischen der jungen Rednerin von vorhin samt ihren Freundinnen und dem Publikum. Es war insofern keine vollständige Diskussion, als keine Gegner des Frauenstimmrechtes zugegen waren. Wir machten den jungen Mädchen klar, daß der Frauenstimmrechtsverein die Mitarbeit junger Leute dringend wünscht, daß wir uns schon oft den Kopf darüber zerbrochen hätten, warum keine Jugend im Verein sei. Die Diskussion verlief manierlich. Es gab keinerlei Ausschreitungen. Die jungen Damen zogen eine nicht sehr glücklich formulierte Resolution ohne Murren zurück, als sie keinen Anklang fand. Auf Einzelheiten der Diskussion einzugehen, würde hier zu weit führen. Wichtig erscheint mir das Votum einer Lehrerin: ‹Wir Schweizerinnen dürfen es auf keinen Fall zulassen, daß die Schweiz die Europäische Menschenrechtskonvention mit Vorbehalt unterzeichnet!›

Nach der Feier hörte ich, daß verschiedene Leute den Vorstand des Frauenstimmrechtsvereins kritisiert hätten, wobei einige der Ansicht gewesen seien, wir hätten die Jugendlichen sofort energisch abklemmen sollen, während andere im Gegenteil gefunden hätten, es wäre richtig gewesen, die Feier nicht zu Ende zu führen und sofort zu diskutieren. Wie man's macht, ist's falsch... Diese Kritik zeigt aber auch die Problematik ‹provokatorischer› Aktionen im Zusammenhang mit

Satirische Zeitung der Frauenbefreiungs-Bewegung.
Als Titelvignette erscheint wie schon in der «Xanthippe» (vgl. S. 203) das Medusenhaupt.

der Frauenstimmrechtsfrage: Wohl sind wir bis jetzt mit Bravheit noch nicht sehr weit gekommen; andererseits müssen wir um die Gnade des unberechenbaren Stimmbürgers buhlen. Sosehr uns dies demütigen mag, ist es leider die politische Realität, und die Gefahr ist nicht von der Hand zu weisen, daß Krawalle beim Stimmbürger negativ wirken. Doch sei den selbstzufriedenen Bürgern, die sich durch die Aktion der Fortschrittlichen Studentenschaft Zürich in ihrer Sonntagsstimmung gestört fühlten und jetzt uns vom Stimmrechtsverein den Vorwurf machen, deutlich gesagt: Daß die Frauenstimmrechtsfrage in der Schweiz noch ein politisches Problem ist, daß in einer Zeit, in der neue, dringende Probleme der Lösung harren, eine Selbstverständlichkeit wie das Frauenstimmrecht noch nicht selbstverstänlich ist, daß die linksrevolutionäre Jugend diese ungelöste Frage zum Anlaß für Aktionen nehmen kann, ist weder die Schuld der Jungen noch des Frauenstimmrechtsvereins, sondern einzig und allein die Schuld der ewigen Neinsager, die ihre Privilegien nicht preisgeben wollen und ihren Egoismus hinter wohltönenden, aber hohlen und überholten Argumenten von der ‹besonderen Stellung der Frau› verbergen.» (Nr. 12, 1968)

Der Bericht zeigt deutlich, in welches Dilemma der Auftritt der jungen Rebellin die Frauenrechtlerinnen gestürzt hatte. Zwischen den Zeilen spürt man zwar Sympathie für die Revolutionärin, klar ausgedrückt aber wird nur die Angst, solche Störakte könnten der «guten Sache» schaden.

Während hundert Jahren durch Mißerfolge und Rückschläge zutiefst verunsichert, waren die Schweizerinnen einzig darum bemüht, keine Fehler zu begehen, niemanden vor den Kopf zu stoßen und nicht unliebsam aufzufallen. Mit dem Erfolg, daß sie mit ihren sanften Aktionen tatsächlich immer übersehen wurden. Wenn sie ausnahmsweise doch etwas Sicht- oder Hörbares unternahmen, rief dies sofort die Nörgelei der Schweizer Schulmeister auf den Plan. «Wie man's macht, ist's falsch!» wäre wohl das beste Motto über der Geschichte der Schweizer Frauenbewegung.

Kein Wunder, daß die «Jungen Linken» mit ihren Aktionen die Frauen der alten Garde erschreckten. Sie ließen von nun an die Feministinnen nicht mehr zur Ruhe kommen. Damit erfüllten sie – im positiven wie im negativen Sinne – eine historische Aufgabe. Wurde ein Fackelzug, eine Kundgebung, ein Protestmarsch oder gar der große 4. Schweizerische Frauenkongreß in Bern organisiert, immer waren diese jungen, frechen, lieben Störenfriede dabei. Sie belebten die Aktionen und verhalfen ihnen zu *publicity* – vorwiegend zu einer verzerrten.

Erst *nach* dem Auftritt im Schauspielhaus formierten sich die weiblichen Mitglieder der «Neuen Linken» zu einer eigenen losen Gruppe der *Frauenbefreiungsbewegung* (FBB), deren Ursprung ebenfalls in Amerika zu suchen ist.

Die 1. Grundsatzerklärung, die in unserem Lande herauskam, lautete:

«Die FBB wurde im Herbst 1968 von Frauen gegründet, welche
a) einsahen, daß sich die Lage der Frau mit dem zu erwartenden Stimm- und Wahlrecht kaum verändern würde, und
b) erfahren hatten, wie die Frauenfrage auch innerhalb der Linken übergangen wird und daß hier im allgemeinen dieselben patriarchalischen Mechanismen spielen wie in der bürgerlichen Gesellschaft.
1. Die FBB ist ein Teil der gesamten linken Bewegung. Der Kampf um die Freiheit aller Menschen in einer sozialistischen Gesellschaft muß die Emanzipation der Frau einschließen.
2. Wichtiges Anliegen der FBB ist, ihren Mitgliedern Selbstbewußtsein zu vermitteln. Dazu ist es nötig, alle bestehenden familiären, kulturellen und sozialen Diskriminierungen bewußtzumachen und Zusammenhänge aufzudecken.
3. Das Bewußtsein dieser gemeinsamen Probleme schafft Solidarität und hilft den Frauen, sich aus ihrer Isolation zu befreien. Durch diesen Lernprozeß erkennen sie ihre persön-

lichen Probleme im Rahmen der gesamten Gesellschaftsstruktur.
4. Die Mitglieder der FBB setzen sich aktiv für die Emanzipation der Frau ein. Zur Verwirklichung dieses Zieles dienen die Arbeitsgruppen. Die theoretisch erarbeiteten Kenntnisse werden wenn möglich in Aktionen angewendet.»

Mit kleinen Variationen folgten sich solche Grundsatzerklärungen in etwa jährlichen Abständen. Ohne Zweifel arbeiten in den meisten größeren Städten der Schweiz sehr begabte und aktive Frauen bei der FBB mit. Die Baslerinnen gaben sogar eine Zeitlang ein eigenes Organ, die «Hexenpresse», heraus. Interessanterweise hatte sie ein ähnliches Titelsignet wie die ein halbes Jahrhundert früher in Zürich erschienene «Xanthippe»: ein Medusenhaupt.

Die Frauenbefreiungsbewegung ist schon darum ein einmaliges historisches Phänomen, weil sie zum ersten Mal eine weibliche *Jugendbewegung* verkörpert. Bis anhin hatten sich nur über 40jährige Frauen gruppiert und gemeinsame Aktionen durchgeführt. Auch die englischen Suffragetten waren keineswegs junge Mädchen gewesen. Die militante Emmeline Pankhurst, Führerin der Londoner Straßenkämpfe und Scheibeneinwürfe, war zur Zeit ihrer größten Aktivität (inklusive Hungerstreiks) eine 50jährige Witwe mit vier erwachsenen Kindern gewesen.

Im Laufe der Jahre verzweigte sich die FBB in mehrere Gruppen. Einige haben sich inzwischen vorwiegend sozialer Arbeit zugewandt und u. a. Mütterberatungsstellen, Häuser für mißhandelte Frauen (heute in sechs Städten) und Frauenambulatorien ins Leben gerufen. Viele engagieren sich heute für die Dritte Welt und für den Frieden. Als intellektueller Zweig betätigt sich die OFRA (Organisation für die Sache der Frau), gegründet 1977, die auch die Zeitschrift «Emanzipation» herausgibt.

Der Marsch nach Bern

Der Geist weht, wo er will, (Slogan der Dichterin Ruth Blum
in Helvetien steht er still auf einem Transparent)

Die Vorgeschichte der spektakulärsten und wirksamsten Demonstration der Schweizer Frauenbewegung beginnt eigentlich bei der Erklärung der Menschenrechte der Charta der Vereinten Nationen. Die Übereinkunft, die so viel Sprengstoff enthält, lautet:
«Der Zweck der Vereinten Nationen ist:
1. den Frieden zwischen den Völkern ... zu sichern,
2. freundschaftliche Beziehungen zwischen den Staaten herbeizuführen, die sich auf die Achtung vor dem Grundsatz der Rechtsgleichheit und des Selbstbestimmungsrechtes der Völker gründen,
3. die internationale Zusammenarbeit zur Lösung der internationalen Probleme und die Achtung der Menschenrechte und der grundlegenden Freiheiten für alle, ohne Unterschied von Rasse, *Geschlecht,* Sprache oder Religion, zu fördern.»

Bereits in der historischen Bundesversammlung von 1945 über das Frauenstimm- und -wahlrecht hatte Nationalrat Perret darauf hingewiesen, daß die Schweiz ohne Frauenstimmrecht der Menschenrechtskonvention der Uno nicht beitreten könne. Das Abseitsstehen unseres Landes seit der Ratifizierung der Menschenrechte im Jahr 1948 wurde allmählich doch als peinlich empfunden. So erwog der Bundesrat im Herbst 1968, der Menschenrechtskonvention zwar beizutreten, dies jedoch nur *unter Vorbehalt.* Das bedeutete, daß in Sachen Frauenstimmrecht eine Ausnahmeklausel beigefügt werden sollte.

Das Ansinnen des Bundesrates erregte in weiten Kreisen einen Entrüstungssturm. Das durfte keinesfalls geduldet werden! Damit nämlich würde die politische Diskriminierung der Schweizerin auf Jahrzehnte hinaus zementiert.

Aus diesem Grunde beschloß der Zürcher Frauenstimmrechtsverein anläßlich seines bereits erwähnten 75jährigen Jubiläums im Schauspielhaus, einen Protestmarsch zum Bundeshaus durchzuführen. Das geschah nicht zuletzt unter dem Einfluß der jungen Generation. Anfang 1969 traf auch die behördliche Bewilligung für die Demonstration ein. Einige Störaktionen der «Jungen Linken» verunsicherten aber viele Frauen. Der Gedanke, daß der Protestmarsch in einen Tumult mit Verletzten – wie beispielsweise beim Globuskrawall in Zürich – ausarten könnte, erschreckte begreiflicherweise viele. Andere wieder fanden zu Recht, mit Leisetreterei sei nichts mehr zu erreichen. Die energische Feministin *Emilie Lieberherr* erklärte kurzweg, man erweise der «Jungen Linken» eine viel zu große Ehre, wenn man aus Angst vor ihr auf den Marsch verzichte. Die alte Kämpferin *Berta Rahn* schrieb in der «Staatsbürgerin» einen flammenden Aufruf:

«In unseren Geschichtsbüchern sind so gut wie alle Hinweise auf die wichtigste Reform in der Entwicklung der Menschheit ‹verlorengegangen›: die mühsame Ausmerzung der Diskriminierung der Frau nach jahrhundertelanger Unterjochung und Ausbeutung, als erster und unumgänglicher Schritt zur Demokratie, zu Freiheit, Gleichheit und Freundschaft für alle Menschen.

Wir können aber in englischen und französischen Geschichtsbüchern das Vorgehen der Frauen studieren und den heldenhaften Mut und Einsatz der Pionierinnen bewundern. Sie opferten Zeit, Gesundheit, Vermögen und sogar ihr Leben. Ohne Marsch nach Washington, ohne die Überfälle in London, ohne die Steuer- und Hungerstreiks in vielen Ländern schien es leider nicht zu gehen. – Und so, nach hundert Jahren geduldigen Wartens, muß die Schweizerin aus dieser (in ihrem Geschichtsbuch fehlenden) Geschichte lernen!» (Nr. 3, 1969)

Schließlich kam man zu einer salomonischen Lösung, die auch der historischen Situation entsprach. Wie sich die Engländerinnen zur Zeit ihrer schwersten Kämpfe um das Stimmrecht in zwei Gruppen geteilt hatten – in die militanten *suffra-*

gettes, die auf die Straße gingen, und die gemäßigten *suffragistes,* die in den Salons und Clubs ihre Protestversammlungen abhielten –, so teilten sich auch die Schweizerinnen in zwei Flügel. Die Gemäßigten hielten eine konventionelle Veranstaltung im Berner Kursaal ab, die Kämpferischen machten sich auf zum Marsch nach Bern.

Ein Zürcher Aktionskomitee unter Emilie Lieberherr übernahm die Führung. Es wurde von den Baslerinnen leidenschaftlich unterstützt, denn sie hatten sich als einzige Gruppe einstimmig für den Marsch ausgesprochen. Der Grund dafür dürfte vor allem darin liegen, daß die Baslerinnen einerseits geborene Demonstrantinnen sind und anderseits mit ihren Demonstrationen – auf die Dauer – immer nur gute Erfahrungen gemacht hatten. Auch fühlten sie sich moralisch verpflichtet, ihre «unterentwickelten» Schwestern in der Ost- und Innerschweiz zu unterstützen. Viele Frauen aus anderen Kantonen versprachen mitzutun.

Dennoch fühlten sich die Zürcherinnen, welche am 10. März 1969 nach Bern fuhren, als kleines verlassenes Häuflein. So viele hatten sich unter verschiedenen Vorwänden gedrückt. Doch schon auf dem Berner Bahnhof stieg die Stimmung. Er wimmelte von unternehmungslustigen Frauen. Man hörte Baseldeutsch (städtisches und ländliches), Schaffhauserisch, Französisch (vor allem Neuenburgisch), sogar Italienisch und natürlich viel Berndeutsch. So zog man durch die Straßen der Stadt Helene von Mülinens wie auf Flügeln der Sympathie. Der Anblick des Bundesplatzes aber verschlug vielen Demonstrantinnen fast den Atem; manche weinten. Er war voll von Menschen – schätzungsweise viertausend.

Im roten Mantel bestieg Emilie Lieberherr die vorbereitete Tribüne, Trommelwirbel erklangen; dann hielt sie eine kraftvolle Ansprache, in der sie sagte, daß die Frauen nicht als Bittende, sondern als Fordernde für ihr Recht vor dem Bundesrat stünden. Ein paar junge Randalierer wollten ihr dann das Mikrophon entreißen; aber sie hielt es souverän mit der linken Hand fest, wehrte die Störenfriede mit der Rechten ab und redete so gelassen weiter, als stünde sie bereits im Ratssaal. «C'est une véritable Frau Helvetia», rief eine Welsche begeistert.[15] Dann wurde die Resolution in allen vier Landessprachen verlesen.

«Wir Schweizerinnen hier auf dem Bundesplatz fordern das volle Stimm- und Wahlrecht auf eidgenössischer und kantonaler Ebene. Die Konvention zum Schutze der Menschenrechte und Grundfreiheiten des Europarates darf erst dann unterzeichnet werden, wenn dieser Vorbehalt nicht mehr nötig ist. Die Gleichstellung der Geschlechter ist eine wichtige Voraussetzung für die Verwirklichung der Menschenrechte. Sämtliche vorgeschlagene Vorbehalte stellen die Glaubwürdigkeit unseres Landes als Rechtsstaat und Demokratie in Frage. Wir fordern deshalb alle gutgesinnten Politiker und Bürger auf, das Frauenstimmrecht im Bund, den Kantonen und allen Gemeinden so rasch als möglich zu verwirklichen.»

Sprechchöre ertönten, Verse von Maria Aebersold wurden gelesen. Der Himmel war strahlend blau, die Fahnen flatterten, und mit einem Mal hatte das Ganze den Charakter eines Volksfestes. Die von den Zürcherinnen verteilten Abzeichen enthielten kleine Pfeifchen, und nun wurde der Bundesrat wachgepfiffen.

Als Emilie Lieberherr jedoch zusammen mit etwa fünfzehn Delegierten das Bundeshaus betrat, um einem Bundesrat die Resolution zu überreichen – wie dies vereinbart worden war –, saßen in den heiligen Hallen nur Polizisten und Feuerwehrmänner beim Jassen. Man wies die erstaunten Frauen in ein Zimmer im oberen Stock. Dort nahm Bundeskanzler Dr. Huber die Resolution entgegen. Als Emilie Lieberherr zurückkam und von der Tribüne herab berichtete, kein einziger Bundesrat habe die angekündigte Delegation begrüßt, ging zum zweiten Mal ein fürchterliches Pfeifkonzert los. Jetzt pfiffen auch diejenigen Frauen, die sich fest vorgenommen hatten, still und brav zu sein. Es war das erste Mal in hundert Jahren, daß sich die sonst so lautlose Frauenbewegung akustisch Luft machte.[16]

Das Gefühl, das Unternehmen sei geglückt, machte sich allmählich breit. Die Frauen brachen auf. Junge Randalierer sollen noch weitergelärmt und ein kurzes Sit-in auf den Tramschienen inszeniert haben. Ob es ihnen dabei um das Frauenstimmrecht oder nur um ihren Plausch ging, bleibe dahingestellt.

Vier Tage später versprach Bundesrat Ludwig von Moos, die bereits erfolgte Motion Tanner zum Frauenstimmrecht als Postulat entgegenzunehmen und sobald als möglich eine neue eidgenössische Abstimmung über die politische Gleichberechtigung der Frau anzuordnen.

Bis es soweit war, gingen noch einige Kantone mit dem guten Beispiel voran. *Basel-Land* hatte bereits 1968 das Frauenstimmrecht eingeführt. Ihm folgten das *Tessin* und das *Wallis*. Das sah schon fast nach einem Siegeszug aus. Aber war es wirklich einer? Noch waren es hauptsächlich Kantone des westlichen Teils der Schweiz, die das Frauenstimmrecht eingeführt hatten. Die Ostschweiz hingegen ließ sich reichlich Zeit. Nur die Kantone Bern, Zürich und Graubünden führten nun gemächlich nach alemannischer Manier das Frauenstimmrecht in immer mehr Gemeinden ein.

Am Ziel

Der kleine Stoßtrupp der Vorkämpferinnen für die Gleichberechtigung war zu einem fast endlosen Zuge angewachsen. Immer mehr Männer – alte und viele junge – gingen Seite an Seite mit den Frauen und ermutigten sie: Haltet durch! Haltet durch! Wir helfen euch.

Mit den Lebenden aber schritten die Toten, deren Zahl unübersehbar geworden war. Da gingen die Schatten der Pionierinnen, welche längst alle im vergeblichen Kampf aufgerieben waren: eine erste Generation, eine zweite Generation, schon bald eine dritte. Da waren auch die Schatten der unzähligen Frauen, die ihre Not und ihr Zurückgesetztsein nicht hatten formulieren, nur erleiden können: die Prostituierten, die ausgebeuteten Heim- und Fabrikarbeiterinnen, die früh verblühten Mütter mit den viel zu vielen Kindern. Sie alle schritten stumm und mahnend in dem großen Kreuzzug mit. Das war gut so; denn noch war es kein Siegeszug.

Die Gefahr ist groß, aus der Rückschau das letzte Wegstück zu verklären. Wenn etwas gut herausgekommen ist, so heißt es nachher schnell: Natürlich mußte es so kommen; das haben wir immer gewußt! So einfach war es nicht. Die Mehrzahl der Frauen hatte im stillen gehofft, der Bundesrat werde – nachdem wieder mehrere Motionen in dieser Richtung vorlagen – den Artikel 4 der Bundesverfassung endlich dahin interpretieren, daß unter dem Satz «Jeder Schweizer ist vor dem Gesetze gleich» nicht nur die Hälfte des Schweizervolkes gemeint sei, sondern wirklich *das ganze Volk,* Männer und Frauen.[17] Dieser Ansicht waren auch viele namhafte Juristen. Nach der geschichtlichen Überlieferung jedoch war mit «Schweizer» nur der Mann gemeint, und der Bundesrat konnte und wollte diese Stelle nicht aus eigener Befugnis uminterpretieren. Der Souverän mußte entscheiden. Aber – wie würde er entscheiden? Vierundzwanzig Anläufe waren in den Kantonen von 1919 bis 1956 gescheitert. Erst nachdem in der Waadt im Jahr 1959 der Durchbruch gelungen war, hatten von fünfunddreißig kantonalen Entscheiden zweiundzwanzig zur Annahme des Frauenstimmrechts geführt.

Zudem war die Erinnerung an das große eidgenössische Debakel vom Februar 1959 noch zu lebendig. Die Frauen hatten für die Abstimmung auf Bundesebene von 1971 wenig Zuversicht. Es lag durchaus im Bereich des Möglichen, daß der Souverän ein zweites Mal nein sagte. Ende 1970 faßten die Befürworterinnen allerdings ein wenig Mut. Der Kanton *Luzern,* in dem die Frauenbewegung erst spät und nur eine geringe Rolle gespielt hatte, nahm das Frauenstimmrecht an. Die Luzerner Liberalen hatten sich zwar nur zur Stimmfreigabe durchgerungen. Die Christliche Volkspartei (CVP) jedoch hatte die Ja-Parole ausgegeben. Die aufgeschlossenen Katholiken der Stadt und Umgebung freuten sich, für einmal nicht zu den Konservativen, sondern zur Avantgarde zu gehören. Diese Tendenz

Abstimmungsplakat, Zürich 1920, von Dora Hauth.

hatte sich in katholischen Kreisen schon seit einiger Zeit bemerkbar gemacht, und sie sollte sich in den folgenden Jahren noch verstärken. Damit war der erste Vorposten im Réduit gewonnen. Nun schöpften auch die größten Skeptiker Hoffnung auf einen Durchbruch.

Im November 1970 kam es in zwei weiteren Kantonen zur Abstimmung. Daß *Zürich,* welches bereits in über hundert Gemeinden das Frauenstimmrecht eingeführt hatte, annahm, überraschte niemanden. St. Gallen jedoch lehnte ab. Welch ein zähes Widerstandsnest war doch die Ostschweiz! Dabei hatte St. Gallen 1913 die erste Motion (Huber) zur Einführung des Frauenstimmrechts in der Schweiz eingereicht. Es gehörte zu den sechs fortschrittlichen Kantonen, die 1920 die ersten Abstimmungen über die politische Gleichberechtigung der Frau durchführten. Erst dann versank es für ein halbes Jahrhundert im Dornröschenschlaf. Habent sua fata cantones.

Einmal mehr raffte man sich zu Propagandaaktionen auf. Wieviel Zeit, Mühe und Geld mußte da wieder in eine Selbstverständlichkeit investiert werden! Woher sollte man neue Argumente nehmen? Den Nein-Sagern fiel noch weniger ein. Sie beschränkten sich auf das letzte Gespenst, von dem sie sich eine abschreckende Wirkung erhofften: auf den weiblichen Soldaten.

Am 1. Februar 1971 erschien ein großer Aufruf von Prof. Werner Kägi in der «Neuen Zürcher Zeitung». Wie man später hörte, soll er viele Zauderer überzeugt haben. Er trug die optimistische Überschrift *«Zur letzten Phase des Kampfes um das Frauenstimmrecht».*

Er enthielt folgende entscheidende Abschnitte:

«Wir müssen diese Revision nicht deshalb durchführen, weil ‹man› diesen Schritt nun in fast allen Staaten der Welt getan hat oder weil sie aus der ‹allgemeinen Entwicklung› folgt oder ein Gebot ‹des Fortschrittes› ist, wohl aber, weil wir sie *als Gebot der Gerechtigkeit und des Rechtes* erkennen. Es geht um die Anerkennung *des elementaren Grundgebotes der gleichen Personwürde der Frau, und das heißt Beseitigung der ungerechten und auch den Grundnormen unserer Bundesverfassung widersprechenden Diskriminierung.* Es geht darum, daß auch die Frau das Recht der politischen Mitbestimmung erhält, womit das demokratische Postulat des allgemeinen und gleichen Stimmrechtes endlich auch in der ‹ältesten Demokratie› als allgemeines und gleiches Erwachsenenstimmrecht verwirklicht würde. Es geht darum, daß *auch in der Person der Frau die Korrelation von Pflicht und Recht* hergestellt wird, die der Schweizer längst als das Kennzeichen des Bürgers gegenüber dem Untertan gesehen hat...

Es geht am 7. Februar nicht um eine ‹Abdankung der Männer›, wohl aber um den Verzicht auf ihr *ausschließliches Recht* der Entscheidung in politischen Dingen, das im Laufe der Zeit ungerecht und unhaltbar geworden ist. Noch nie in der Geschichte haben allerdings Privilegierte leicht auf ihre Vorrechte verzichtet. Die *große Entscheidungsstunde* ist nun aber auch für die Eidgenossenschaft gekommen. Die Mehrheit der Männer gibt sich heute – wie die kantonalen Abstimmungen immer deutlicher zeigen – Rechenschaft, daß *der Schritt zum allgemeinen und gleichen Erwachsenenstimmrecht* ein klares Gebot der Gerechtigkeit und der richtig verstandenen Rechtsgleichheit darstellt. Das Mitbestimmungsrecht der Schweizer Frau wird eine bessere Gerechtigkeit in der Gesetzgebung ermöglichen und eines der wichtigsten Hindernisse für die Ratifikation verschiedener Konventionen des Europarates und der Vereinten Nationen beseitigen...

Der Schritt zum allgemeinen und gleichen Erwachsenenstimmrecht ist *ein imperatives Gebot der Gerechtigkeit, der Demokratie und des Völkerrechts.* Daß er am 7. Februar bei starker Stimmbeteiligung mit einer klaren Mehrheit von Volk und Ständen getan wird, wäre nach der langen Verzögerung immerhin ein guter Start für eine neue Epoche der schweizerischen Demokratie.»

Der 7. Februar 1971 kam und ging vorüber. Am Abend

wußte es das ganze Volk: Mit Kopf- und Ständemehr hatte in unserem lieben, altväterischen Land die Gerechtigkeit gesiegt. Der Souverän war nunmehr bereit, seine Macht, seine Rechte, seine Verantwortung und seine politischen Pflichten mit der Frau zu teilen.

Es war kaum zu fassen. Dr. iur. Gertrud Heinzelmann, eine der unermüdlichsten Vorkämpferinnen, drückte die Freude und Erleichterung der Frauen vielleicht am besten aus. Sie schrieb:

«Endlich, endlich, endlich ... Von mir fallen Zentner. Die Aufgabe, die seit bald hundert Jahren ungelöst von einer Generation zur andern tradiert wurde, hat in der letzten ‹Männerabstimmung› vom 7. Februar 1971 ihre glanzvolle Erfüllung gefunden. Fortan wird es nur noch Volksabstimmungen geben im wahren Sinn des Wortes. Wenn auch der Weg zur Rechtsgleichheit für die Frauen noch hart sein wird, ist mit der Erreichung der politischen Rechte auf eidgenössischem Boden die Voraussetzung gegeben, um mit fortschreitender Entwicklung die volle Partnerschaft von Mann und Frau auf allen Lebensgebieten zu erreichen. Die Abstimmung vom 7. Februar 1971 berührt mich wie der Ausblick in dieses gelobte Land.

Ich gedenke in Dankbarkeit aller, die vor uns gekämpft haben, ohne diesen glücklichen Tag zu erleben. Ein wärmster Gruß über Jahrzehnte hinweg gehört Dr. iur. Emilie Kempin-Spyri, der ersten Juristin der Schweiz und Pionierin der Stimmrechtsbewegung.» (SFB, Febr. 1971)

Zusammen mit dem eidgenössischen Urnengang hatten auch die Stände Aargau, Zug, Freiburg und Schaffhausen das Frauenstimmrecht auf kantonaler Ebene eingeführt. Die fehlenden Kantone folgten innerhalb Jahresfrist. Eine Ausnahme bilden die beiden appenzellischen Halbkantone Inner- und Außerrhoden, die aus Konservativismus oder aus Angst um ihre Landsgemeinde, die Frauen von der Gleichberechtigung immer noch ausschließen. Die vereinzelten Dörfer – vor allem in den Bergkantonen –, die bis heute das Frauenstimmrecht auf Gemeindeebene nicht durchbrachten, sollen nicht namentlich erwähnt werden.

Zum Schluß bleibt die Frage, warum ausgerechnet im Jahre 1971 die «gerechte Sache» siegte. Bis ins letzte läßt sich eine so tiefgreifende Veränderung, wie es die politische Gleichberechtigung der Frau auf politischer Ebene darstellt, wohl kaum ergründen. Zweifellos war die *Zeit* eine große stille Verbündete. Dann hatte sich aber auch allmählich die Erkenntnis durchgesetzt, daß die Schweiz ohne Erwachsenenstimmrecht im neuen Europa keinen Platz mehr finden würde. Zudem hatte sich gerade die Jugend in den letzten Jahren in der ganzen westlichen Welt – und damit auch in der Schweiz – viel stärker als früher für die sozial und rechtlich Benachteiligten eingesetzt.

Die Jahre nach 1971

Der Einzug der Frauen in die Parlamente und Behörden erfolgte mit der üblichen Anfangsbegeisterung, die man in allen Ländern beobachten konnte, die das Frauenstimmrecht neu eingeführt hatten. Bedauerlich war, dass manche alterpropte Kämpferin ohne politisches Amt blieb und junge, wenig erfahrene Frauen ihnen vorgezogen wurden. Doch es ist ein altes Gesetz der Geschichte, daß wer eine Revolution macht, nachher selten regiert.

Was sich dann in andern Ländern nicht überall verwirklichte, geschah in der Schweiz: die Zahl der Frauen in den Gemeindebehörden, den Kantons- und Bundesparlamenten nahm stetig zu (siehe Tabelle 8). Frauen kamen nicht nur in die Expertenkommissionen, sondern auch in die viel wichtigeren parlamentarischen Kommissionen, was auch den weiblichen Einfluß auf die Gesetzgebung verstärkte. Die Frauen meldeten auch ihre Wünsche an in bezug auf die Gleichstellung in der AHV, das Ehe-, Ehegüter- und Scheidungsrecht, das Bürgerrecht bei der Ehe mit einem Ausländer, der Mutterschaftsversicherung, der Besteuerung der Ehegatten u.a.m. Alle diese Forderungen haben aber so sehr juristischen Charakter, daß sie die Gesamtheit der Frauen kaum mehr beschäftigen mit Ausnahme des Wunsches nach straflosem Schwangerschaftsabbruch, wo man allerdings in den 80er Jahren vor einem Scherbenhaufen steht (s.u.).

Zweimal bis jetzt bekleideten Frauen das höchste Amt der Eidgenossenschaft, das Präsidium des Nationalrates: 1977 Elisabeth Blunschy (CVP Schwyz) als Nachfolgerin von Hans Wyer, der infolge seiner Wahl zum Walliser Staatsrat ausscheiden mußte, und 1981/82 die Sozialdemokratin Hedy Lang (Zürich). Im Ständerat saß seit 1971 eine einzige Frau, heute sind es deren vier.

Zuweilen verbanden sich die Frauen über die Parteigrenzen hinweg, um einer «gerechten Sache» zum Durchbruch zu verhelfen. So gaben 1976 die 14 Nationalrätinnen eine gemeinsame Erklärung ab zu Gunsten des neuen Kindesrechts, weil es in erster Linie das Wohl des Kindes vertrat. Es wurde darauf von beiden Räten angenommen und steht heute bereits in Kraft.

1981 erreichten die Nationalrätinnen durch gemeinsames Engagement gegen den Willen des Bundesrates, daß das Parlament die Motion über den Kündigungsschutz der Frau während der Schwangerschaft und den Mutterschaftsurlaub befürwortete.

Den Höhepunkt der Frauenbewegung in den 70er Jahren bildete eindeutig der *4. Schweizerische Frauenkongress,* der vom 17.–19. Januar 1975 anläßlich des internationalen «Jahres der Frau» in Bern stattfand. Über tausend Personen nahmen daran teil, und es gab böses Blut, weil die Platzkarten, kaum angeboten, schon ausverkauft waren. Zentrales Thema des Kongresses war die *Partnerschaft zwischen Mann und Frau.* Die Leiterin der Tagung, Dr. iur. Lili Nabholz-Heidegger, schlug dabei die erste Verfassungsinitiative von Frauenseite vor: eine Ergänzung von Art. 4 der Bundesverfassung, dessen Text «Jeder Schweizer ist vor dem Gesetze gleich» nicht mehr den neuen Verhältnissen entsprach. Dieser Artikel war ja bisher – wie besonders das Schicksal der ersten Juristin Emilie Kempin-Spyri gezeigt hatte – stets nur zu Gunsten des Mannes ausgelegt worden. Dass Art. 4bis nun auch die Rechtsgleichheit der Frau einschließen sollte, hatte eine etwas komplizierte Formulierung zur Folge, über die heftig diskutiert wurde. Auch liessen sich Warnungen vor «sturer Gleichmacherei» und vor einer Überschätzung des Einflusses eines Verfassungsartikels vernehmen. Es herrschte daher atemlose Spannung, als die Tagungspräsidentin Lilian Uchtenhagen zur Abstimmung schritt. Die Initiative wurde mit Zweidrittelsmehrheit gutgeheißen!

Ende 1976 konnte das Initiativbegehren mit 57 296 Unterschriften eingereicht werden. Der Verlauf des demokratischen Vernehmlassungsverfahrens und der parlamentarischen Debatten soll hier nicht im Einzelnen verfolgt werden. Sicher ist, daß die auf Empfehlung des Kongresses 1976 vom Bundesrat ins Leben gerufene *Eidgenössische Kommission für Frauenfragen* (zuerst unter der Leitung von Emilie Lieberherr, dann von Lili Nabholz) hier wie auch später durch ihre aufschlußreichen Berichte gute Dienste leistete.

Ende 1979 stellte der Bundesrat dem Initiativtext als Gegenvorschlag eine etwas gemäßigtere und vereinfachte Fassung mit folgendem Wortlaut gegenüber:

Mann und Frau sind gleichberechtigt. Das Gesetz sorgt für seine Gleichstellung, vor allem in Familie, Ausbildung und Arbeit. Mann und Frau haben Anspruch auf gleichen Lohn für gleichwertige Arbeit.

Dieser Gegenvorschlag wurde schließlich auch von den verschiedenen Frauenverbänden und der speziell dafür gebildeten Arbeitsgemeinschaft angenommen, so daß sich das Initiativkomitee entschließen konnte, die Initiative zurückzuziehen.

Die Volksabstimmung fand am *14. Juni 1981* statt und brachte die erfreuliche Mehrheit von rund 700 000 Ja- gegenüber rund 526 000 Nein-Stimmen (genaue Zahlen s. Tabelle 9). 15 ½ Stände nahmen den neuen Verfassungsartikel an, während ihn 7 ½ Stände ablehnten (s. Tabelle 10). Es war eine gewisse Genugtuung für die Frauen; sie empfanden diesen Tag als besonderen Markstein in der Geschichte der Frauenbewegung und ihrer Gleichberechtigung.

Keinen Erfolg hatte die andere Initiative, die zwar nicht vom Frauenkongreß lanciert wurde, über die man dort auf das Drängen junger, vorwiegend links gerichteter Gruppierungen aber trotzdem abstimmte: die Initiative über die Straflosigkeit des Schwangerschaftsabbruchs, die allerdings nur eine knappe Mehrheit auf sich vereinigen konnte. – Es zeigte sich in der Folge, daß diese heikle, weltanschaulich belastete Frage nicht hätte zum Politcum gemacht werden sollen. Auch bei einem Ständemehr wäre die Freigabe des Schwangerschaftsabbruches wohl nicht in allen Kantonen durchsetzbar gewesen.

Ebenso ungelöst ist bis heute das Problem der Eingliederung der Frauen in die Gesamtverteidigung.

Es muß hier noch angemerkt werden, daß der Anstoss zur Wiedereinführung eines Preisüberwachers vom Konsumentinnenforum ausgegangen und die Annahme des betreffenden Artikels der Bundesverfassung durch Volk und Stände in der Abstimmung vom 28. November 1982 weitgehend seinen Anstrengungen zu verdanken ist.

Seit der Begeisterung im Jahre 1971, als der männliche Souverän die politische Gleichberechtigung der Frau akzeptierte, und seit der Hochstimmung des Schweizerischen Frauenkongresses von 1975 hat sich die Szene in der Welt und damit auch in unserem Lande sehr verändert. An Stelle von Hochkonjunktur und Überbeschäftigung sind Rezession und Arbeitslosigkeit getreten. Statt der vorwiegend intellektuellen «Neuen Linken» von 1968, von der manche Denkanstöße, auch zu Gunsten der Frauen, ausgegangen sind, äußert sich der Protest der heutigen Jugendlichen seit dem Zürcher Opernhauskrawall von 1980 meist nur in sinnlosen Zerstörungen, deren Ursachen sehr vielfältig, aber auch symptomatisch für den Zustand unserer Gesellschaft sind.

So sehr die Frau heute zur vertrauten Erscheinung im öffentlichen Leben geworden ist, so wirkt doch das größere Heer immer noch im stillen. Die Frauen haben heute auch ganz neue soziale und humanitäre Aufgaben übernommen: sie betreuen drogengeschädigte Jugendliche, Asylsuchende, mißhandelte Frauen, sie pflegen alte und invalide Menschen, sie wirken aber auch für die Dritte Welt und für den Frieden. Bemerkenswert ist ferner, daß trotz der schlechten Berufsaussichten immer mehr Frauen an unseren Universitäten studieren; es gibt Fakultäten, an denen sie bereits die Hälfte der Studierenden ausmachen. Neuerdings gibt es sogar viele, die das Theologiestudium wählen, und zwar in beiden Konfessionen. Die Universität Zürich, die Wiege des Frauenstudiums in Europa, begeht das Jubiläum ihres 150jährigen Bestehens mit einer Frau als Rektor.

Zweifellos hat die vom 4. Frauenkongreß lancierte Idee der Partnerschaft der Geschlechter seither viel an Boden gewonnen. Junge Paare – mit und ohne Trauschein – bemühen sich um neue Formen des Zusammenseins und suchen nach partnerschaftlichen Prinzipien zu leben, so schwer das im Einzelnen auch sein mag. Doch dürfen wir darin hoffnungsvolle Ansätze sehen in einer Zeit, die von Arbeitslosigkeit, wirtschaftlichen Schwierigkeiten, weltweiter Aufrüstung und der Angst vor einem Atomkrieg überschattet ist. Je mehr der Zweifel am Sinn des technischen Fortschritts und die allgemeine Unsicherheit wachsen, desto eher kann die Partnerschaft zwischen Mann und Frau zu einem Hort der Mitmenschlichkeit, der Liebe, des Vertrauens und des Glaubens werden. In dieser neuen Lebensform beginnen die Menschen auch über sich selber nachzudenken, besonders die Frauen, die sich vermehrt nach inneren Werten orientieren und nach dem Wesen ihres Frauseins fragen. Das gilt für Frauen, die – vielleicht nach abgeschlossenem Studium und dann als Hausfrau und Mutter – im öffentlichen Leben politische Funktionen übernehmen, wie auch für jene, die sich in der Stille sozialer Arbeit widmen. Ihre vielfältigen Aufgaben in der Gesellschaft werden sie am besten erfüllen, wenn sie gelernt haben, den Blick auch ins eigene Innere zu richten und ihnen bewußt wird, daß *Sein* wichtiger ist als Haben. Dann wird die Frauenbewegung zu dem, was Helene von Mülinen schon vor 80 Jahren über sie gesagt hat: «Ein zwiefaches Antlitz hat die moderne Frauenbewegung, ein äußeres, allen sichtbares, nach praktischen Zeilen blickendes, und ein nach innen gekehrtes, gleichsam verhülltes, das hineinschaut in den ewigen Gehalt allen Seins.»

Anmerkungen

Einleitung

1 Franco-Spanien nimmt eine Sonderstellung ein. Es gewährt zwar nicht den verheirateten, aber den alleinstehenden Frauen (Witwen, Ledigen mit eigenem Wohnsitz) das Wahlrecht.
2 Jeremias Gotthelf, Werke, 12. Bd., Erlenbach-Zürich 1922, S. 37.
3 Vgl. Böhlen, Marie, Eine kleine Geschichte des Frauenstimmrechts, 1954.
4 Rosette Niederer-Kasthofer (1779–1857) und Josephine Zehnder-Stadlin (1806–1875) waren die bedeutendsten Schülerinnen Pestalozzis, die in seinem Geiste Mädcheninstitute leiteten.
5 Gertrud Guillaume, geb. Gräfin von Schack, wird in diesem Buch nicht berücksichtigt, da sie in der Schweiz eine vorübergehende Rolle spielte. Ihr Haupttätigkeitsfeld lag in Deutschland. Vgl. Gertrud Bäumer, Geschichte der Frauenbewegung in Deutschland, Berlin 1901, S. 77 f.
6 Bebel, August, Die Frau und der Sozialismus, Zürich 1879, S. 27.
7 a. a. O. S. 85 (Zahlenangaben).
8 Aus: Die Gefahren der Prostitution und ihre gesetzliche Bekämpfung mit besonderer Berücksichtigung der zürcherischen Verhältnisse. Gutachten des Sanitätsrates, Zürich 1891.

Dauer des Aufenthaltes im Bordell

18%	weniger als 14 Tage	8 %	7–11 Monate
17%	weniger als 4 Wochen	4 %	1–2 Jahre
28%	1–2 Monate	1,5%	2–3 Jahre
8%	3 Monate	1,5%	4 und mehr Jahre
14%	4–6 Monate		

9 Meta von Salis, Auserwählte Frauen unserer Zeit, S. 7.

Die Anfänge der Frauenbewegung in der Schweiz
Marie Goegg-Pouchoulin

1 *Jules Barni* (1818–1872), französischer Emigrant, wurde 1861 Professor für allgemeine Geschichte an der Genfer Akademie. Als er 1862 die Hinrichtung *Servets* durch *Calvin* moralisch verurteilte, wurde er seines

Postens enthoben. Er hielt aber weiterhin stark besuchte Vorlesungen im Ratshaussaal. Nach dem Sturz von Napoleon III. kehrte er nach Frankreich zurück. Seine Nachfolge als Leiter der Liga übernahm *Gustav Vogt*.

2 Von den 211 Mitgliedern der Liga waren 96 Schweizer, 41 Franzosen, 29 Deutsche, 18 Russen, 8 Italiener, 7 Polen, 3 Engländer, 3 Serben, 2 Schweden, je 1 Spanier, Rumäne, Nordamerikaner und Mexikaner.

3 4 Jahre später (1871) erklärte Papst Pius IX. die «Unfehlbarkeit» des Papstes ex cathedra, was in der Schweiz zum Kulturkampf und zur Bildung des Altkatholizismus führte.

4 Urheber des Titels war *Victor Hugo*. Vgl. Nr. 5 «États-Unis d'Europe».

5 Die Artikel Marie Goeggs wurden jeweils für die deutsche Ausgabe der «Etats-Unis d'Europe» von ihrem Gatten übertragen. Da die deutsche Ausgabe nur noch unvollständig existiert, zudem Amand Goeggs Sprache oft etwas schwerfällig ist, habe ich die folgenden Zitate aus Marie Goeggs Texten selber ins Deutsche übersetzt.

6 «Les États-Unis d'Europe», Nr. 11.

7 Die Erinnerungsstücke figurieren in Marie Goeggs Testament.

8 Abgedruckt im «Mouvement féministe», Nr. 2, 1918.

9 Vgl. Einleitung.

10 *Karl Vogt* (1817–1895) war ein berühmter Naturforscher und Geologe; geistiger Vorkämpfer des naturwissenschaftlichen Materialismus.

11 Vgl. Max Imboden, Helvetisches Malaise, Zürich 1964. «Im neunzehnten Jahrhundert waren wir eine revolutionäre Nation; heute sind wir eine der konservativsten der Welt.» S. 19.

12 *Stammbaum von Marie Goegg (väterlicherseits):*

Urgroßväter:	*Pouchoulin* Jean-Louis 1736–?		*Lehmann* Jean
Großeltern:	*Pouchoulin* Jean-Ami 1764–1839 (horloger)	∞	*Lehmann* Elisabeth
Eltern:	*Pouchoulin* Jean-Louis 1801–1884 (horloger)	∞	*Pautex* Marie 1804–1884
		Marie Goegg-Pouchoulin 1826–1899	

13 *Anita Garibaldi* (1817–1849) galt im 19. Jahrhundert in liberalen Kreisen als Märtyrerin der Freiheits- und der Gattenliebe. Auf der gemeinsamen Flucht mit Garibaldi vor den päpstlichen Truppen starb sie in hochschwangerem Zustand vor Erschöpfung.
Die erste internationale Handlung der «Solidarité» war eine Geldsammlung für ein Denkmal für A. G. in Rom. Aufruf in der «Solidarité», S. 24, Jahrgang 1873: «Anita n'appartient pas à l'Italie seulement, elle appartient à toutes les femmes ... dont le cœur bat au nom de Patrie et de Liberté.» (Anita gehört nicht Italien allein ..., sie gehört allen Frauen, deren Herz für Freiheit und Vaterland schlägt.) Das Denkmal Anitas auf

dem Pincio in Rom ist das größte Monument der Neuzeit, das eine historische Frau darstellt.
14 Vgl. das «Felleisen», Nr. 8, 1868. Goegg gebraucht in seinen Schriften die Begriffe «Kommunismus» und «Sozialismus» als Synonyma, wie es zu seiner Zeit gebräuchlich war. Eine parteipolitische Fixierung Goeggs im heutigen Sinne ist nicht möglich.

Die Genferinnen regen sich

1 Vgl. Verena Conzett, Erlebtes und Erstrebtes, Zürich 1929, S. 181.
2 Das bekannteste Beispiel in der Schweizer Gesellschaft von hysterischem Verhalten aus Langeweile und Daseinsleere ist die verstiegene Neigung von *Lydia Welti-Escher* (1858–1891, Selbstmord), Tochter des Eisenbahnkönigs Alfred Escher und Schwiegertochter des Bundesrates Emil Welti, zum Kunstmaler Karl Stauffer-Bern (1857–1891, Selbstmord). Vgl. Bernhard von Arx, Der Fall Karl Stauffer, Chronik eines Skandals, Bern 1969. Herbert Meier, Karl Stauffer-Bern (Drama) 1974.
3 «Diese ganze Entwicklung – die Verkleinerung des häuslichen Wirkungsbereiches der Frau – aber ist Ausdruck des *männlichen Gestaltungswillens*. Die radikale Änderung der Stellung der Familie und damit der Frau war wohl nicht in seinem Plan. Aber die Tatsache bleibt, daß die Initiative und der Wille des Mannes sie herbeiführte ... Man kann diese Entwicklung bedauern; man kann versuchen, dieser Entwicklung entgegenzutreten. Aber so wie die Dinge heute liegen, geht das Postulat ‹die Frau gehört ins Haus› als allgemeines Postulat einfach an den Gegebenheiten der heutigen Ordnung vorbei. Der alte Aufgabenbereich wird damit der Frau nicht zurückgegeben, wohl aber werden ihr jene Rechte, die ihr unter den veränderten Verhältnissen die Mitsprache und Mitentscheidung sichern wollen, vorenthalten.» Werner Kägi, Der Anspruch der Schweizerfrau auf politische Gleichberechtigung, Zürich 1956, S. 40/41.
4 Statistik der Erscheinungen in den achtziger Jahren (und folgende) zum Thema «Stellung der Frau»:
1880 Louis Bridel, La puissance maritale (Diss.)
1883 Charles Secrétan, La philosophie de George Sand
1884 Louis Bridel, La femme et le droit
1885 Charles Secrétan, La femme et le droit [... de vote; s. S. 43]
1886 Charles Secrétan, Le droit de la femme
1887 Charles Secrétan, Le droit de la femme, 3. Auflage
1888 Charles Secrétan, Le droit de la femme, erw. 4. Auflage
1892 Charles Secrétan, Mon utopie (mit Gedanken über die Frau)
1893 Louis Bridel, Le mouvement féministe
Le droit de la femme mariée sur le produit de son travail
(Das Recht der verheirateten Frau auf ihren Arbeitslohn)
1895 Louis Bridel, La condition légale de la femme mariée
1896 Louis Bridel, Questions féministes (Frauenrechtsfragen)
1897 Carl Hilty, Frauenstimmrecht, im Polit. Jahrbuch
der Eidgenossenschaft (1897)

1907 Auguste de Morsier, Charles Secrétan et le suffrage des femmes (Ch. S. und das Frauenstimmrecht)
1916 Auguste de Morsier, Pourquoi nous demandons le droit de vote pour la femme (Warum wir das Stimmrecht für die Frau fordern.).
5 Louise Secrétan, Charles Secrétan, Lausanne 1912, S. 488.
6 Vgl. J. d. S. 1923, S. 21.
7 Vgl. Le mouvement féministe 1930, 5. September.
8 Das Ehepaar Pieczynski war nur katholisch-kirchlich getraut worden. Deshalb war eine Scheidung im heutigen zivilrechtlichen Sinne gar nicht möglich. Emma verließ einfach das eheliche Heim wie Ibsens Nora im gleichnamigen Emanzipationsdrama, 1879, also fünf Jahre früher, erschienen. Pieczynski kaufte sich später einen Dispens vom Papst, so daß er sich wieder verheiraten konnte.
9 Article premier
Il est fondé à Genève une *Union des femmes*. Son siège est dans la ville de Genève.
Art. 2
Son *but* est de développer l'esprit de solidarité entre les femmes, de travailler à leur bien moral, intellectuel et matériel et de créer un centre de ralliement pour tous les efforts qui se font dans leur intérêt.
Art. 3
Peuvent en être *membres* toutes les femmes qui désirent se rencontrer sur le terrain de la courtoisie, du respect et de la bienveillance réciproques. Il faut, pour faire partie de l'Union, so faire présenter par deux membres.
Art. 4
L'Union aspire à former *un lieu* entre les femmes qui désirent prendre conscience de leur rôle social, ainsi qu'entre les œuvres et sociétés travaillant à Genève au bien de la femme. Ces œuvres et ces sociétés peuvent se faire représenter par une ou deux déléguées qui se joindront à l'Union sous le nom de *membres associés*.
Art. 5
Un Comité directeur, composé d'au moins sept personnes, est nommé tous les deux ans, par vote écrit, à l'Assemblée générale de printemps. La Présidente sera nommée par l'Assemblée à la majorité des suffrages, sur présentation préalable du Comité.
Art. 1
In Genf wird eine Frauenunion gegründet. Ihr Sitz ist die Stadt Genf.
Art. 2
Ihr Ziel ist, den Sinn für die Solidarität unter den Frauen zu entwickeln, für ihr seelisches, geistiges und materielles Wohl zu wirken und ein Zentrum für alle Bemühungen zu schaffen, die dem Wohle der Frau dienen.
Art. 3
Alle Frauen, welche Begegnungen auf der Basis gegenseitiger Achtung wünschen, können *Mitglieder* werden. Wer einzutreten wünscht, muß von zwei Mitgliedern empfohlen werden.
Art. 4
Die Union möchte ein Ort für Frauen sein, die sich ihrer gesellschaftlichen Rolle bewußt werden möchten. Sie möchte auch eine Verbindung herstel-

len zwischen Werken und Vereinen, die zum Wohle von Frauen tätig sind. Die genannten Organisationen können bei der Union durch ein bis zwei Delegierte vertreten sein.
Art. 5
Ein leitendes Komitee von wenigstens sieben Damen wird alle zwei Jahre an der Generalversammlung im Frühling durch schriftliche Stimmabgabe gewählt. Präsidentin wird, wer vom Komitee vorgeschlagen und von der Versammlung mit Stimmenmehr gewählt wird.
10 Im selben Jahr, einige Monate vor Genf, hatte in Paris unter turbulenten Umständen ein Frauenkongreß stattgefunden. SFB, Januar 1975, S. 12.
11 Beispiele aus Auguste de Morsiers «Pourqoui nous demandons le droit de vote pour la femme».
Einwand A.:
La société est basée sur le principe de la division du travail et des fonctions: à l'homme l'administration publique, à la femme l'administration du ménage et le gouvernement des enfants.
(Die Gesellschaft beruht auf dem Prinzip der Arbeitsteilung: dem Manne die öffentlichen Aufgaben, der Frau die häuslichen Pflichten und die Leitung der Kinder.)
Antwort:
La division du travail n'implique pas la dualité du droit.
(Die Arbeitsteilung bedingt nicht zweierlei Recht.)
Einwand L.:
Si l'introduction des femmes dans les administrations scolaires ou d'assistance peut se justifier, l'admettre comme élétrice dans l'Eglise est discutable, et il est bien entendu qu'elle ne saurait être éligible comme Pasteur.
(Die Wahl von Frauen in Schul- und Armenpflegen läßt sich rechtfertigen, in die Kirchenpflegen dagegen nicht, und selbstverständlich kann sie nie als Pfarrer gewählt werden.)
Antwort:
Laisser les femmes à l'écart de l'organisation ecclésiastique, c'est priver l'Eglise de celles qui pourraient lui rendre les plus grands services. C'est refuser à celles «qui vont à l'Eglise» le droit de s'interesser à ses rouages... Quant à refuser à une femme le droit d'être revêtue du sacerdoce du prédicateur, c'est à dire de parler publiquement des choses de Dieu, de l'Evangile, du monde spirituel, ou de prier en public, c'est declarer que l'homme seul est capable d'être inspiré par l'esprit de Dieu et qu'il est en communication plus directe que la femme avec la divinité. Les hommes sont loin d'en avoir apporté la preuve.
(Die Frauen außerhalb der Kirche lassen heißt die Kirche jener berauben, die ihr die größten Dienste leisten könnten. Es heißt gerade jenen, «die in die Kirchen gehen», das Recht nehmen, sich auch für ihre Verwaltung zu engagieren. Den Frauen den Talar verweigern, d. h. ihnen verbieten, öffentlich von Gott zu reden . . ., ist der Beweis dafür, daß nur der Mann sich fähig hält, von Gottes Geist erfüllt zu werden, daß er überzeugt ist, in engerer Verbindung zu Gott zu stehen als die Frau. Die Männer sind aber weit entfernt davon, für diese Ansicht einen Beweis zu liefern.)

Zürich, die Wiege des Frauenstudiums

1 Staatsarchiv Zürich
2 Gesuch der Maria Alexandrowna Kniaschnina:
 «Da ich mich den Studien der Naturwissenschaften gewidmet habe, in der Petersburger Universität jedoch der Zutritt zu den Vorlesungen den Frauenzimmern untersagt ist, wodurch mir die Möglichkeit, mit Erfolg meine naturwissenschaftlichen Beschäftigungen fortzusetzen, genommen ist, so sehe ich mich gezwungen, in einer der ausländischen Universitäten, in diesen der Zutritt Frauenzimmern nicht untersagt ist, zu treten. Nun habe ich erfahren, daß in der, unter der Leitung ihrer Excellence stehenden Anstalt, Frauenzimmern der Zutritt frei steht und ersuche daher ganz ergebenst Eur. Excellence die Verfügungen, welche zu meiner Zulassung der Vorlesungen Ihrer Anstalt nothwendig sind, zu treffen, wobei ich die Ehre habe hinzuzufügen, daß ich mich, wie es sich von selbst versteht, allen bestehenden Regeln, die den Frauenzimmern beim Besuch Ihrer Anstalt vorgeschrieben sind, unterwerfe. Zu gleicher Zeit nehme ich mir die Freiheit, Eur. Excellence ganz ergebenst um die Güte zu ersuchen, mir so rasch wie nur möglich, Nachrichten über den Erfolg meiner Bittschrift nach beigefügter Adresse zu geben.» (Nov. 1864)
3 Im Protest gegen das Verbot des Frauenstudiums hatten die Amerikanerinnen schon in den fünfziger Jahren die Medical Woman's School in Boston gegründet, an der auch Harriet Clisby studiert hatte. Sie wurde aber nie als den Universitäten ebenbürtig anerkannt.
4 «An den Rector und Senat der Universität Zürich, 22. Febr. 1870: Infolge des allbekannten Unterschiedes in der Bildungsstufe, auf welche Knaben und Mädchen durch die verschiedene Einrichtungen ihrer respektiven Unterrichtsanstalten gebracht werden, sind auch diejenigen Mädchen, welche sich auf einer Universität weiter auszubilden wünschen, in der Regel schlechter vorbereitet als die jungen Männer. Um nun dem Entgegenkommen der Universitätsbehörden uns gegenüber auch unsererseits in gebührender Weise zu begegnen, wünschen wir zu verhindern, daß bei dem voraussichtlichen Zuwachs der Zahl von weiblichen Studierenden an der hiesigen Universität durch unbedingte Zulassung derselben die Unannehmlichkeiten erwachsen, welche aus dem genannten Grund ungenügender Vorbildung zu befürchten sind. Daher wenden wir studierenden Frauen uns selbst an den Herrn Rector und den hohen Senat der Universität mit der Bitte, daß derselbe bei der Erziehungsdirektion des Cantons Zürich um die Erlassung einer Verordnung in dem Sinne einkommen wolle, daß von nun an nur solche Frauen an der hiesigen Universität aufgenommen werden mögen, welche entweder hier die Maturitätsprüfung gemacht haben, oder ein derselben entsprechendes Zeugniß von öffentlichen Lehrern aus ihrer Heimat vorlegen können. Nur durch diese Restriction scheint es uns möglich, für alle Zukunft den Besuch der hiesigen Universität solchen Frauen zu sichern, welche genügende Fähigkeit zur Durchführung ihres Unternehmens besitzen, während auf diese Weise der Eintritt derjenigen verhindert bleiben würde, welche ohne die erforderliche Vorbildung die Universität zu besuchen wünschen.

Die Einen von uns, die wir diese Bitte stellen, sind bereits im Besitz eines Maturitätszeugnisses und die Uebrigen, falls die Erziehungsdirektion wünschen sollte, daß auch die bereits hier immatriculierten Frauen sich ein solches erwirken, sind bereit, innerhalb kurzer Zeit die betreffende Prüfung hier zu bestehen.

Wir sprechen dem Herrn Rector und dem hohen Senat die dringende Bitte aus, daß unser Gesuch in Erwägung gezogen und mit möglichst geringem Verzug, vor dem nächstkommenden Semester, Schritte in dem genannten Sinne gethan werden mögen.»

           Marie Vögtlin
           Suzan Dimock
           Eliza Walker
           Marie Bokowa
           Frances E. Morgan
           Lydia Sesemann

5 Vgl. Ricarda Huch, Frühling in der Schweiz, Zürich 1938, S. 28
6 Berthe Kollbrunner, in «Schweizer Frauen der Tat», Zürich 1929, S. 98
7 Caroline Farners Gefängnistagebuch ist noch vorhanden. Zit. nach Berthe Kollbrunner a. a. O.
8 Aus der eingefügten Selbstbiographie in «Philosoph und Edelmensch», Leipzig 1897, S. 14
9 Die erste Doktorandin der Philosophischen Fakultät I war die Polin *Stephanie Wolicka* 1875.
10 Aus dem Lebensbuch einer alten Frau. Meine Erfahrungen im Kampf um die politische Gleichstellung der Frau. Meta von Salis, J. d. S. 1923, S. 21/2
11 a. a. O. S. 20
12 Vgl. Marie von Ebner-Eschenbach, «Aphorismen», Wien 1880.
«Als eine Frau lesen lernte, trat die Frauenfrage in die Welt.»
13 Meta von Salis, Auserwählte Frau unserer Zeit, 1900, S. 42
14 Meta von Salis erwog sogar eine Zeitlang, die schweizerische Staatsbürgerschaft abzulegen. Die Liebe zu ihrer engeren Bündner Heimat hielt sie aber von diesem Schritt zurück.
15 Staatsrechtliche Entscheidungen. Erster Abschnitt. Bundesverfassung. Gleichheit vor dem Gesetze. Urtheil vom 29. Januar 1887 in Sachen Kempin. Abs. 2.
«Es kann sich daher einzig fragen, ob der angefochtene Beschluß gegen eine Bestimmung der Bundes- oder der kantonalen Verfassung verstoße. Wenn nun die Rekurrentin zunächst auf Art. 4 der Bundesverfassung abstellt und aus diesem Artikel scheint folgern zu wollen, die Bundesverfassung postulire die volle rechtliche Gleichstellung der Geschlechter auf dem Gebiete des gesammten öffentlichen und Privatrechts, so ist diese Auffassung eben so neu als kühn; sie kann aber nicht gebilligt werden. Es bedarf in der That keiner weitern Ausführung, daß man mit einer solchen Folgerung sich mit allen Regeln historischer Interpretation in Widerspruch setzen würde. Art. 4 der Bundesverfassung darf, wie das Bundesgericht stets festgehalten hat, nicht in dem, zu geradezu unmöglichen Konsequenzen

führenden, Sinne aufgefaßt werden, daß derselbe schlechthin jede Verschiedenheit in der rechtlichen Behandlung einzelner Personenklassen verbiete, sondern derselbe schließt nur solche rechtliche Verschiedenheiten aus, welche, nach anerkannten Grundprinzipien der Rechts- und Staatsordnung, als innerlich unbegründet, durch keine erhebliche Verschiedenheit der Thatbestände gerechtfertigt erscheinen. Nun erscheint aber nach der jedenfalls zur Zeit noch zweifellos herrschenden Rechtsanschauung die verschiedene rechtliche Behandlung der Geschlechter auf dem Gebiete des öffentlichen Rechts, speziell in Bezug auf das Recht der Bethätigung im öffentlichen Leben, als eine der inneren Begründung keineswegs entbehrende. Als im Widerspruche mit Art. 4 der Bundesverfassung stehend, kann daher eine kantonalgesetzliche Norm, welche die Frauen von der Parteivertretung vor Gericht ausschließt, jedenfalls nicht erachtet werden.»

16 Senatsprotokoll vom 20. 11. 1891 (Auszug):
«*Zur Habilitation von Dr. iur. E. Kempin*
Prof. F. (Fick?) wünscht, daß die Universität Zürich, von welcher die vielversprechenden Anfänge zum Frauenstudium ausgegangen, sich nicht gegen einen notwendigen weiteren Schritt sperre. In diesem Sinne votieren die Prof. H. (schriftl.) und V., der es durchaus folgerichtig findet, daß diejenige, die zu einer wissenschaftlichen Prüfung Zutritt habe, ihren Beruf nach bestandenem Examen auch praktisch ausüben dürfe. Ein Mediziner dagegen warnt vor der gefährlichen Neuerung, welche die Zürcher Hochschule auf eine Ausnahmestellung hinausdränge; ebenso Altrektor ... mit dem Hinweise darauf, daß die bisherigen wissenschaftlichen Leistungen der Damen eine derartige, tiefgreifende Umgestaltung kaum rechtfertigen. Nach dem Laufe der Dinge, werde doch die Privatdozentin auch Professorin werden wollen.... Vom praktischen Standpunkt des Mediziners die Befürchtung, daß das wissenschaftliche Niveau durch eine derartige Neuerung sinken müsse und daß speciell in der Medizin Dinge zur Behandlung kommen, die man nicht gerade von einer Frau vorgetragen zu hören wünscht.... Prof. G. jedoch schließt sich der Ansicht seines Collegen F. an, daß gegenwärtig keine Gründe mehr vorliegen, dem weiblichen Geschlecht die Laufbahn der Lehrtätigkeit zu verschließen. Die Schwierigkeiten, die man jetzt erhebe, hätten damals geltend gemacht werden sollen, als man den Frauen den Zutritt zum Universitätsstudium gestattete. Die Wissenschaft sei geschlechtslos und Gemeingut Aller.»

17 Bericht über den Kongreß für die Interessen der Frau 1896, Bern 1897, S. 194

18 *Mitgliederzahl 1915:*
Sozialdemokratische Arbeiterinnenvereine: 1500, 23 Sektionen
Katholische Arbeiterinnenvereine: 17 000, 120 Sektionen
J. d. S. 1915

19 Verena Conzett, Erlebtes und Erstrebtes, S. 282

Gesamtschweizerische Bestrebungen

1 Einer der vielseitigsten Frauenvereine war der schon 1871 in Herzogenbuchsee gegründete. Vgl. *Maria Waser*, Amelie Moser-Moser, in «Schweizer Frauen der Tat», 2. Bd., Zürich 1929.
2 Daß den Frauen eigentlich «Einsitz und Stimme im Rat» gebühre, äußerte Gotthelf in der «Käserei in der Vehfreude», 1850.
3 Bericht des Frauenkomitees Bern über seine Erhebungen der Frauentätigkeit auf dem Gebiete der Philanthropie, erstattet von Julie Ryff, in «Bericht über den Kongreß für die Interessen der Frau in Genf 1896»
4 Nach mündlichem Bericht von Dr. phil. Agnes Debrit-Vogel (1890–1974), Herausgeberin der Frauenzeitung «Berna»
5 Vgl. *Werner Kägi*, Ein Markstein im Kampf um die Gleichberechtigung der Frau (Die große Rede John Stewart Mills vom 20. Mai 1867), «NZZ» 18. 11. 1967
6 Zit. nach *Schweizerische Arbeiterbewegung*, Zürich 1975, S. 130
7 Willi Gautschi, Der Landesstreik 1918, S. 106
8 a. a. O. S. 372
9 Vgl. für das Folgende: Elisabeth Zellweger, «Helene von Mülinen», in «Schweizer Frauen der Tat», Zürich 1929, S. 292
10 E. F. von Mülinen erhielt für sein Werk «Helvetia sacra» 1884 den doctor honoris causa.
11 Die ersten Theologinnen standen in kirchenamtlicher Tätigkeit seit:
1919   in Zürich
1925   in Bern
1926   im Aargau
1931   in Graubünden und beiden Basel
1943   in Solothurn (oberer Kanton)
Das *volle Pfarramt* für Theologinnen wurde in folgenden Kantonen durch Synodalbeschluß – und z. T. nachfolgende Volksabstimmung – eingeführt:
1956   in Basel-Stadt
1959   in Solothurn (oberer Kanton)
1962   in St. Gallen, Bern
1963   in Zürich, Aargau
1964   in Graubünden
1965   in Basel-Land, Thurgau, Schaffhausen, Glarus
1968   in Appenzell AR
1969   in Luzern
12 «Aus meinem Leben» aus «Frauenkreisen», Beilage zum «Schweizer Frauenheim», Zürich 1918
13 a. a. O. S. 3

Stillstand

1 Das Frauenstudium an den Schweizer Hochschulen, Rascher-Verlag Zürich, 1928, S. 219.
2 *Der 1. Vorstand des Basler Frauenstimmrechtsvereins:*
　Frl. Georgine Gerhard, Präsidentin, Lehrerin
　Frau Schoenauer-Regenaß, Kassiererin
　Frl. Dr. Charlotte Dietschy, Lehrerin
　Herr Dr. O. Frey
　Frau Leupold-Senn
　Frau Anna Löffler-Herzog, Lehrerin
　Frl. Tabitha Schaffner
　Frau Richter-Bienz
　Frl. Dr. Charlotte Ternetz, Lehrerin
　Herr Pfarrer Wieser
　1920 trat *Elisabeth Vischer-Alioth* in den Vorstand, eine der ausdauerndsten Feministinnen der Schweiz.
3 Basler Nachrichten, 1. 6. 1919, Beilage zu Nr. 251.
4 Mit «Onanismus» ist – wie es biblisch richtig ist – Empfängnisverhütung und nicht Masturbation gemeint.
5 Basler Volksblatt, 29. 6. 1919.
6 Rosa Grimm war gebürtige Russin und die geschiedene erste Gattin des Sozialdemokraten Robert Grimm, des Leiters des Generalstreiks.
7 Basler Nachrichten, 27. 6. 1919. Vgl. «Vorwärts», 26. 6. 1919.
8 Basler Nachrichten, 4. 7. 1919.
9 *Baselstädtische Volksabstimmung vom 7./8. Februar 1920.*

Wahllokal	Verfassungsartikel betr. Frauenstimmrecht	
	Ja	Nein
Schmiedenhof	346	1246
Allg. Gewerbeschule	388	1236
Spalenkasino	434	715
Schulhaus Weiherweg	151	387
Schweizerhaus	154	611
Pestalozzischulhaus	838	1056
Jsaak Jselin Schulhaus*	273	248
Steinenschulhaus	222	829
Gundeldingerschulhaus	308	734
Thiersteinerschulhaus**	590	1019
Sevogelschulhaus***	114	403
Restaurant z. Froburg*	439	334
Wettsteinschulhaus**	579	1002
Rosentalschulhaus**	275	419
Bläsischulhaus**	1142	1414
Inselschulhaus*	245	192
Kleinhüningen	62	138
Riehen	110	347
Bettingen	5	43
Bundesbahnhof	24	44
Militär	12	38
Total	6711	12455

Die Verfassungsänderung betr. Frauenstimmrecht ist mit 6711 gegen 12 455 Stimmen verworfen worden.

Es gingen von 29,119 Stimmberechtigten 19,476 zur Urne. Die Beteiligung betrug somit zwei Drittel der Berechtigten.

* bürgerliche Quartiere mit überwiegendem Ja
** Quartiere der Arbeiter mit überwiegendem Nein
*** Quartier der Vornehmen (Verhältnis von Nein:Ja ist 4:1)

10 «Unsere Petitionsarbeit für das Frauenstimmrecht» von Helene Stucki, J.d.S. 1928/9.
11 Botschaft des Bundesrates über die Einführung des Frauenstimm- und -wahlrechts in der Schweiz, vom 22. 2. 1957, S. 92, «Die Männerstimmen zugunsten von Hitler haben die Frauenstimmen um 12% übertroffen».
12 Amtl. Sten.-Bull. der Nationalratssitzung vom 12. 12. 1945 (Vormittagssitzung) 4572. *Postulat Oprecht*. Frauenstimm- und -wahlrecht vom 16. Juni 1944.
13 In der Stadt Zürich fand *nach* der Abstimmung von 1954, anläßlich der

Betriebszählung 1955, eine Frauenbefragung statt. Es beteiligten sich über 90% Frauen, von denen sich 80% für das Frauenstimmrecht (40% für das volle und 40% für das teilweise) und nur knapp 20% dagegen aussprachen. Vgl. Käthe Biske und U. Zwingli, «Zürcher Frauenbefragung 1955», Zürcher statistische Nachrichten 1955.
14 Vgl. «Die Staatsbürgerin» 4. 1959, bes. den Aufsatz von L. M. Koegler. Die Seele des Unternehmens war die Lehrerin Dr. phil. *Rut Keiser.*
15 In manchen reichen Zürcher Familien wurde dem zu einem Amerika-Aufenthalt beorderten jungen Ehepaar eingeschärft, das erste Kind in Amerika auf die Welt zu setzen, damit man «vorsichtshalber» einen amerikanischen Staatsbürger in der Familie habe. 18 Jahre später getrauten sich diese Schweizer-Amerikaner nicht in die USA zu gehen, aus Angst, für den Vietnam-Krieg eingezogen zu werden.
16 Wenn ich in jener Zeit in Frauenkreisen erzählte, ich hätte Germanistik und Geschichte studiert, wurde ich ausnahmslos um einen Vortrag über «Gotthelfs Frauengestalten» gebeten.

Umschwung

1 *Evelyne Sullerot,* Soziologin mit einem Lehrauftrag für «Soziologie der Frau» an der Universität Paris, schreibt über das Prestige, das eine nur von einer bestimmten Schicht ausgeübte Tätigkeit verleiht: «... ist es bemerkenswert zu beobachten, daß erst bei totaler Motorisierung, wenn Autofahren Allgemeingut geworden ist, wenn es kein Prestige mehr verschafft und somit als relativ langweilig angesehen wird, alle Frauen uneingeschränkten Zugang dazu haben. Solange jedoch Autos selten und Symbol für Ansehen und Macht waren, gestattete man den Frauen nur sehr widerstrebend deren Besitz und Benutzung.» In «Die Frau in der modernen Gesellschaft», Kindlers Universitätsbibliothek, S. 10.
2 Ruth Hauser in der «NZZ», 23. 4. 1966, Nr. 178.
3 SFB, Nr. 12, 1974, «Kleiner Abschied», Anneliese Villard-Traber.
4 Die Zahl der Mitglieder des «Aktionskomitees gegen das Frauenstimmrecht» blieb ein Geheimnis.
5 Einen aktiven Anti-Stimmrechtsverband hatte es auch 1919 gegeben, woraus man sieht, wie nahe damals der Umschwung war.
6 Auf den «Züri Boten» schrieb Werner Kägi eine scharfe Replik in der «NZZ», Nov. 1966.
7 Theologie und Frauenstimmrecht, Antwort an die Gegnerinnen, «NZZ», Nov. 1966, Nr. 4884.
8 Dem Aktionskomitee für das Frauenstimmrecht im Kanton Zürich gehörten an:
Präsident: Dr. Emil Landolt, Zürich
Vizepräsidentinnen und -präsidenten:
   Julia Heussi, Zürich, Frauenstimmrechtsverein Zürich
   Dr. Wartenweiler, Winterthur, Frauenzentrale Winterthur
   Dr. Hulda Autenrieth-Gander, Rüschlikon, Zürcher Frauenzentrale

E. Welter, Zürich, SP
Dr. M. Dennler, Affoltern a. A., BGB
Dr. A. Heil, Winterthur, CSP
Prof. Dr. R. Müller, Winterthur, DP
G. Weilenmann, Zürich, EVP
H. Frick, Zürich, LdU
Prof. Dr. H. Peter, Adliswil, SP
(Aus «Die Staatsbürgerin», Nr. 8, 1969)

9 Betty Friedan, Der Weiblichkeitswahn oder die Selbstbefreiung der Frau, Rohwolt Verlag 1970: «Das Problem ohne Namen brach plötzlich im Jahre 1960 wie eine Sturmflut los und überspülte das Bild der glücklichen amerikanischen Hausfrau. In den Werbesendungen des Fernsehens strahlte die liebreizende Hausfrau noch immer über ihren dampfenden Kochtöpfen, und in der Titelgeschichte vom ‹Time› über ‹Die Vorort-Hausfrau, ein amerikanisches Phänomen› wurde lautstark verkündet: ‹Es geht ihnen einfach zu gut, als daß sie sich für unglücklich halten könnten.› Aber mit einemmal war in Presse und Rundfunk die Rede davon, daß die amerikanische Hausfrau tatsächlich unglücklich war, wenn auch fast jeder, der davon sprach, die Sache mit oberflächlichen Erklärungen abtat. Einmal wurden die Unzulänglichkeiten des Reparaturdienstes für Haushaltgeräte dafür verantwortlich gemacht, ein andermal die weiten Schulwege der Kinder, die die Mütter zwangen, sie mit dem Auto hinzubringen und wieder abzuholen...» S. 18.
10 a. a. O. Seite 81.
11 a. a. O. Seite 80.
12 *Kate Millett,* Sexus und Herrschaft. Die Tyrannei des Mannes in unserer Gesellschaft, Verlag Kurt Desch München, Wien, Basel 1971. Original: Sexual Politics, New York 1969.
Germaine Greer, Der weibliche Eunuch. Aufruf zur Befreiung der Frau, S. Fischer Verlag, Hamburg 1970.
Shulamith Firestone, Frauenbefreiung und sexuelle Revolution, Hamburg 1975.
13 Vgl. Max Frisch, Tagebuch 1966–1971, Suhrkamp Verlag Frankfurt a. M. 1972. S. 165/6.
14 Die Rebellin war eine Studentin der Dolmetscherschule, *Andrée Valentin,* geb. 1943. Sie ist die Tochter einer Tessinerin und eines Waadtländers, Paul Valentin, damals Oboist im Zürcher Tonhalleorchester. Sie war zur Zeit ihres Auftritts Präsidentin der «Freien Studentenschaft Zürich» (FSZ), später Mitglied der FBB. Sie lebte später in Rom, übersetzte das Werk von Rita di Leo «Die Arbeiter und das sowjetische System» 1973. Heute (1975) lebt sie in einer linksextremen Kommune in München. Sie ist Mutter eines unehelichen Kindes, dessen Vater ein Arbeiter sein soll.
15 Vgl. Tribune de Lausanne, 2. 3. 1969, «La marche des femmes sur la capitale», A.-M. J.
16 In einer *Kleinen Anfrage* erkundigte sich Nationalrat Dr. W. Allgöwer (LdU), Basel, nach den Beweggründen, warum sich am letzten Samstag kein Bundesrat bereitgefunden habe, die Delegation der Frauen zur Über-

gabe der Resolution zu empfangen. Dieses Verhalten habe in weiten Kreisen Mißfallen erregt und biete Anlaß zu unerfreulichen politischen Mißverständnissen. Die Frauen müßten sich zurückgesetzt fühlen. (Tagblatt der Stadt Zürich, 5. 3. 1969.)

17 Am 22. 11. 1964 hatte Ständerat Eduard Zellweger am Kongreß der Europa-Union Schweiz in Bern die These aufgestellt, durch die Ratifikation der Menschenrechtskonvention des Europarates könnten die Schweizerinnen wenigstens das *Wahlrecht* erhalten, ohne daß das Staatsvertragsreferendum dagegen ergriffen werden könnte. Vgl. Hans Tschäni, Profil der Schweiz. Ein lebendiges Staatsbild, Zürich 1969.

Am 17. 6. 1969 wurde von Nationalrat *Arnold* folgende *Motion* eingereicht: «Dem Bundesrat wird die verbindliche Weisung erteilt, ohne Verzug eine Botschaft an die Eidgenössischen Räte zu richten mit einem Antrag, wonach Art. 74 der Bundesverfassung durch Beschluß der Bundesversammlung, spätestens auf den Zeitpunkt der Unterzeichnung der Menschenrechtskonvention des Europarates durch den Bundesrat, so zu interpretieren ist, daß unter dem Begriff «Schweizer» in Übereinstimmung mit Art. 4 der Bundesverfassung Männer und Frauen zu verstehen sind.» *(Unterzeichnet von 58 Nationalräten.)*

Am 19. 10. 1969 erfolgte das Postulat *Gerwig:* «Gemäß Art. 74, Abs. 2 der Bundesverfassung bleibt es der Gesetzgebung des Bundes vorbehalten, über die Stimmberechtigung einheitliche Vorschriften aufzustellen. Der Bundesrat wird daher eingeladen zu prüfen, ob nicht das Stimm- und Wahlrecht der Schweizer Bürgerinnen in eidgenössischen Angelegenheiten auf dem Weg einer Neuformulierung von Art. 2 des Bundesgesetzes betreffend die eidgenössischen Wahlen und Abstimmungen ohne Änderung der Verfassung eingeführt werden könnte.»

18 *Helene Stucki* «Der Weg der kleinen Schritte», SFB, 14. September 1973.

Literaturverzeichnis

Allgemeine Schweizergeschichte

Allemann Fritz René, 25mal die Schweiz, München 1968.
Bonjour Edgar, Geschichte der Schweiz im 19. u. 20. Jahrhundert, Zürich 1938.
Dürrenmatt Peter, Schweizer Geschichte, Zürich 1963.
Gagliardi Ernst, Geschichte der Schweiz, Zürich 1939.
Gautschi Willi, Der Landesstreik 1918, Zürich/Einsiedeln/Köln 1968.
Tschäni Hans, Profil der Schweiz, Zürich 1969^3.
Miniprofil der Schweiz, Aarau 1971.

Soziologie

Gerhard Adele, Simon Helene, Mutterschaft und geistige Arbeit. Eine psychologische und soziologische Studie auf Grundlage einer internationalen Erhebung mit Berücksichtigung der geschichtlichen Entwicklung, Berlin 1901.
Gilman Charlotte P., The Man-Made-World; Our Androcentric Culture, New York 1914. Mann und Frau. Die wirtschaftlichen Beziehungen der Geschlechter als Hauptfaktor der sozialen Entwicklung, Dresden 1913^2.
Held Thomas, Levy René, Die Stellung der Frau in Familie und Gesellschaft, Frauenfeld/Stuttgart 1974.
Heß, Latscha, Schneider, Die Ungleichheit der Bildungschancen, Texte und Dokumente zur Soziologie, Olten 1966.
Horkheimer Max, Studien über Autorität und Familie, Paris 1936.
Schelsky Helmut, Wandlungen der deutschen Familie in der Gegenwart, 1969.
Sullerot Evelyne, Die Frau in der modernen Gesellschaft, Kindlers Universitätsbibliothek 1971. Die Wirklichkeit der Frau, München 1979.

Frauenbewegung, allgemein

Beauvoir Simone de, Le deuxième sexe, Paris 1949.
Bebel August, Die Frau und der Sozialismus, Zürich 1879.
Braun Lily, Ges. Werke, bes. Memoiren einer Sozialistin, Berlin 1922.

Comune di Milano, Esistere come donna, Palazzo Reale 1983.
Engels Friedrich, Der Ursprung der Familie, des Privateigentums und des Staates, 1886.
Firestone Shulamith, Frauenbefreiung und sexuelle Revolution, Frankfurt 1975.
Friedan Betty, Der Weiblichkeitswahn, rororo 1970.
Grimes Alan P., The puritan Ethic and Woman Suffrage, New York 1967.
Janssen-Jurreit Marielouise, Sexismus, München Wien 1977.
Lange Helene, Lebenserinnerungen, 1921. Kampfzeiten, Berlin 1928. Die Frau, Zeitschrift ab 1893, ab 1896 mit Gertrud Bäumer.
Key Ellen (schwed. Pionierin), Mißbrauchte Frauenkraft, Berlin 1900. Das Jahrhundert des Kindes, Berlin 1902. Drei Frauenschicksale, Berlin 1908. Die Frauenbewegung, Berlin 1909.
Linnhoff Ursula, Die neue Frauenbewegung USA–Europa seit 1968, Köln 1974.
Mayreder Rosa, Zur Kritik der Weiblichkeit, Jena 1922^5. Geschlecht und Kultur, Jena 1923.
Mead Margaret, Mann und Weib, rororo 1970^6. Der Konflikt der Generationen, Olten 1971.
Merfeld Mechthild, Die Emanzipation der Frau in der sozialistischen Theorie und Praxis, rororo 1972.
Meysenbug Malwida von, Memoiren einer Idealistin, 1881.
Mill John Stuart, The Subjection of Women, 1869.
Millet Kate, Sexus und Herrschaft, München 1971.
Ragaz Leonhard, Werke, bes. Was will und soll die Frauenbewegung?, Olten 1916.
Roten Iris von, Frauen im Laufgitter, Bern 1958.
Strecker Gabriele u. a., Eva – wo bist du? Weilheim 1967.
Wyß Hedi, Das rosarote Mädchenbuch, Bern 1972.

Frauenbewegung in der Schweiz

Benz Emilie, Die Geschichte der Frauenbewegung in der Schweiz, in «Handbuch der Frauenbewegung», hrsg. Helene Lange und Gertrud Bäumer, Berlin 1901.
Briner Robert, u. a. Die Frau im öffentlichen Leben, Zürich 1923.
Bodmer-Gessner Verena, Bibliographie der Schweizer Frau, Zürich 1968.
Böhlen Marie, Eine kleine Geschichte des Frauenstimmrechts in der Schweiz, hrsg. Sozialdemokrat. Frauengruppen, 1959.
Bürig Marga, Schmid-Affolter Anny, Die Frau in der Schweiz, Bern 1963.
Derendinger Gertrud, Unsere Scheindemokratie, Burgdorf 1959.
Gilomen-Hulliger Rosa, Die sozialdemokratische Frauenbewegung in der Schweiz, Sep. der «Roten Revue» 1931.
Haller Gret, «Frauen, Männer, Menschen», Partnerschaft oder Gleichmacherei?, Gümligen 1980.
Haller-Zimmermann Margareta, Die Uno-Menschenrechtskonventionen und die rechtliche Stellung der Frau in der Schweiz, Zürich 1973.
Heinzelmann Gertrud Dr. iur., Schweizerfrau – Dein Recht! Zürich 1960.

Kissel Margrit, Oettli Mascha, Sozialdemokratische Frauengruppen der Schweiz, Zürich 1960.
Leuch-Reineck Annie, Die Frauenbewegung in der Schweiz, Zürich und Leipzig 1928.
Marty Verena, Die politische Gleichberechtigung von Mann und Frau nach deutschem und schweizerischem Recht, Zürich 1967.
Nef Clara, Im Fluge unserer Zeiten, Bern 1972.
Neumayr Elisabeth, Schweiz und Frauenstimmrecht, Mannheim 1932.
Röthlisberger Blanca, Ischer Anna, Die Frau in der Literatur und Wissenschaft, Zürich 1928.
Ruckstuhl Lotti, Die Schweizerfrau – ein Chamäleon?, Benglen 1976.
Schwarz Rudolf, Landläufige Einwände gegen das Frauenstimmrecht, letzte umgearbeitete Auflage 1970.
Steiger Emma, Geschichte der Frauenarbeit in Zürich, Zürich 1962.
Thalmann-Antenen Helene, Das Frauenstimmrecht als Gedanke und Tat, 1957.
Villard Emile, Frauenstimmrecht, Basel 1960.
Vischer-Alioth Elis., Das Frauenstimmrecht in seiner geschichtlichen Entwicklung, 1922.
Versch. Autoren, Grenzdienst der Schweizerin 1914–18.

Die Anfänge der Frauenbewegung in der Schweiz

Marie Goegg, Deux discours 26. 9. 1868, 27. 3. 1870. *La solidarité.* Bulletin trimestriel 1872–1880 (beide Bibliothèque publique et universitaire de Genève).
Les Etats Unis d'Europe, Organe de la Ligue internationale de la paix et de la liberté, Jahrgänge 1868–1900. (Landesbibliothek Bern)
Testament von Marie Goegg.
Scheidungsakten und Scheidungsurteil der Ehe Mercier-Pouchoulin (beide Staatsarchiv Genf)
Pauline Chaponnière-Chaix, Une Pionnière du Mouvement féministe dans la Suisse romande, J. d. S. 1916.
Emilie Gourd, Marie Goegg et ses collaboratrices im «Mouvement féministe» 10. Jan., 10. Febr. und 10. April 1918.
Charles Neilson Gattay, Amelia Bloomer, hrsg. von Bertha Rahm, Ala-Verlag, Zürich 1968.

Amand Goegg

Amand Goegg, Nachträgliche authentische Aufschlüsse über die Badische Revolution von 1849. New York 1876 (anonym erschienen).
Amand Goegg, Überseeische Reisen, J. Schabelitz, Zürich 1888.
Das Felleisen. Organ der deutschen Arbeitervereine in der Schweiz, Jahrgänge 1862–70, Sozialarchiv Zürich.
Franz Brümmer, Amand Goegg Nekrolog, in: Biographisches Jahrbuch Deutscher Nekrologe, II. Bd. 1898, Verlag Georg Reimer, Berlin, S. 44.
Erich Gruner, Die Arbeiter in der Schweiz im 19. Jahrhundert, Bern 1965. Vgl. bes. S. 734f. u. S. 942f.

Die Genferinnen regen sich

«*Schweizer Frauenzeitung*», Blätter für den häuslichen Kreis, Redaktion Elise Honegger, St. Gallen, 1879f.
Charles Secrétan, Œuvres, bes. Le droit de la femme, 4. erw. Auflage, Lausanne, Paris 1888.
Louise Secrétan, Charles Secrétan, sa vie et son œuvre, Lausanne 1912.
Ella Studer, Marie Humbert, in «Schweizer Frauen der Tat» 1759–1827, Zürich 1929.
Programme der höheren Töchterschule und des Lehrerinnenseminars in Zürich, Schuljahre 1880–1883/4.
Jahrbuch der Schweizerfrauen, besonders 1930/31 (XII. Band), und 1950/51 (Jubiläumsausgabe zum 50jährigen Bestehen des B. S. F.).
L'Union des femmes de Genève, ses origines. Vingt-cinq ans d'activité, Genève 1917.
Union des femmes de Genève, cinquante ans d'activité, 1891–1941.
Association genevoise pour le suffrage féminin. Dix ans d'activité, 1907–1917.
Bericht über die Verhandlungen des Schweizerischen Kongresses für die Interessen der Frau. Genf, im September 1896, Bern 1897.
Madame E. Pieczynska, Ses lettres, Neuchâtel 1929.
Schweizerischer Verband für Frauenstimmrecht/Association Suisse pour le suffrage féminin, Basel 1909–1934.
Louis Bridel, Le mouvement féministe et le droit de la femme, Genf 1893.
– La puissance maritale (Diss.), Genf 1880.
– La condition légale de la femme mariée, Genf 1895.
– Question féministes, Genf 1896.
Carl Hilty, Frauenstimmrecht, Politisches Jahrbuch der Eidgenossenschaft, 1897.
Auguste de Morsier, Charles Secrétan et le suffrage des femmes, Genf 1907.
Pourquoi nous demandons le droit de vote pour la femme, Genf 1916.

Zürich, die Wiege des Frauenstudiums

Das Frauenstudium an den Schweizer Hochschulen, hrsg. vom Schweiz. Verband der Akademikerinnen, Rascher & Co. Verlag, Zürich 1928.
Die Universität Zürich 1833–1933, Festgabe zur Jahrhundertfeier von *Ernst Gagliardi*, Hans Nabholz und Jean Strohl, Verlag der Erziehungsdirektion, Zürich 1938.
Caroline Farner, Berthe Kollbrunner, in «Schweizerfrauen der Tat», Rascher 1929.
Caroline Farner, anonym gedruckter Nekrolog.
Meta von Salis, Gedichte, L. Schmidt, Zürich 1881.
– Die Zukunft der Frau, Buchholz, München 1886.
– Agnes von Poitou, Dissertation, Zürich 1887.
– Die Schutzengel, I. und II. Band, Merhoff, München 1889 und 1891.

- Lieder und Sprüche von Hedwig Kym und Dr. Meta von Salis-Marschlins, Buchholz, München 1892.
- Präludien und Phantasien, Zweite Auflage der Zukunft der Frau, Buchholz, München 1893.
- Der Prozess Farner-Pfrunder in Zürich, nach den Akten und nach dem Leben mitgeteilt, St. Gallen 1893.
- Katharina Sforza, aus dem Italienischen des Pier Desiderio Pasolini übersetzt, Koch, Bamberg 1895.
- Philosoph und Edelmensch, Ein Beitrag zur Charakteristik Friedrich Nietzsches, Naumann, Leipzig 1897.
- Auserwählte Frauen unserer Zeit, Selbstverlag 1900.
- Aristokratika, Gedichte, Selbstverlag 1902.
- Die Säkularjahre, eine historische Vision, aus dem Italienischen des Pier Desiderio Pasolini übersetzt, Georg Müller, München u. Leipzig 1907.
- Aristokratika, Bopp, Zürich 1909.
- Auserwählte Frauen unserer Zeit, II. Teil, als Manuskript gedruckt 1919.
- Familiengeschichtliches, Separata aus dem «Bündnerischen Monatsblatt».
- Ravenna und seine grossen Erinnerungen, aus dem Italienischen des Pier Desiderio Pasolini übersetzt, F. H. Ed. Heitz, Straußburg 1930.

Berta Schleicher, Meta von Salis-Marschlins, Rotapfel-Verlag, Erlenbach-Zürich 1932.

E. Z., Meta von Salis-Marschlins, «Basler Nachrichten» 5. 2. 1933.

Susanna Orelli, Aus meinem Leben, in «Schweizerfrauen der Tat», Rascher 1929.
- Praktische Wirtshausreform, Alkoholgegnerverlag, Mai 1918.

Verena Conzett, Erstrebtes und Erlebtes, Grethlein & Co., Zürich 1929.
- Versicherung gegen Arbeitslosigkeit, Krankheit und Unfall, im Bericht über die Verhandlungen des Schweizerischen Kongresses für die Interessen der Frau, Bern 1897.

Gesamtschweizerische Bestrebungen

Helene von Mülinen, Briefe im Familienarchiv der Familie von Mülinen in der Berner Burger-Bibliothek.
- Die Stellung der Frau zur sozialen Aufgabe. Vortrag, gehalten im Schoße der christlich-sozialen Gesellschaft des Kantons Bern. Bern, Verlag von Schmid & Francke, 1897. Französische Übersetzung bei Librairie Berthoud, Neuchâtel 1899.
- Der Garten der Hesperiden. (Über die Lektüre der jungen Mädchen.) «Schweizerische Lehrerinnenzeitung», II. Jg., Nr. 2, 15. Nov. 1897.
- Eine vielumstrittene Frage. (Von den Vergehen, zu denen die Prostitution Anlaß gibt.) Referat, gehalten an der Konferenz der Fédération Abolitionniste in Genf, 19. Sept. 1899, Genf, P. Richter, 1900.
- Aufruf: An die Schweizerischen Frauenvereine, März 1900.
- Eröffnungsrede, gehalten an der 1. Generalversammlung des Bundes Schweizerischer Frauenvereine am 26. Mai 1900 in Bern, Berna, II. Jg., Nr. 4, 9. Juni 1900.

- Schärfere Bestrafung der Sittlichkeitsdelikte an Kindern. Referat, gehalten an der 2. Generalversammlung des Bundes Schweizerischer Frauenvereine. Separatabzug aus den «Schweiz. Blättern für Wirtschafts- und Sozialpolitik», Heft II, IX. Jg., 1901, Bern, Druck und Verlag von Frl. C. Sturzenegger, 1901.
- Frauenbewegung. Sonderabdruck aus dem II. Band des «Handwörterbuchs der Schweizerischen Volkswirtschaft, Sozialpolitik und Verwaltung», herausgegeben von Dr. iur. N. Reichesberg, Prof. an der Universität Bern, Bern, Verlag Encyclopädie, 1903.
- «Monatsschrift für christliche Sozialreform», Basel, Petersgasse 34. Jahrgang 1903. Le rôle du Conseil International des Femmes. Revue de Morale Sociale, mars 1900.
- Alliance Nationale des Sociétés Féminines Suisses. Travail présenté à l'Assemblée du Relèvement moral à Lausanne, 1er juin 1904.
- La femme et l'Evangile. Conférence faite à Genève au Séminaire d'activité chrétienne le 19 novembre 1903. Editions de Foi et Vie. Paris, 17, quai Voltaire; Genève, Librairie Robert, 2, place de la Petite-Fusterie, 1904.
- Die Erziehung der Frau zur Bürgerin. Vortrag, gehalten an der Generalversammlung des Bundes Schweizerischer Frauenvereine am 19. Okt. 1907 in Basel. Separatabdruck aus dem «Schweizerischen Familien-Wochenblatt», Verlag Erhard Richter, Zürich.
- Frauenstimmrecht. Vortrag, gehalten vor der Sozialwissenschaftlichen Sektion der Freien Studentenschaft Bern am 16. Juli 1908. Separatdruck aus der «Schweizerischen Lehrerinnenzeitung» 1908.
- Das zukünftige schweizerische Strafgesetzbuch. Ansprache bei Gelegenheit der jährlichen Generalversammlung des Kollektenvereins zur Hebung der Sittlichkeit, Neuenburg, 11. Juni 1908. Genf, Büro des Sekretariats der Förderation, 1909.
- Begrüßungsrede an der 10. Generalversammlung des Bundes Schweizerischer Frauenvereine in Bern, 30. Okt. 1908, Berna, II. Jg., Nr. 18, 27. Nov. 1909.
- Die Ziele der Frauenbewegung. Vortrag, gehalten in Zürich den 22. Jan. 1909 und in Olten den 24. Jan. 1909, Sonderabdruck aus «Wissen und Leben».
- Zur schweizerischen Frauenbewegung. Eine Notwehr. Separatabdruck aus der «Monatsschrift für Christliche Sozialreform» 1910, Augustheft.
- Was die Frauenbewegung vom Christentum erwartet. Ansprache an der religiös-sozialen Konferenz in Bern, Oktober 1910.
- Zur Frauenfrage. Entgegnung. «Der freie Schweizer Arbeiter», Bern, J. Fischer-Lehmann, Falkenweg 3a, 1. Juli 1910.
- Aus meinem Leben. Sonderabdruck aus «Frauenkreisen», Beilage zum «Schweizer Frauenheim», Juni 1911.
- Die Frauen von heute und morgen. Sonderabdruck aus «Heimatboden», ein Buch für die Schweizer Jugend und ihre Freunde, Basel, 1913.
- Die Revision der Bundesverfassung und die politischen Rechte der Schweizerfrauen. Vorträge von Frl. H. v. Mülinen und Frau P. Chaponnière-Chaix an der Delegiertenversammlung des Bundes Schweizerischer Frauenvereine, den 22. Jan. 1919 in Bern, Genève, Imprimerie Paul Richter, 1919.

Kleines Stammbuch des Hauses von Mülinen, Lebenslauf der H. v. M., von *Herbert von Mülinen,* 1924 (Privatbesitz).
Emma Pieczynska, Hélène von Mulinen dans ses œuvres, J. d. S. 1924.
Elisabeth Zellweger, Helene von Mülinen, Schweizer Frauen der Tat, 2. Bd., Zürich 1929.
- Die Mutter der schweizerischen Frauenbewegung, J. d. S. und Schweizerischer Frauenkalender 1951.
Emma Pieczynska, Lettre de Pologne, dans le «Journal du Bien Public» du 15 août 1884.
- Solidaires, allocution prononcée à l'Assemblée annuelle de l'Association des Femmes bernoises pour l'Œuvre du Relèvement moral, le 29 mai 1895 (répétée à la Conférence de Versailles le 27 juin. A paru dans «La Femme» du 1er août, puis en feuille volante de l'Association du Sou, no. 35; et, en allemand, dans le no. de novembre du petit bulletin «Dem Collecten-Verein zur Hebung der Sittlichkeit»).
- Le Devoir actuel des femmes, allocution prononcée à Genève à la veille de la votation du 22 mars (sur l'abolition des maisons closes). Paru en feuille volante de l'Association du Sou, no. 39, septembre 1896.
- La Coéducation des sexes, travail présenté au 1er Congrès des Intérêts féminins, pendant l'Exposition de Genève, en septembre 1896. Paru dans les Actes du Congrès en 1877.
- L'Ecole de la Pureté, un vol. 1ère édition chez Eggimann à Genève. 1897, éditions subséquentes, Fischbacher à Paris 1901; en polonais 1909, en italien 1911, en hollandais, en espagnol, en danois, etc.
- L'Appel des femmes aux fonctions publiques, allocution à l'Assemblée publique de la Société chrétienne pour l'Etude des Questions sociales, à Berne le 18 mars 1898. Schmid et Francke.
- Sur le Seuil, article-manifeste de la Rédaction de la Revue de Morale sociale, paru dans le 1er no. de la revue, mars 1899.
- Etude bibliographique du volume «A clean Life», dans le 2e no. de la même revue, juin 1899.
- Qu'avons-nous à faire pour la jeunesse des écoles? Allocution à la Conférence de l'Union internationale des Amies de la Jeune Fille, à Neuchâtel, 1899. Paru dans le «Journal du Bien Public» du 15 décembre.
- Discours, à la «Conférence de Genève» de la Fédération abolitionniste internationale, septembre 1899. Paru dans le vol. des Travaux de la Conférence, p. 170 et suiv.
- Un Poison à l'œuvre, allocution prononcée à Genève le 25 janvier 1900. Paru par les soins de la Ligue de Femmes suisses contre l'Alcoolisme.
- Allocution à l'Assemblée générale de la Société vaudoise pour le Relèvement de la Moralité (sur la Purification de l'Amour), le 2 juin 1900. Imprimé dans le Rapport 1899/1900.
- La question du Neo-Malthusianisme: Qu'en pensent les femmes? «Revue de Morale sociale», septembre 1901.
- Un Problème d'éducation (Education sexuelle), «Revue de Morale sociale», mai 1902.
- Une conception moderne du Diaconat en Allemagne, dans la revue «Foi et Vie» du 1er octobre 1902.

- Lettre aux Diaconnesses, parue dans «La Diaconesse» de Paris, no. de juillet 1903.
- L'Alliance nationale de Sociétés féminines suisses, discours prononcé à l'Assemblée générale de Genève, octobre 1903; «Signal de Genève» du 24 octobre.
- Esquisse d'une instruction religieuse en matière sexuelle, Genève, 1903.
- La question des Assurances, Rapport présenté au Congrès de Dresde de la Fédération abolitionniste internationale, 1904. «Die Rolle der Krankenversicherung bei der Prophylaxe der Geschlechtskrankheiten», Genf 1904.
- Aux parents et aux amis de la jeunesse, préface au volume «Presque une Femme», Lausanne, 1904.
- La Fédération et l'Hygiène, Rapport présenté à l'Assemblée trentenaire de la Fédération abolitionniste internationale, Neuchâtel 1905.
- La Fraternité entre les sexes, un volume, Delachaux et Niestlé à Neuchâtel et Fischbacher à Paris, 1906.
- Lettre à la Rédaction du «Journal du Bien Public» à l'occasion de la mort de Joséphine Butler, no. de janvier 1907.
- Une Grève dans une Fabrique suisse de chocolats, dans le Bulletin des L. S. A. France et Suisse, 2e trimestre 1907.
- Education sexuelle, le Rôle de l'Ecole, étude présentée à la Société Evangélique d'Education à Lausanne en mai 1907. Publié en brochure par la Société Vaudoise pour le Relèvement de la Moralité, 1908.
- Les préliminaires d'une Entente, travail présenté à la Conférence de l'Association chrétienne suisse d'Etudiants à Sainte-Croix, 1907.
- Les Frauenkonferenzen de Berne, étude présentée à l'Assemblée générale de l'Alliance nationale de Sociétés féminines suisses à Bâle, octobre 1907, deutsch in «Frauenbestrebungen» Zürich.
- La Mission sociale des jeunes filles au temps présent, brochure, 1911, Lausanne.
- Les Femmes et la Loi fédérale d'Assurances, article au «Signal de Genève» du 18 novembre 1911.
- An die Schweizerfrauen! appel de la Commission pour l'Assurance maternelle de l'Alliance nationale de Sociétés féminines, reproduit comme Extrabeilage par la «Berna», no. 22, janvier 1912.
- Du rôle qui incombe aux Ligues sociales d'Acheteurs dans le domaine du Travail à domicile, Rapport présenté au Congrès international du Travail à domicile à Zurich 1912. Publié en brochure française par le Bureau Central de la L. S. A.
- Les Tâches immédiates et la Mission future des Alliances de Femmes en Suisse, allocution prononcée à la «Journée féminine romande d'Yverdon», le 1er mai 1913. «Mouvement féministe», no. 7.
- Idéal et réalité, étude parue avec d'autres de divers auteurs dans un volume intitulé «La Famille», Echos du VIe Congrès National de l'Etoile Blanche, Rouen, 1/2 novembre 1913.
- La Jeunesse d'une ouvrière, article à la revue «Foi et Vie» du 1er mai 1914, analyse du volume paru sous ce titre.
- Lettre à la Présidente de l'Union des Femmes de Lausanne, dans le «Bulletin féminin» de décembre 1914, réponse à l'Enquête du Bulletin sur:

«Comment pourrions-nous à l'heure acutelle affirmer et consolider les liens d'affection et de solidarité entre confédérés welches et suisses allemands?»
- L'Education pour la Paix, travail présenté à la XXe Conférence des Christliche Studenten à Aarau, 1916. Paru avec d'autres travaux dans la brochure de la Conférence chez A. Fancke à Berne.
- L'ABC de l'Education nationale au Foyer domestique, avec la collaboration de Léa Burger, un volume sous les auspices de l'Alliance nationale de Sociétés féminines, Genève, 1916.
- La Semaine des Fiancées, 1917, chez Delachaux et Niestlé, Neuchâtel. Les chapitres «Indépendance et Liberté» et «La Politique et les Femmes» ont paru en traduction allemande dans la revue de famille «Schweizer Frauenheim» de Zurich (no. II et suivants de 1919 et 5 à 9 de 1920).
- Aux Enfants de nos cantons romands, préface à la traduction des «Funken vom Augustfeuer».
- Le Travail des femmes pour l'avenir, a) l'Œuvre éducatrice, discours prononcé le 17 avril 1918 à l'occasion de la Conférence Internationale de Femmes pour la Concorde entre les Peuples, à Berne, traduit par Mlle. H. de Mulinen et publié dans le no. du 20 juillet du «Schweizer Frauenheim».
- L'Unité de la Suisse, article dans le no. de juillet 1918 de la petite revue d'Art et d'Education «Aujourd'hui».
- Une Enquête touchant l'initiation de la jeunesse à l'éthique internationale et aux questions sociales, parue dans la «Lehrerinnen-Zeitung» en 1919 et en brochure, tirage à part (enquête de la Commission d'Education nationale de l'Alliance de Soc. Fém.).
- Questions d'éducation, discours prononcé à l'Assemblée générale de l'Alliance nationale de Sociétés féminines à Saint-Gall, en octobre 1920. Paru dans le «Bulletin féminin» de novembre.
- Message du Bureau Central aux membres de la L. S. A. suisse, décembre 1920, brochure française et brochure allemande (Botschaft d. Zentralvorstandes an die Mitglieder sämtlicher Sektionen d. S. K. L.), Imprimerie Sieber, Berne.
- Tagore Educateur, paru en novembre 1921, Editions Delachaux et Niestlé, Neuchâtel et Paris (Collection d'Actualités pédagogiques). Traduction allemande de Cl. Ragaz «Tagore als Erzieher», Rotapfel-Verlag, Zürich, o. J.
- L'Education des Educatrices, article au «Nouvel Essor», août 1923.
- Quand faut-il apprendre à observer un petit enfant? Article à «L'Educateur», 15 décembre 1923.
- La Coéducation des sexes en famille et à l'école, conférence aux «Journées éducatives de Lausanne», le 10 avril 1924. Résumé dans la brochure, «L'Ecole et la Famille, compte-rendu des Conférences», «Pro Juventute», no. de juillet.
- Hélène de Mulinen dans ses œuvres, dans l'Annuaire des Femmes suisses, octobre 1924.
- Ein Frauen-Großrat im Waadtland, article à la «Berna», traduction de Mme Dr. A. Debrit-Vogel, réd., no. 13 du 20 décembre 1924.
- La Politique de Josephine Butler, dans le numéro spécial du «Bulletin abolitionniste», publié à l'occasion du Cinquantenaire de la Fédération, mars 1925.

- Conciliation de la vocation maternelle avec la préparation aux carrières lucratives, travail présenté aux «Journées éducatives de Lausanne» le 16 avril 1925. Résumé dans «L'Education après l'Ecole, compte-rendu des Conférences».
- Mariage ou Célibat, comment préparer nos Filles à la Vie réelle en présence du dilemme de leur Avenir? Conférence à l'Assemblée annuelle des Femmes de Pasteurs vaudois, le 8 septembre 1925. Publiée par la «Revue suisse d'Utilité publique», no. de novembre.
- L'Esprit de service, article original dans le «Mouvement féministe» du 16 avril 1926.
- L'éducation sexuelle, article au «Nouvel Essor», no. du 25 septembre 1926.
- L'égoisme désunit, lettre au Rédacteur du «Semeur vaudois», no. du 23 octobre 1926.
- La Règle d'or dans les affaires, étude présentée à la «Journée sociale» de l'Eglise évangélique libre du canton de Vaud à Lausanne, le 24 novembre 1926. Paru d'abord, dans «Le Lien» (20 janvier 1927 et les deux numéros suivants); puis dans la revue «Le Christianisme social», no. de mai-juin 1927.
- dans ses lettres, hrsg. E. Serment, Neuchâtel 1929.

Elise Serment, E. P., Schweizer Frauen der Tat, 2. Bd., Zürich 1929

Feministische Zeitungen und Periodika der Schweiz
(chronologisch geordnet)

Solidarité, 1872–80, hrsg. Marie Goegg-Pouchoulin, Genf.
Schweizer Frauen-Zeitung, 1879–1912, hrsg. Elise Honegger, St. Gallen.
Die Philanthropin, 1890–94, Monatsschrift des Schweizer Frauenverbandes «Fraternité», hrsg. Dr. med. Caroline Farner; ständige Mitarbeiterin Dr. phil. Meta von Salis.
Frauenbestrebungen, 1903–18, hrsg. Union für Frauenbestrebungen, Redaktorin ab 2. Jahrgang Klara Honegger (1860–1940).
Die Vorkämpferin, Sozialdemokrat. Frauenblatt, 1906–20, Zürich.
Mouvement Féministe, 1912–heute, gegr. und geleitet von Emilie Gourd (1879–1946); heutiger Haupttitel: Femmes Suisses.
Jahrbuch der Schweizerfrauen, zit. als JS, 1915–42, gegr. von Dr. phil. Emma Graf, seit 1944 verschmolzen mit
Schweizer Frauenkalender, 1910–64, hrsg. Clara Büttiker.
Schweizer Frauenblatt, zit. als SFB, 1919–heute.
Frauenstimmrecht, 1912–13, hrsg. Dr. iur. Gilonne Brüstlein, Anna Müller-Neugebohrn.
Frauenrecht, 1929–37, hrsg. Sozialdemokrat. Presseunion.
Die Frau in Leben und Arbeit, seit 1937, hrsg. Sozialdemokrat. Presseunion.
Die Staatsbürgerin, seit 1945, hrsg. Frauenstimmrechtsvereine Zürich, St. Gallen, Schaffhausen und Winterthur, heute «Verein für Frauenrechte».

Tabellen

Tabelle 1. *Volles aktives und passives Wahlrecht der Frau*

Land	seit	Land	seit
Afghanistan	1964	Großbritannien und	
Ägypten	1956	Nordirland	1918
Albanien	1946	Guatemala	1965
Algerien	1958	Guayana	1966
Andorra	1933	Guinea	1956
Argentinien	1947	Haiti	1957
Äthiopien	1955	Honduras	1955
Australischer Bund	1962	Indien	1949
Barbados	1961	Indonesien	1945
Belgien	1948	Irak	1964
Bolivien	1952	Iran	1963
Botswana	1966	Irland	1922
Brasilien	1932	Island	1915
Bulgarien	1947	Israel	1948
Burma	1935	Italien	1945
Burundi	1961	Jamaika	1944
Chile	1949	Japan	1945
China	1947	Jugoslawien	1946
Costa Rica	1949	Kambodscha	1956
Dahomey	1956	Kamerun	1961
Dänemark	1915	Kanada	1940
Deutschland	1918	Kenia	1963
Dominikanische Republik	1942	Kolumbien	1954
Ecuador	1929	Kongo	1956
Elfenbeinküste	1956	Korea (Nord)	1948
El Salvador	1950	Korea (Süd)	1948
Finnland (unter russ.		Kuba	1934
Oberhoheit)	1906	Laos	1956
Frankreich	1944	Lesotho	1966
Gabun	1956	Libanon	1953
Gambia	1961	Liberia	1947
Ghana	1955	Libyen	1963
Griechenland	1952	Luxemburg	1918

Land	seit	Land	seit
Madagaskar	1956	*Schweiz*	*1971*
Malawi	1964	Senegal	1956
Malaysia	1963	Sierra Leone	1961
Mali	1956	Singapur	1955
Malta	1964	Somalia	1958
Marokko	1959	Sowjetunion	1917
Mauretanien	1956	Sri Lanka	1934
Mexiko	1953	Südafrika	1930
Monaco	1962	Sudan	1965
Mongolische Volksrepublik	1924	Tansania	1961
		Thailand	1932
Nepal	1951	Togo	1956
Neuseeland	1893	Trinidad und Tobago	1946
Nicaragua	1955	Tschad	1956
Niederlande	1917	Tschechoslowakei	1919
Niger	1956	Tunesien	1959
Norwegen	1913	Türkei	1934
Obervolta	1956	Uganda	1962
Österreich	1919	Ungarn	1945
Pakistan	1956	Uruguay	1932
Panama	1946	Venezuela	1947
Paraguay	1961	Vereinigte Staaten	1920
Peru	1955	Wyoming	1869
Philippinen	1937	Vietnam (Nord)	1948
Polen	1919	Vietnam (Süd)	1956
Rumänien	1946	Zentralafrikanische Republik	1956
Rwanda	1962		
Sambia	1964	Zypern	1959
Schweden	1919		

Tabelle 2. Das Stimmrecht in der westlichen Welt

Seit wann haben die Frauen das volle Stimmrecht?

in den USA	seit	in Europa	seit
Wyoming	1869	Isle of Man	1880
Colorado	1893	Finnland	1906
Utah	1896	Norwegen	1913
Washington, Kalifornien	1911	Dänemark, Island	1915
Oregan, Kansas	1912	Niederlande, Sowjetunion	1917
Alaska, Monatan, Nevada	1914	Großbritannien, Nordirland, Deutschland, Luxemburg	1918
alle übrigen	1920		

in Europa	seit	in Europa	seit
Österreich, Polen, Tschechoslowakei,		Frankreich	1944
		Italien, Albanien,	
Schweden	1919	Ungarn	1946
Irland	1922	Belgien	1948
Andorra	1933	Griechenland	1952
Spanien (nur für		Monaco	1962
alleinstehende Frauen)	1934	Schweiz	1971
		Fürstentum Liechtenstein	?

Tabelle 3. Petition zur Einführung des Frauenstimm- und -wahlrechts auf Bundesebene 1929

Ergebnis der Unterschriftensammlung

Kantone	*Männer*	*Frauen*	*Total*
Zürich	14 424	32 205	46 629
Bern	17 942	32 804	50 746
Luzern	1 984	4 592	6 576
Solothurn	2 891	5 985	8 876
Basel	6 531	16 330	22 861
Schaffhausen	1 171	2 787	3 958
St. Gallen	2 401	5 660	8 061
Aargau	4 017	7 041	11 058
Thurgau	1 134	2 242	3 376
Vaud	9 916	26 296	36 212
Neuchâtel	6 620	12 969	19 589
Genève	6 534	15 778	22 312
Uri	295	610	905
Schwyz	226	355	581
Unterwalden	6	28	34
Glarus	300	751	1 051
Zug	191	370	561
Fribourg	134	305	439
Appenzell	335	623	958
Graubünden	475	1 162	1 637
Ticino	231	208	439
Valais	559	581	1 140
Ausland	523	715	1 238
Total	78 840	170 397	249 237

(Jahrbuch der Schweizerfrauen, 1929, S. 23)

Tabelle 4. Abstimmungen zur Einführung des Frauenstimm- und -wahlrechts

Zusammengestellt von Lotti Ruckstuhl

Kanton	Datum		Vorlagen
Aargau	1959	1. Februar	Stimm- und Wahlrecht in eidgenössischen Angelegenheiten
Appenzell AR	1959	1. Februar	Stimm- und Wahlrecht in eidgenössischen Angelegenheiten
Appenzell IR	1959	1. Februar	Stimm- und Wahlrecht in eidgenössischen Angelegenheiten
Basel-Land	1926	11. Juli	Stimm- und Wahlrecht in Schul- und Armensachen
	1946	7. Juli	Stimm- und Wahlrecht in Kantons- und Gemeindeangelegenheiten
	1955	15. Mai	Stufenweise Einführung des Stimm- und Wahlrechts
	1959	1. Februar	Stimm- und Wahlrecht in eidgenössischen Angelegenheiten
	1966	13. März	* Verfassungsrevision zur stufenweisen Einführung politischer Frauenrechte auf dem Wege der Gesetzgebung
	1967	4. Juni	** Ergänzung der Staatsverfassung zur Einführung des Stimm- und Wahlrechts auf dem Wege der Gesetzgebung
	1968	26. Juni	*** Stimm- und Wahlrecht in kantonalen Angelegenheiten durch Gesetzesrevision
Basel-Stadt	1920	8. Februar	Stimm- und Wahlrecht in Kantons- und Gemeindeangelegenheiten

*** = Abstimmung, die zur effektiven Verwirklichung politischer Frauenrechte führte.

** = Abstimmung, welche die Ermächtigung der Gemeinden oder des kantonalen Gesetzgebers zur Einführung von politischen Frauenrechten bewirkte. (In den Kantonen Bern und Basel-Stadt wurden die Ermächtigungsbestimmungen in einer Abstimmung, die ausschließlich die politischen Frauenrechte betraf, angenommn, in Graubünden bei der Revision des Gesetzes zur Ausübung politischer Rechte und in den Halbkantonen Obwalden und Nidwalden anlässlich der Totalrevision der Verfassungen.)

* = Positive Abstimmung, jedoch ohne rechtliche Wirkung

Ja	Nein	Leer, un-gültig	Stimm-berech-tigte	Abgegeb. Stimmen im ganzen	Stimm-beteili-gung %	Ja %	Nein %
17 919	60 825	1 246	94 208	79 990	84,9	22,7	77,3
1 517	8 284	162	13 583	9 963	73,3	15,5	84,5
105	2 050	16	3 600	2 171	60,3	4,9	95,1
3 164	3 332	780	22 788	7 276	31,9	48,7	51,3
3 784	10 480	204	30 249	14 468	47,8	26,5	73,5
5 496	7 070	316	35 282	12 882	36,5	43,7	56,3
8 896	14 969	160	38 050	24 025	63,1	37,3	62,7
8 321	6 210	110	45 452	14 641	32,2	57,3	42,7
8 506	4 810	158	47 185	13 474	28,5	63,9	36,1
9 374	4 396	203	48 871	13 973	28,6	68,1	31,9
6 711	12 455	226	29 119	19 392	66,6	35	65

Diese Tabelle gibt nur über Abstimmungen durch die Stimmbürger der Kantone Auskunft. Abstimmungen in den Gemeinden sowie über die Wählbarkeit von Frauen in Behörden und über das weitgehend verwirklichte kirchliche Frauenstimmrecht sind nicht aufgeführt.

Die Zahlen bis Ende 1956 sind der Botschaft des Bundesrates über die Einführung des Frauenstimm- und -wahlrechts in eidgenössischen Angelegenheiten entnommen; von 1957 bis Ende 1968 beruhen sie auf Angaben der Staatskanzleien.

Das Resultat fiel, wenn man die Abstimmungen über das Frauenstimm- und -wahlrecht in eidgenössischen Angelegenheiten vom 1. Februar 1959 in jedem Kanton einzeln berücksichtigt, 54mal negativ, 17mal positiv aus.

Kanton	Datum		Vorlagen
Basel-Stadt	1927	15. Mai	Stimm- und Wahlrecht in Kantons- und Gemeindeangelegenheiten
	1946	16. Juni	Stimm- und Wahlrecht in Kantons- und Gemeindeangelegenheiten
	1954	5. Dezember	Stimm- und Wahlrecht in Kantons- und Gemeindeangelegenheiten
	1957	3. Nov. **	Ermächtigung zur Einführung des Stimm- und Wahlrechts in den Bürgergemeinden
	1959	1. Februar	Stimm- und Wahlrecht in eidgenössischen Angelegenheiten
	1966	26. Juni ***	Stimm- und Wahlrecht in Kantons- und Gemeindeangelegenheiten
Bern	1956	4. März	Fakultative Einführung des Stimm- und Wahlrechts in den Gemeinden
	1959	1. Februar	Stimm- und Wahlrecht in eidgenössischen Angelegenheiten
	1968	18. Februar **	Fakultative Einführung des Stimm- und Wahlrechts in den Gemeinden
Freiburg	1959	1. Februar	Stimm- und Wahlrecht in eidgenössischen Angelegenheiten
Genf	1921	16. Oktober	Stimm- und Wahlrecht in Kantons- und Gemeindeangelegenheiten
	1940	1. Dezember	Stimm- und Wahlrecht in Kantons- und Gemeindeangelegenheiten
	1946	29. September	Stimm- und Wahlrecht in Kantons- und Gemeindeangelegenheiten
	1953	30. November	Stimm- und Wahlrecht in Kantons- und Gemeindeangelegenheiten
	1959	1. Februar *	Stimm- und Wahlrecht in eidgenössischen Angelegenheiten
	1960	6. März ***	Stimm- und Wahlrecht in Kantons- und Gemeindeangelegenheiten
Glarus	1921	1. Mai	Stimm- und Wahlrecht in Kantons- und Gemeindeangelegenheiten
	1959	1. Februar	Stimm- und Wahlrecht in eidgenössischen Angelegenheiten

Ja	Nein	Leer, un-gültig	Stimm-berech-tigte	Abgegeb. Stimmen im ganzen	Stimm-beteili-gung %	Ja %	Nein %
6 152	14 917	214	35 855	21 283	59,4	29,2	70,8
11 709	19 892	194	53 568	31 795	59,4	37,1	62,9
17 321	21 123	255	62 361	33 699	62,1	45,1	54,9
12 667	8 568	192	64 533	21 427	33,2	59,7	40,3
17 013	19 372	66	67 067	36 451	54,3	46,8	53,2
13 713	9 141	79	66 462	22 933	34,5	60	40
52 927	63 051	3 109	250 485	119 087	47,5	45,6	54,4
55 786	101 543	943	254 582	158 272	62,2	35,5	64,5
64 102	58 844	1 838	273 193	124 784	45,7	52,1	47,9
7 985	18 780	101	45 749	26 866	58,7	29,8	70,2
6 634	14 169	209	38 437	21 012	54,7	31,9	68,1
8 439	17 894	951	50 883	27 284	53,6	32	68
10 930	14 076	224	54 783	25 230	46,1	43,7	56,3
13 419	17 967	783	61 303	32 169	52,5	42,8	57,2
17 761	11 846	572	67 054	30 179	45	60	40
18 119	14 624	315	67 310	33 058	49,1	55,4	44,6

Von der Landsgemeinde verworfen

| 1 455 | 6 159 | 38 | 10 817 | 7 652 | 70,7 | 19 | 81 |

Kanton	Datum		Vorlagen
	1961	7. Mai	Fakultative Einführung eines partiellen Stimm- und Wahlrechts (Kirche, Schule, Armenpflege)
	1967	7. Mai ***	Stimm- und Wahlrecht in Kirchen-, Schul- und Fürsorgegemeinden
Graubünden	1959	1. Februar	Stimm- und Wahlrecht in eidgenössischen Angelegenheiten
	1962	7. Oktober **	Ermächtigung der Gemeinden, das Stimm- und Wahlrecht einzuführen
	1968	20. Oktober	Stimm- und Wahlrecht in Kanton, Kreisen und Gemeinden
Luzern	1959	1. Februar	Stimm- und Wahlrecht in eidgenössischen Angelegenheiten
	1960	4. Dezember	Ermächtigung der Gemeinden zur Einführung des Stimm- und Wahlrechts oder partieller Frauenrechte
Neuenburg	1919	29. Juni	Stimm- und Wahlrecht in Kantons- und Gemeindeangelegenheiten
	1941	9. November	Stimm- und Wahlrecht in Gemeindeangelegenheiten
	1948	14. März	Stimm- und Wahlrecht in Gemeindeangelegenheiten
	1959	1. Februar *	Stimm- und Wahlrecht in eidgenössischen Angelegenheiten
	1959	27. Sept. ***	Stimm- und Wahlrecht in Kantons- und Gemeindeangelegenheiten
Nidwalden	1959	1. Februar	Stimm- und Wahlrecht in eidgenössischen Angelegenheiten
	1965	10. Oktober **	Neue Verfassung. Ermächtigung, die politischen Frauenrechte durch Gesetz zu regeln
Obwalden	1959	1. Februar	Stimm- und Wahlrecht in eidgenössischen Angelegenheiten
	1968	19. Mai **	Neue Verfassung. Wählbarkeit und Ermächtigung zur Einführung politischer Frauenrechte durch Gesetz, in den Gemeinden durch Gemeindebeschluss

Ja	Nein	Leer, un-gültig	Stimm-berech-tigte	Abgegeb. Stimmen im ganzen	Stimm-beteili-gung %	Ja %	Nein %

Von der Landsgemeinde verworfen

Von der Landsgemeinde angenommen

Ja	Nein	Leer, un-gültig	Stimm-berech-tigte	Abgegeb. Stimmen im ganzen	Stimm-beteili-gung %	Ja %	Nein %
5 633	19 562	354	37 669	25 549	67,8	22,4	77,6
8 540	5 939	1 712	37 986	16 191	42,6	59	41
8 615	13 523	479	40 859	22 617	55,4	39	61
10 294	37 934	252	69 388	48 480	69,9	21,2	78,8
9 110	28 025	482	69 448	37 617	54,2	24,5	75,5
5 365	12 058	182	33 893	17 605	51,9	30,8	69,2
5 589	17 068	540	36 836	23 197	63	24,7	75,3
7 316	14 982	144	39 827	22 442	56,3	32,8	67,2
13 938	12 775	184	41 757	26 897	64,4	52,2	47,8
11 251	9 730	139	41 391	21 120	51	53,6	46,4
807	3 331	30	5 809	4 168	71,7	19,5	80,5

Von der Landsgemeinde angenommen

Ja	Nein	Leer, un-gültig	Stimm-berech-tigte	Abgegeb. Stimmen im ganzen	Stimm-beteili-gung %	Ja %	Nein %
565	3 376	5	6 299	3 946	62,6	14	86
2 388	645	87	6 669	3 120	46,8	78,7	21,3

Kanton	Datum		Vorlagen
St. Gallen	1921	4. September	Stimm- und Wahlrecht in Kantons- und Gemeindeangelegenheiten
	1959	1. Februar	Stimm- und Wahlrecht in eidgenössischen Angelegenheiten
Schaffhausen	1959	1. Februar	Stimm- und Wahlrecht in eidgenössischen Angelegenheiten
	1967	28. Mai	Stimm- und Wahlrecht in Kantons- und Gemeindeangelegenheiten
Solothurn	1948	14. November	Stimm- und Wahlrecht in Gemeindeangelegenheiten
	1959	1. Februar	Stimm- und Wahlrecht in eidgenössischen Angelegenheiten
	1968	18. Februar	Stimm- und Wahlrecht in Kantonsangelegenheiten
	1968	18. Februar	Stimm- und Wahlrecht in Gemeindeangelegenheiten
Schwyz	1959	1. Februar	Stimm- und Wahlrecht in eidgenössischen Angelegenheiten
Tessin	1946	8. November	Stimm- und Wahlrecht in Kantons- und Gemeindeangelegenheiten
	1959	1. Februar	Stimm- und Wahlrecht in eidgenössischen Angelegenheiten
	1962	29. Januar ***	Stimm- und Wahlrecht in den Patriziati (Bürgergemeinden)
	1966	24. April	Stimm- und Wahlrecht in Kantons- und Gemeindeangelegenheiten
Thurgau	1959	1. Februar	Stimm- und Wahlrecht in eidgenössischen Angelegenheiten
Uri	1959	1. Februar	Stimm- und Wahlrecht in eidgenössischen Angelegenheiten
Waadt	1951	25. Februar	Fakultatives Stimm- und Wahlrecht in Gemeindeangelegenheiten
	1959	1. Februar	* Stimm- und Wahlrecht in eidgenössischen Angelegenheiten

Ja	Nein	Leer, ungültig	Stimmberechtigte	Abgegeb. Stimmen im ganzen	Stimmbeteiligung %	Ja %	Nein %
12 114	26 166	5 652	66 629	43 932	65,9	31,6	68,4
12 436	51 912	734	86 796	65 082	75	19,3	80,7
4 782	10 212	391	17 759	15 385	86,6	31,9	68,1
6 849	8 399	339	18 565	15 587	84	45	55
9 353	9 535	1 427	50 378	20 315	40,3	49,5	50,5
11 447	26 692	593	55 146	38 732	70,2	30	70
14 988	20 303	878	58 790	36 169	61,5	42,5	57,5
16 683	18 597	889	58 790	36 169	61,5	47,3	52,7
1 968	11 860	32	21 136	13 860	65,6	14,1	85,9
4 174	14 093	901	50 905	19 168	37,7	22,8	77,2
10 738	18 218	244	51 396	29 200	56,8	37,1	62,9

Beschluß des Großen Rates: 33 Ja, 5 Nein; Gesetzesrevision, gegen die das Referendum nicht ergriffen wurde.
(Als Haushaltsvorstand hatte die Frau das Stimm- und Wahlrecht schon seit 1918.)

Ja	Nein	Leer, ungültig	Stimmberechtigte	Abgegeb. Stimmen im ganzen	Stimmbeteiligung %	Ja %	Nein %
15 961	17 155	310	57 780	33 426	57,8	48,3	51,7
6 721	26 986	479	43 478	34 196	78,6	19,8	80,2
885	5 183	136	8 717	6 204	71,2	14,6	85,4
23 127	35 890	436	113 927	59 453	52,2	39,2	60,8
32 929	31 254	258	118 485	64 441	54,4	51,3	48,7

Kanton	Datum		Vorlagen
Waadt	1959	1. Februar ***	Stimm- und Wahlrecht in Kantons- und Gemeindeangelegenheiten
Wallis	1959	1. Februar	Stimm- und Wahlrecht in eidgenössischen Angelegenheiten
Zug	1959	1. Februar	Stimm- und Wahlrecht in eidgenössischen Angelegenheiten
Zürich	1920	8. Februar	Stimm- und Wahlrecht in Kantons- und Gemeindeangelegenheiten
	1923	18. Februar	Wahlrecht und Wählbarkeit für Bezirks- und Gemeindebehörden
	1947	30. November	Stimm- und Wahlrecht in Kantons- und Gemeindeangelegenheiten Wahlrecht und Wählbarkeit für Bezirks- und Gemeindebhörden
	1954	5. Dezember	Stimm- und Wahlrecht in Kantons- und Gemeindeangelegenheiten
	1959	1. Februar	Stimm- und Wahlrecht in eidgenössischen Angelegenheiten
	1966	20. November	Stimm- und Wahlrecht in Kantons- und Gemeindeangelegenheiten

Aus «Die Staatsbürgerin», Januar/Februar 1969

Ja	Nein	Leer, un-gültig	Stimm-berech-tigte	Abgegeb. Stimmen im ganzen	Stimm-beteili-gung %	Ja %	Nein %
33 648	30 293	525	118 400	64 466	54,4	52,6	47,4
8 242	18 759	154	48 986	27 155	55,4	30,5	69,5
2 046	6 387	19	12 997	8 452	65	24,3	75,7
21 631	88 595	2 757	135 751	112 983	83,2	19,6	80,4
28 615	76 413	4 541	140 636	109 569	77,9	27,2	72,8
39 018	134 599	3 867	228 564	177 484	77,7	22,5	77,5
61 360	112 176	3 948	228 564	177 484	77,7	35,4	64,6
48 143	119 543	10 031	248 043	177 717	71,6	28,7	71,3
71 859	126 670	2 008	260 027	200 537	77,1	36,2	63,8
93 372	107 773	2 576	275 185	203 721	74	46,4	53,6

Tabelle 5. Vergleich der beiden schweizerischen Abstimmungen über das Frauenstimm- und -wahlrecht auf Bundesebene 1959/1971

Zusammengestellt von Lotti Ruckstuhl

Die Kantone sind in der Reihenfolge ihres prozentualen Anteils der Ja-Stimmen aufgeführt. Die Resultate der ersten Abstimmung, über das gleiche Thema, vom 1. Februar 1959 sind jeweils unten beigefügt.

Annehmende Kantone

Kanton	Datum			Vorlagen
Genf	1971	7. Februar	***	Stimm- und Wahlrecht in eidgenössischen Angelegenheiten
	1959	1. Februar	*	Stimm- und Wahlrecht in eidgenössischen Angelegenheiten
Waadt	1971	7. Februar	***	Stimm- und Wahlrecht in eidgenössischen Angelegenheiten
	1959	1. Februar	*	Stimm- und Wahlrecht in eidgenössischen Angelegenheiten
Basel-Stadt	1971	7. Februar	***	Stimm- und Wahlrecht in eidgenössischen Angelegenheiten
	1959	1. Februar		Stimm- und Wahlrecht in eidgenössischen Angelegenheiten
Neuenburg	1971	7. Februar	***	Stimm- und Wahlrecht in eidgenössischen Angelegenheiten
	1959	1. Februar	*	Stimm- und Wahlrecht in eidgenössischen Angelegenheiten
Wallis	1971	7. Februar	***	Stimm- und Wahlrecht in eidgenössischen Angelegenheiten
	1959	1. Februar		Stimm- und Wahlrecht in eidgenössischen Angelegenheiten
Basel-Land	1971	7. Februar	***	Stimm- und Wahlrecht in eidgenössischen Angelegenheiten
	1959	1. Februar		Stimm- und Wahlrecht in eidgenössischen Angelegenheiten

*** = Abstimmung, die zur Verwirklichung politischer Frauenrechte führte

* = Positive Abstimmung, jedoch ohne rechtliche Wirkung

Ja	Nein	Leer, un-gültig	Stimm-berech-tigte	Abgegeb. Stimmen im ganzen	Stimm-beteili-gung%	Ja %	Nein %
38 136	3 738	745	75 552	42 619	56,4	91,1	8,9
17 761	11 846	572	67 054	30 179	45	60	40
55 852	10 696	219	130 872	66 767	51	83,9	16,1
32 929	31 254	258	118 485	64 441	54,4	51,3	48,7
27 480	5 962	151	65 572	33 593	51,2	82,2	17,8
17 013	19 372	66	67 067	36 451	54,3	46,8	53,2
20 205	4 426	142	43 156	24 773	57,4	82	18
13 938	12 775	184	41 757	26 897	64,4	52,2	47,8
24 442	6 135	244	57 794	30 821	53,3	79,9	20,1
8 242	18 759	154	48 986	27 155	55,4	30,5	69,5
21 229	5 353	172	53 118	26 754	50,4	79,9	20,1
8 896	14 969	160	38 050	24 025	63,1	37,3	62,7

Kanton	Datum		Vorlagen
Tessin	1971	7. Februar ***	Stimm- und Wahlrecht in eidgenössischen Angelegenheiten
	1959	1. Februar	Stimm- und Wahlrecht in eidgenössischen Angelegenheiten
Freiburg	1971	7. Februar ***	Stimm- und Wahlrecht in eidgenössischen Angelegenheiten
	1959	1. Februar	Stimm- und Wahlrecht in eidgenössischen Angelegenheiten
Zürich	1971	7. Februar ***	Stimm- und Wahlrecht in eidgenössischen Angelegenheiten
	1959	1. Februar	Stimm- und Wahlrecht in eidgenössischen Angelegenheiten
Bern	1971	7. Februar ***	Stimm- und Wahlrecht in eidgenössischen Angelegenheiten
	1959	1. Februar	Stimm- und Wahlrecht in eidgenössischen Angelegenheiten
Solothurn	1971	7. Februar ***	Stimm- und Wahlrecht in eidgenössischen Angelegenheiten
	1959	1. Februar	Stimm- und Wahlrecht in eidgenössischen Angelegenheiten
Luzern	1971	7. Februar ***	Stimm- und Wahlrecht in eidgenössischen Angelegenheiten
	1959	1. Februar	Stimm- und Wahlrecht in eidgenössischen Angelegenheiten
Zug	1971	7. Februar ***	Stimm- und Wahlrecht in eidgenössischen Angelegenheiten
	1959	1. Februar	Stimm- und Wahlrecht in eidgenössischen Angelegenheiten
Schaffhausen	1971	7. Februar ***	Stimm- und Wahlrecht in eidgenössischen Angelegenheiten
	1959	1. Februar	Stimm- und Wahlrecht in eidgenössischen Angelegenheiten
Nidwalden	1971	7. Februar ***	Stimm- und Wahlrecht in eidgenössischen Angelegenheiten
	1959	1. Februar	Stimm- und Wahlrecht in eidgenössischen Angelegenheiten

Ja	Nein	Leer, un-gültig	Stimm-berech-tigte	Abgegeb. Stimmen im ganzen	Stimm-beteili-gung %	Ja %	Nein %
20 527	6 719	265	57 981	27 511	47,4	75,3	24,7
10 738	18 218	244	51 396	29 200	56,8	37,1	62,9
19 404	7 893	350	51 384	27 647	53,8	71,1	28,9
7 985	18 780	101	45 749	26 866	58,7	29,8	70,2
119 631	59 375	2 130	290 558	181 136	62,3	66,8	33,2
71 859	126 670	2 008	260 027	200 537	71,1	36,2	63,8
95 466	48 044	706	281 027	144 216	51,3	66,5	33,5
55 786	101 543	943	254 582	158 272	62,2	35,5	64,5
22 030	12 331	836	60 309	35 197	58,4	64,1	35,9
11 447	26 692	593	55 146	38 732	70,2	30	70
29 459	17 512	372	78 768	47 343	60,1	62,7	37,3
10 294	37 934	252	69 388	48 480	69,9	21,2	78,8
6 699	4 483	167	17 121	11 349	66,3	59,9	40,1
2 046	6 387	19	12 997	8 452	65	24,3	75,7
8 252	6 296	564	18 875	15 112	80,1	56,7	43,3
4 782	10 212	391	17 759	15 385	86,6	31,9	68,1
2 703	2 141	54	7 190	4 898	68,1	55,8	44,2
807	3 331	30	5 809	4 168	71,7	19,5	80,5

Kanton	Datum		Vorlagen
Graubünden	1971	7. Februar ***	Stimm- und Wahlrecht in eidgenössischen Angelegenheiten
	1959	1. Februar	Stimm- und Wahlrecht in eidgenössischen Angelegenheiten
Aargau	1971	7. Februar ***	Stimm- und Wahlrecht in eidgenössischen Angelegenheiten
	1959	1. Februar	Stimm- und Wahlrecht in eidgenössischen Angelegenheiten

Ablehnende Kantone

Kanton	Datum		Vorlagen
Obwalden	1971	7. Februar	Stimm- und Wahlrecht in eidgenössischen Angelegenheiten
	1959	1. Februar	Stimm- und Wahlrecht in eidgenössischen Angelegenheiten
St. Gallen	1971	7. Februar	Stimm- und Wahlrecht in eidgenössischen Angelegenheiten
	1959	1. Februar	Stimm- und Wahlrecht in eidgenössischen Angelegenheiten
Thurgau	1971	7. Februar	Stimm- und Wahlrecht in eidgenössischen Angelegenheiten
	1959	1. Februar	Stimm- und Wahlrecht in eidgenössischen Angelegenheiten
Schwyz	1971	7. Februar	Stimm- und Wahlrecht in eidgenössischen Angelegenheiten
	1959	1. Februar	Stimm- und Wahlrecht in eidgenössischen Angelegenheiten
Glarus	1971	7. Februar	Stimm- und Wahlrecht in eidgenössischen Angelegenheiten
	1959	1. Februar	Stimm- und Wahlrecht in eidgenössischen Angelegenheiten
Appenzell AR	1971	7. Februar	Stimm- und Wahlrecht in eidgenössischen Angelegenheiten
	1959	1. Februar	Stimm- und Wahlrecht in eidgenössischen Angelegenheiten
Uri	1971	7. Februar	Stimm- und Wahlrecht in eidgenössischen Angelegenheiten

Ja	Nein	Leer, un-gültig	Stimm-berech-tigte	Abgegeb-Stimmen im ganzen	Stimm-beteili-gung %	Ja %	Nein %
12 778	10 524	292	42 694	23 594	55,3	54,8	45,2
5 633	19 562	354	37 669	25 549	67,8	22,4	77,6
39 469	39 229	1 404	109 855	80 102	72,9	50,2	49,8
17 919	60 825	1 246	94 208	79 990	84,9	22,7	77,3
1 668	1 902	11	7 057	3 581	50,7	46,7	53,3
565	3 376	5	6 299	3 946	62,6	14	86
27 042	31 114	777	97 851	58 933	60,2	46,5	53,5
12 436	51 912	734	86 796	65 082	75	19,3	80,7
13 464	17 046	431	45 982	30 941	67,3	44,1	55,9
6 721	26 986	479	43 478	34 186	78,6	19,8	80,2
5 945	8 136	77	24 619	14 158	57,6	42,2	57,7
1 968	11 860	32	21 136	13 860	65,6	14,1	85,9
2 692	3 823	23	10 403	6 538	62,8	41,3	58,7
1 455	6 159	38	10 817	7 652	70,7	19	81
3 485	5 253	82	13 496	8 820	65,4	39,9	60,1
1 517	8 284	162	13 583	9 963	73,3	15,5	84,5
2 477	4 340	105	9 671	6 922	71,6	36,3	63,7

Kanton	Datum		Vorlagen
Uri	1959	1. Februar	Stimm- und Wahlrecht in eidgenössischen Angelegenheiten
Appenzell IR	1971	7. Februar	Stimm- und Wahlrecht in eidgenössischen Angelegenheiten
	1959	1. Februar	Stimm- und Wahlrecht in eidgenössischen Angelegenheiten
Total	1971	7. Februar	
	1959	1. Februar	

Kantonale Abstimmungen über das Frauenstimm- und -wahlrecht, welche gleichzeitig mit der eidg. Abstimmung vom 7. Februar 1971 durchgeführt wurden.

Aargau	1971	7. Februar	***	Stimm- und Wahlrecht in Kantons- und Gemeindeangelegenheiten
Freiburg	1971	7. Februar	***	Stimm- und Wahlrecht in Kantons- und Gemeindeangelegenheiten
Schaffhausen	1971	7. Februar	***	Stimm- und Wahlrecht in Kantons- und Gemeindeangelegenheiten
Schwyz	1971	7. Februar		Stimm- und Wahlrecht in kantonalen Angelegenheiten obligatorisch, für die Gemeinden fakultativ
Zug	1971	7. Februar	***	Stimm- und Wahlrecht in Kantons- und Gemeindeangelegenheiten

Aus «Die Staatsbürgerin», März/April 1971

Ja	Nein	Leer, ungültig	Stimmberechtigte	Abgegeb. Stimmen im ganzen	Stimmbeteiligung %	Ja %	Nein %
885	5 183	136	8 717	6 204	71,2	14,6	85,4
574	1 411	11	3 803	1 996	52,5	28,9	71,1
105	2 050	16	3 600	2 171	60,3	4,9	95,1
621 109	323 882	10 330	1 654 708	955 321	57,7	65,7	34,3
323 727	654 939	9 177	1 480 555	987 843	66,7	33,1	66,9
40 444	37 776	1 606	109 377	79 826	73	51,7	48,3
19 843	7 039	1 101	51 356	27 983	54,5	73,8	26,2
8 332	5 261	608	18 852	15 201	80,5	57,1	42,9
6 821	7 701	290	26 083	14 812	56,8	47	53
6 987	4 199	238	17 387	11 424	65,7	62,5	37,5

Tabelle 6. Zusammenstellung der im Ganzen ermittelten Vereine, Stiftungen und Anstalten, welche von Frauen oder unter Mithülfe von Frauen gegründet, geleitet oder unterhalten sind

	Vereine usw.	Gemeinden	Weibl. Bevölkerung
1. Zürich	551	200	175 808
2. Bern	1179	509	270 430
3. Luzern	163	109	67 288
4. Uri	10	20	8 898
5. Schwyz	42	30	25 609
6. Unterwalden o. d. Wald	26	7	7 528
7. Unterwalden n. d. Wald	12	11	6 392
8. Glarus	42	28	17 829
9. Zug	17	11	11 839
10. Freiburg	106	281	59 761
11. Solothurn	194	132	43 718
12. Baselstadt	63	4	40 365
13. Baselland	188	74	31 644
14. Schaffhausen	134	36	19 813
15. Appenzell A. Rh.	83	20	27 883
16. Appenzell I. Rh.	5	6	6 576
17. St. Gallen	232	93	117 570
18. Graubünden	141	223	48 828
19. Aargau	518	249	100 821
20. Thurgau	173	74	53 052
21. Tessin	43	265	70 745
22. Waadt	1023	388	124 328
23. Wallis	54	165	50 732
24. Neuenburg	461	64	56 412
25. Genf	235	48	56 311
	5695	3047	1 500 180

Ergebnis der Umfrage von 1892/93 aus dem «Bericht über die Verhandlungen des Schweizerischen Kongresses über die Interessen der Frau 1896».

Kanton	Zahl
Waadt	8,22
Neuenburg	8,17
Schaffhausen	6,76
Basel-Land	5,75
Aargau	5,13
Solothurn	4,43
Bern	4,35
Genf	4,17
Obwalden	3,45
Thurgau	3,26
Zürich	3,13
Appenzell AR	2,97
Graubünden	2,88
Luzern	2,42
Glarus	2,35
St. Gallen	1,97
Nidw.	1,87
Freiburg	1,77
Schwyz	1,64
BS	1,56
Zug	1,43
UR	1,12
VS	1,06
AI	0,76
TI	0,6

Tabelle 7.
Zahl der Frauenorganisationen
auf 1000 Einwohner
der weiblichen Bevölkerung
im Jahr 1893

Tabelle 8a. Zahl der Frauen in kantonalen Parlamenten

Kanton	Total der Parlamentarier	Davon Frauen 1975	Davon Frauen 1982
ZH	180	8	21
BE	200/186 (1982)	10	16
LU	170	10	18
UR	64	1	1
SZ	100	6	7
NW	60	1	3
OW	51/52 (1982)	1	3
GL	77/80 (1982)	2	2
ZG	80	1	3
FR	130	9	13
SO	144	6	7
BS	130	22	21
BL	80	13	14
SH	80	3	7
AR	61/58 (1982)	—	—
AI	63/61 (1982)	—	—
SG	180	11	15
GR	120	3	4
AG	200	14	27
TG	130	3	7
TI	90	12	10
VD	197/200 (1982)	16	23
VS	130	7	6
NE	115	7	15
GE	100	16	24
JU	60	—	5

Tabelle 8b. Kantonsrätinnen.

1975 und 1982: Ein Vergleich

Kanton ☐ 1975   ▒ 1982 (Zunahme)   ■ 1982 (Abnahme)

Kanton	1975	1982
ZH	4,44 %	11,60 %
BE	5 %	8,6 %
LU	5,8 %	10,38 %
UR	1,56 %	
SZ	6 %	7 %
NW	1,66	5 %
OW	1,9	5,7 %
GL	2,59 %	2,5 % *
ZG	1,25	3,75 %
FR	6,9 %	10 %
SO	4,16 %	4,8 %
BS	16,9 %	16,15 %
BL	16,25 %	17,5 %
SH	3,75 %	8,75 %
AR		
AI		
SG	6,1 %	8,3 %
GR	2,5 %	3,3 %
AG	7 %	13,5 %
TG	2,3 %	5,38 %
TI	13,3 %	11 %
VD	8,19 %	11,5 %
VS	5,38 %	4,6 %
NE	6 %	13 %
GE	16 %	24 %
JU		8,3 % **

* Erhöhung der Zahl der Kantonsräte
** neu geschaffener Kanton

Tabelle 9. Eidgenössische Volksabstimmung über den Verfassungsartikel Gleiche Rechte für Mann und Frau vom 14. Juni 1981

A. Annehmende und ablehnende Stände

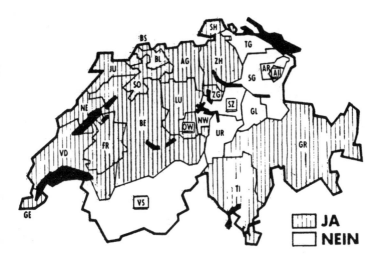

Ein Riegel ablehnender Stände zog sich vom Wallis über die Alpenkantone und das ostschweizerische Voralpengebiet bis hinunter an den Bodensee. Es waren katholische und Gebirgskantone, die sich in der Frage der Gleichberechtigung konservativ verhielten, allerdings mit der bemerkenswerten Ausnahme von Nidwalden, Graubünden und Tessin. Anderseits stimmten die französisch sprechenden Kantone der Westschweiz dem neuen Verfassungsartikel mit den stärksten Ja-Mehrheiten zu.

B. Kantonsresultate

Kantone	Ja	Nein	Stimmbeteil. in %
Zürich	168 099	98 520	38,4
Bern	108 712	68 455	30,0
Luzern	34 313	33 669	36,8
Uri	3 616	4 649	32,4
Schwyz	7 594	12 481	33,0
Obwalden	2 818	2 544	33,2
Nidwalden	3 508	3 633	37,6
Glarus	3 362	4 652	35,5
Zug	11 925	8 629	45,7
Freiburg	18 677	10 259	25,0
Solothurn	51 029	37 647	65,6
Basel-Stadt	32 354	12 333	35,4
Baselland	30 532	13 997	32,5
Schaffhausen	16 673	11 918	69,4
Appenzell AR	4 743	6 501	37,0
Appenzell AI	805	1 724	30,0
St. Gallen	34 073	39 538	32,1
Graubünden	16 841	13 222	29,5
Aargau	44 782	41 168	31,5
Thurgau	19 469	20 801	37,8
Tessin	28 440	14 477	28,5
Waadt	54 074	24 374	25,0
Wallis	15 239	17 845	24,1
Neuenburg	20 094	10 302	31,7
Genf	57 456	10 017	37,4
Jura	8 451	2 595	27,0
Schweiz	797 679	525 950	33,5

Tabelle 10. Die Präsidentinnen des Bundes schweizerischer Frauenorganisationen

Helene von Mülinen	Bern	1900–04
Pauline Chaponnière-Chaix	Genf	1904–10
Klara Honegger	Zürich	1910–16
Pauline Chaponnière-Chaix	Genf	1916–20
Elisabeth Zellweger	Basel	1920–29
Anne de Montet-Burckhardt	Vevey	1929–35
Clara Nef	Herisau	1935–44
Adrienne Jeannet-Nicolet	Lausanne	1944–49
Gertrud Haemmerli-Schindler	Zürich	1949–55
Denise Berthoud, avocate	Neuenburg	1955–59
Dora J. Rittmeyer-Iselin, Dr. phil.	St. Gallen	1959–65
Rolande Gaillard, Rektorin	Lausanne	1965–71
Regula Pestalozzi-Henggeler, Dr. iur.	Zürich	1971–74
Jacqueline Berenstein-Wavre, lic. sc. soc.	Genf	1974–79
Evelina Vogelbacher-Stampa	Bern	1979–83
Lisa Bener-Wittwer, Dr. iur.,	Chur	1983–

Verzeichnis der Bildquellen

zu S. 11: Kunstgewerbemuseum Zürich, Plakatsammlung.
zu S. 21: Schweiz. Sozialarchiv, Zürich.
zu S. 27: 1. Zentralbibliothek Zürich. 2. Landesbibliothek Bern. 3. und 4. Eigentum der Verfasserin.
zu S. 36: Bibliothèque universitaire de Genève.
zu S. 43: Jahrbuch der Schweizerfrau, 1916.
zu S. 57: 1. u. 2. Zentralbibliothek Zürich. 3. Jahrbuch der Schweizerfrau, 1924. 4. Privatbesitz der Familie Huber-Rübel, Zürich.
zu S. 65: Jahrbuch der Schweizerfrau, 1927.
zu S. 71: Eigentum der Verfasserin.
zu S. 77: 1. Privatbesitz, Genf. 2. Eigentum der Verfasserin. 3. Privatbesitz, Zürich. 4. Jahrbuch der Schweizerfrau, 1917.
zu S. 85: Aus: Berta Schleicher, Meta von Salis-Marschlins, Erlenbach-Zürich und Leipzig 1932.
zu S. 91: Zentralbibliothek Zürich.
zu S. 97: Privatbesitz, Basel.
zu S. 103: Privatbesitz Familie Conzett, Kilchberg ZH.
zu S. 107: Eigentum der Verfasserin.
zu S. 115: Eigentum der Verfasserin.
zu S. 121: Schweiz. Sozialarchiv, Zürich.
zu S. 127: 1. u. 3. Jahrbuch der Schweizerfrau, 1924. 2. Berner Burgerbibliothek.
zu S. 139: Schweizer Frauenblatt, 2. Febr. 1973.
zu S. 145: Eigentum der Verfasserin.
zu S. 149: Kunstgewerbemuseum Zürich.
zu S. 157: 1. Archiv des Schweiz. Gewerkschaftsbundes, Bern. 2. Stadtbibliothek Winterthur.
zu S. 161: Eigentum der Verfasserin.
zu S. 189: Kunstgewerbemuseum Zürich.
zu S. 195: 1. Aus: Rosa Neuenschwander, Lebenserinnerungen, Heft 87 der «Berner Heimatbücher», Bern 1962. 2. Photopreß Zürich.
zu S. 203: Eigentum der Verfasserin.
zu S. 205: Redaktion Hexenpresse, Basel.
zu S. 215: Kunstgewerbemuseum Zürich.